Hazel Rosenstrauch

Wahlverwandt und ebenbürtig
Caroline und Wilhelm von Humboldt

⟡⫘

DIE ANDERE BIBLIOTHEK
im Eichborn Verlag

Begründet von Hans Magnus Enzensberger

Herausgegeben von
Klaus Harpprecht und Michael Naumann

Hazel Rosenstrauch

Wahlverwandt und ebenbürtig
Caroline und Wilhelm von Humboldt

Eichborn Verlag
Frankfurt am Main 2009

ERSTER TEIL
AUFKLÄREN UND AUFWÄRMEN

♦

ZWEITER TEIL
EINTRITT IN DIE WELTGESCHICHTE

◆

Ich widme dieses Buch meinem Vater Oskar Rosenstrauch, der die Fertigstellung nicht mehr erlebt hat. Er ist im Juli 2008 gestorben.

Die Arbeit wurde gefördert von der Stiftung Baumgart, der Frankfurter Stiftung maecenia für Frauen in Wissenschaft und Kunst und der Stiftung Preußische Seehandlung.

ERSTER TEIL

AUFKLÄREN UND AUFWÄRMEN

*„Eine neue Schöpfung muß aus dem Chaos
gesammelter Materialien hervorgehen."*
W. von Humboldt an Chr. G. Körner, 19. November 1793

◆ Vorspiel:
Ein modernes Paar

Wilhelm von Humboldt gehört zu den Monumenten der deutschen und der preußischen Geschichte. Ist er berühmt, weil er die Berliner Universität gegründet und das deutsche Bildungsideal erfunden hat, das bis vor kurzem als Exportschlager galt? Ist er bis heute präsent, weil Absolventen humanistischer Gymnasien ihr Elitebewußtsein mit ihm in Verbindung bringen? Oder weil er als Dritter im Bunde der deutschen Klassiker gilt? Kennt man ihn heute vor allem als Bruder Alexander von Humboldts? Und welche Frau(en) stand(en) hinter ihm, als er diesen Ruhm erwarb?

Wilhelm war ein Mann von Welt und eine Autorität auf dem Gebiet der Antike, er wird als früher Anthropologe und Vorläufer der Linguistik gefeiert. Der Titel „geistiger Urheber der Wiederherstellung Preußens, Deutschlands und Europas" eignet sich nicht mehr als Inschrift für ein Denkmal. Er hatte Witz, was seine Zeitgenossen bezeugen, aber in seinen Schriften hat sich das kaum niedergeschlagen. Auch seine besten Freunde fanden, daß er sich schwerfällig ausdrücke. Sein Engagement als „Geheimer Staatsrat und Direktor der Sektion für Kultus und Unterricht" im preußischen Ministerium des Inneren dauerte nur 14 Monate, aber dieser Tätigkeit verdankt er seinen Ruf als wichtiger Reformer, der in einem Atemzug mit Karl Reichsfreiherr vom und zum Stein und Staatskanzler Karl August – seit 1814 Fürst – von Hardenberg genannt wird. Er hat viel Schriftliches hinterlassen, nur wenig zu

Lebzeiten veröffentlicht, er hat vieles angefangen, was er nicht zu Ende führte, und wurde doch schon zu Lebzeiten als überragender Kopf gerühmt. Vielleicht hat er seinen Platz im deutschen Gedächtnis, weil er ein Reformer in Worten und Taten war – ein Intellektueller, der praktisch gewirkt hat.

Caroline, geborene von Dacheröden, war wie ihr Mann ein starker Charakter, hoch gebildet und der Idee der – individuellen – Freiheit zugetan. Sie war, schreibt er, *„die lebendige Kraft"*, die auf ihn eingewirkt hat. Falls die Überlieferung ein korrektes Bild zeichnet, war sie Wilhelms Anker, ein Gegenüber, an dem er Begriffe und Gedanken, Moral und Gemüt am intimsten erprobt hat, das „Du", das in Humboldts Sprachwissenschaft eine zentrale Rolle spielt: *„Im Menschen aber ist das Denken wesentlich an gesellschaftliches Daseyn gebunden, und der Mensch bedarf […] zum blossen Denken eines dem Ich entsprechenden Du […]. Der Begriff erreicht seine Bestimmtheit und Klarheit erst durch das Zurückstrahlen aus einer fremden Denkkraft."* [GS VI, S. 160]

Carolines weibliche Wärme und männliche Klugheit wird von Friederike Brun, einer dänischen Schriftstellerin, selbst sehr klug und stolz, beschrieben. Sie nennt die Mittdreißigerin *„eine jener seltenen Frauen, auf deren Art Deutschland unter allen mir bekannten Nationen vielleicht einzig das Recht hat, stolz zu sein. Kenntnisreich in einem Grade, daß sie nur, für eine Gelehrte gehalten zu sein, <u>wollen</u> dürfte; einen Verstand besitzend, der die Region männlichen Ernstes und männlicher Umfassungskraft so erreicht, daß nur liebenswürdige Weiblichkeit es uns verbirgt, wie bedeutend die Eroberungen auf diesem streng von den Herren der Welt bestrittenen Boden seien; mit einem Sinn für das Höchste und Schönste in Poesie und Kunst begabt, wie ihn der Himmel nur seinen Lieblingen verleiht; dazu kommt eine Persönlichkeit, welche diese seltenen Gaben des Geistes ankündigend,* *solche mit dem gewinnendsten Ausdruck einer Herzensgüte vereinigt, welcher noch nie über das reiche Vermögen zugemutet ward.* "[Haarbeck, Familie, S. 76]

Beide Partner wuchsen in adeligen, begüterten Familien auf. Das große Geld und ansehnlicher Grundbesitz kamen im Falle Humboldts von der – tüchtigen, eher kühlen – Mutter, die einer reichen hugenottischen Familie entstammte, eine schottische Großmutter und Spiegelfabrikanten zu ihren Vorfahren zählte. Sie hatte Geld und Güter aus ihrer ersten Ehe mitgebracht. Ihrem ersten Mann gehörten neben einem Haus in Berlin, Jägerstraße 21, die Güter Ringenwalde, Falkenberg und Tegel, letzteres – das Wilhelm erbte – etwa 185 Morgen groß, mit Akker- und Gartenland, Wiesen, einem Werder im Malchsee, einem Wirtshaus, einer Mühle und einem Weinberg. Über das Vermögen konnten Wilhelm und Alexander erst nach dem Tod der Mutter verfügen. Zu den Haupteinnahmequellen des Vaters Alexander Georg von Humboldt zählten der Holzhandel, die Pacht des Zahlenlottos und die Tabakregie. Als Trabanten, Amtsschreiber, Bürgermeister, Offiziere und Kammerherrn standen Wilhelms Vorfahren seit Anfang des 17. Jahrhunderts dem brandenburgischen und preußischen Hof nahe, angesehenes, oberes Bürgertum. Der Adelstitel des Vaters, ein einfaches „von", war noch frisch, erst 1738 verliehen. Den Freiherrntitel bekamen erst die Enkel 1875, was weder Wilhelm noch Alexander hinderte, ihn zu tragen.

Carolines Stammbaum ist gewichtiger, sie entstammt einem „altthüringischen wehrhaften Geschlecht" mit einem Wappen, auf dem ein wilder Mann mit Keule abgebildet ist. Ihr Vater besaß mehrere Güter (samt Dörfern und dazugehörigen Bauern, um die sich Caroline, heißt es, rührend gekümmert habe) und ein repräsentatives Stadthaus in Erfurt.

Zu den Gemeinsamkeiten gehört, daß beide den identitätsstiftenden Elternteil früh verloren haben – Wilhelm den Vater, als er zwölf, Caroline die Mutter, als sie acht Jahre alt war. Beide haben ihre Kindheit „unglücklich" genannt, beide haben Wärme und Verständnis vermißt. Wilhelm wurde zuviel beaufsichtigt und mußte, wird er mehrfach klagen, jede spontane Regung unterdrücken, Caroline wurde von einer ältlichen französischen Erzieherin mehr bewacht als erzogen. Sie lebte bis zur Hochzeit die meiste Zeit abgeschieden auf dem Land. Vater und Bruder sah sie angeblich nur bei den Mahlzeiten, andererseits habe sie sich, wie Wilhelm nach ihrem Tod in einer biographischen Skizze seiner Frau bemerkte, durch den Umgang mit den Freunden ihres Vaters an Selbständigkeit gewöhnt und „an männlichen Gegenständen" gebildet.

Stärker als ehrfurchtgebietende Stammbäume haben die „modernen" Leidenschaften die beiden verbunden: Bildung, Vervollkommnung der Persönlichkeit, das Interesse an Kunst und genauer Beobachtung, Beschreibung und Entwicklung ihrer zarten Empfindungen. Beide sind von modernen, aufgeklärten Erziehern geformt worden: Caroline von Rudolf Zacharias Becker, Hofmeister bei der Familie von Dacheröden, dem sie, wie sie in einem ihrer Briefe formuliert, alles verdankte. Wilhelm stand in den ersten Jahren seiner Erziehung unter dem Einfluß von Joachim Heinrich Campe, der von 1769 bis 73 und nochmals 1775 bis 76 Hauslehrer der Brüder Humboldt war. Campe – Sprachforscher, Pädagoge, Verleger, Übersetzer und Bearbeiter des „Robinson Crusoe" – hat den 22jährigen auf dessen erste große Reise begleitet: in das Paris der Revolution, 1789, knapp drei Wochen nach dem Sturm auf die Bastille. Sowohl Campe wie Becker wurden später Lehrer am Basedowschen Philantropin in Dessau, der modernsten pädagogischen Anstalt am Ende des 18. Jahrhunderts. Geleitet und richtungweisend organisiert wurde die Bildung der Humboldt-Brüder von Gottlob Johann Christian Kunth, der die Knaben in den Kreis der Berliner Aufklärer wie Johann Jakob Engel, Christian Wilhelm Dohm und Marcus Herz einführte und von den besten unter ihnen unterrichten ließ. Die Erziehung durch aufgeklärte Pädagogen war einflußreicher als ein Adel, den man sich für die Jahre zwischen Französischer Revolution und Napoleonischen Kriegen nicht als Gegensatz zu bürgerlicher Emanzipation denken sollte. Campe, Becker und Kunth haben die Tür zur Moderne, zu aufregenden neuen Gedanken und Verhaltensweisen aufgestoßen.

Das Paar fügt sich nicht gut in die Vorstellungen von klassischer Rollenverteilung. Wilhelm von Humboldt ist nicht gerne hinausgegangen ins feindliche Leben, er hat lieber um seine moralische Vervollkommnung gekämpft und stets versucht, Geschäfts- und Gelehrtentätigkeit, privates und öffentliches Glück in Einklang zu bringen. Er hat sich am Anfang der Ehe trotz des äußeren Drucks der Familien gar nicht erst auf eine solide Beamtenlaufbahn eingelassen und sich 1819 (nach Verabschiedung der Karlsbader Beschlüsse, dem Versuch, das Rad der Geschichte zur Ständegesellschaft zurückzudrehen) erzwungenermaßen und froh darüber ins Privatleben zurückgezogen. Die „profane Machtausübung" hat ihn gelangweilt, auch wo er seine Pflicht für Staat und Volk erfüllte, wollte er Freiheit, Schönheit und die Entfaltung der Persönlichkeit befördern. Im Unterschied zu anderen Intellektuellen seiner Zeit – wie dem Jugendfreund Friedrich von Gentz, dem Dichter Ludwig Tieck, Brendel Veit, der Tochter von Moses Mendelssohn, und deren zweitem Mann Friedrich Schlegel – ist er weder der Ruhmsucht noch der Wende zum Mystizismus erlegen.

Caroline war nicht nur Gattin und Göttin Wilhelm von Humboldts. Das haben Goethe, Schiller und viele andere bezeugt. Sie konnte sehen. Ihre Kunststudien haben Goethe so beeindruckt, daß er sie um Nachrichten über Kunstwerke und Künstler bat und ihre Bildbeschreibungen – allerdings anonym – drucken ließ. Sie sprach Französisch, Italienisch, Spanisch und Englisch und hat das Griechische gelernt, um mit Wilhelm gemeinsam an den Übersetzungen (Pindar, Aischylos) zu arbeiten. Sie wurde im Zeichnen und Klavierspiel unterrichtet, hat Gedichte verfaßt, hat Übersetzungen – ebenfalls nicht unter ihrem Namen – veröffentlicht und war Mäzenin vieler Künstler, denen sie Aufträge verschafft und seelischen Beistand gegeben hat. Ihr selbständiges Urteil und ihr charmantes Auftreten fanden viele Bewunderer. Schiller nannte sie *„eine starke Seele bei aller feinen zarten Fühlbarkeit"*. Sie hatte dezidierte Ansichten über künstlerische wie politische Angelegenheiten und war auch an Naturwissenschaften interessiert. Sie berichtete ihrem Gatten über Ereignisse, die für seine Tätigkeit als Gesandter wichtig sein konnten, schätzte, während sie in Wien und er in Prag, sie in Berlin und er in Wien lebte, die politische Lage ein und gab ihm Ratschläge für seine Auseinandersetzungen mit Hardenberg. Wilhelm ließ sich von ihr gern beraten.

Die beiden haben ihre Liebe entworfen, lange bevor Gefühle ein unverzichtbarer Bestandteil der Ehe wurden. Caroline hat acht Kinder geboren, getröstet, beweint oder unter die Haube gebracht. Sie hat, wie das die modernen Frauen der Oberschicht damals rousseauisch beeinflußt taten, ihre Kinder selbst gestillt. Von den acht Kindern sind drei im Kindesalter gestorben. Das war zu ihrer Zeit nicht ungewöhnlich, aber ungewöhnlich war die Art, in der sich Wilhelm an ihren Gefühlen und auch an der Erziehung beteiligte. Abgesehen von Ammen und Erziehern, die stets zur Verfügung standen, waren beide Eltern für die Kinder da, beide haben die Kinder unterrichtet, wenn es gerade an einem Hauslehrer fehlte. Wilhelm ließ die Kleinen in seinem Arbeitszimmer spielen und unterrichtete auch die Mädchen. Ein großer Teil der Korrespondenz besteht aus Nachrichten über die Kinder, wobei auffällt, daß die Mädchen in den Briefen einen viel stärkeren Eindruck hinterlassen als die beiden überlebenden Knaben – was mit dem Tod des ältesten Sohnes zusammenhängen könnte. Die Eltern haben die Trauer, vielleicht sogar noch mehr als den Genuß, miteinander geteilt.

Während Wilhelm noch 1809, als das auch in Kreisen des Hofs nicht mehr üblich war, einen gepuderten Zopf trug, war Caroline – nach den Maßstäben ihres Standes – oft salopp gekleidet. Ihr Haar war dunkelblond (manche schreiben: kastanienbraun), die Augen waren hellblau, mit jenem besonderen Glanz, der damals allen liebreichen Frauen zugeschrieben wurde. Wilhelm wird als schmal, blaß, später auch mit hervorquellenden Augen beschrieben.

Sowohl Caroline wie auch Wilhelm haben ihre Liebe nicht auf den Ehepartner beschränkt. Es war eine moderne Ehe, Freiheit war beider Lieblingsgöttin – neben, ja vielleicht noch vor Schönheit, Genuß und dem innigen Gemüt, das Wilhelm an seiner Frau so sehr schätzte. Sein Bild als Mann und Ehemann ist befleckt, weil er regelmäßig ins Bordell ging – was überliefert ist, weil er über die Ausgaben ebenso genau Buch geführt hat wie über seine Besuche bei berühmten Persönlichkeiten.

Das Paar ist vierzig Jahre beisammengeblieben – wobei das „beisammen" einschloß, daß Caroline und Wilhelm oft eine Fernehe führten, abwechselnd zwischen Berlin, Paris, Rom, Jena, Erfurt, Burgörner (einem der Güter der Dacheröden) oder London – weshalb auch so viele Briefe überliefert sind: 7 Bände, 3200 Seiten macht nur der Briefwechsel zwischen den beiden aus, von Wilhelm sind –

nach einer mittlerweile überholten Zählung – über 12 400
Briefe erhalten, und auch Caroline hat Hunderte Briefe an
Freundinnen und Freunde geschickt. Er richte, schreibt
Wilhelm seiner Frau in einer schwierigen Zeit, *„alle meine
Urteile, meine Betrachtungen, meine Gefühle immer an Dich,
und Du weißt gar nicht –, man kann es sich nie von einem
anderen so vorstellen –, wie Du mir in meinen Gedanken ein
Wesen bist, die über alles, was mich umgibt, und über mich
selbst immer belebend, immer lenkend, treibend und mah-
nend waltet"* [London, 14. Juni 1814].

Die Sympathien für den Umsturz in Frankreich und
die Skepsis gegenüber revolutionären Parolen, die Entstehung eines deutschen Patriotismus, die enge Freundschaft mit prominenten Figuren der jüdischen Emanzipation und später die Aversion (vor allem Carolines) gegen
Juden, das Engagement für den Staat und der Rückzug
ins Private wurden in den vergangenen zweihundert Jahren unterschiedlich bewertet. Caroline galt als Repräsen-
tantin deutscher Weiblichkeit, Wilhelm als Vertreter des
preußischen Griechentums, man sah „deutsches Sein und
Wesen" in beiden verkörpert, sie wurden gelobt und ge-
schmäht – als adelig und innerlich, weltabgewandt und
individualistisch, Reformen und Fortschritt befördernd
oder auch bremsend: viele Attribute, die wenig erklären.

Erst wenn die Kästchen, in die „Bill" und „Li" – wie sie
einander zärtlich nannten – eingeordnet worden sind,
geöffnet und manche der Erzählungen umsortiert werden, kann das nicht immer nur harmonisch tändelnde
Paar viel erzählen von seinem Umgang mit einer Welt
im Umbruch, von den Konflikten zwischen Wirken und
Selbstverwirklichung, Staat und Individuum, von der
Liebe unter Gleichen und der Vervollkommnung in einer
unvollkommenen Welt – einschließlich der Kämpfe mit
einem bigotten König (Friedrich Wilhelm III.) und einem

eitlen Reformer (Karl August von Hardenberg). Dann läßt sich vielleicht besser verstehen, wieso Humboldt nach all den Beschäftigungen – mit Anthropologie, Antike, Religion, mit der Rolle des Staates und der Entwicklung der Ästhetik – beim Studium von vielen, zum Teil sehr ausgefallenen Sprachen landet (nicht nur Gälisch und Isländisch, auch Muhhekaneew oder Tonganisch). Dann erst läßt sich fragen, ob sich Humboldt von den Welthändeln zurückgezogen hat oder ob er ins Zentrum jenes „Zwiespalts" zwischen Tat und Idee, Individualismus und sozialer Gesinnung vorgestoßen ist, der bis heute als deutsches Dilemma gilt.

In der Vielfalt seiner Interessen lassen sich – wenn auch nur vage – rote Fäden erkennen, die seine frühen Schriften „Über die männliche und weibliche Form", seine sich an Schiller und Goethe abarbeitende Ästhetik, seine Ideen über Staatsverfassung, die Reformvorschläge, die Beschäftigung mit Grammatiken und sein Verhältnis zu Frauen verknüpfen – kein System, aber eine immer noch inspirierende Aneignung von Welt in Zeiten des Chaos. Ein wenig Übersetzungsleistung macht sichtbar, wie sehr wir immer noch mit den Entwürfen spielen, die damals erprobt wurden.

Vielleicht besteht Humboldts größtes Verdienst darin, daß er sich bis heute nicht einordnen läßt, er „gehörte zu keiner Disziplin", läßt sich „schwer systematisieren" (wie der Historiker Friedrich Meinecke schrieb). Er hat eine Fülle von Themen in immer neuen Formen angepackt; und er hat manches zu früh oder zu differenziert gedacht, um schon zu Lebzeiten dafür gefeiert zu werden. In Rom und Paris, in Wien und London, in Berlin, in Königsberg und Weimar und wo immer das Paar auf seinen Reisen durchkam, hinterließ Wilhelm einen tiefen Eindruck. Die Anerkennung galt stets auch Caroline, deren Klugheit und geselliges Talent von allen geschätzt wurden. Sie war ihm eine ebenbürtige – manche sagen, ihm überlegene – Partnerin.

Der Natur der Überlieferung gemäß wurde über Caroline von Dacheröden nie so viel geredet und geschrieben wie über Wilhelm von Humboldt. Allerdings wächst das Interesse an ihr, es gibt neue Forschungen über sie, über die Güter, auf denen sie aufgewachsen ist, und die Landschaft, in der sie sehen gelernt hat, neue Veröffentlichungen und vermutlich auch noch Archivschätze. In Berlin wurde eine (kleine) Straße nach ihr benannt, die Humboldt-Universität vergibt einen Preis in ihrem Namen, Erfurt und andere Orte verwenden ihren Namen in der Stadtwerbung. Nach einem zu ihrer Zeit besonders gepflegten Vorurteil ist die Frau die Empfangende. Die frühe Korrespondenz zwischen Wilhelm und Caroline zeigt, wie aktiv sie ihn empfangen hat.

♦　Freiheit und Nähe

Wie wichtig Caroline für ihren berühmten Mann war (eine Frage, die immer wieder gestellt wurde), zeigt sich nach ihrem Tod am 26. März 1829. Humboldt zieht sich in die Einsamkeit seines Schlosses in Tegel zurück. Er ordnet die Briefe, die sie einander geschrieben haben, und läßt die Grabstätte im Garten des Schlosses bei der „Eiche unter dunklen Tannen" von Karl Friedrich Schinkel gestalten: ein Denkmal, keine Gruft. Nach einem Jahr wird eine Kopie der Statue der Spes, der römischen Göttin der Hoffnung, aufgestellt, ein Werk des dänischen Bildhauers Bertel Thorvaldsen, das Caroline besonders mochte. Es ist ein

schwieriges Unterfangen, die Skulptur auf einer Granit-
säule mit marmornem Kapitell in den märkischen Sand zu
setzen, aber Wilhelm hat schon Erfahrung mit der Über-
wachung solcher Arbeiten: Fünf Jahre zuvor sind schwere
Figuren, teils aus Gips, teils aus Marmor, in den Antikensaal im ersten Stock des Schlosses gehievt worden. Erst
1820, nach vielen Ortswechseln, hatten Caroline und Wilhelm das von Marie Elisabeth von Humbolt geerbte Schloß
bezogen (der Bruder Alexander wurde ausbezahlt). Der
Umbau wurde nach der Entlassung Humboldts aus dem
Staatsdienst 1820 begonnen und 1824 beendet. Die Sammlung antiker und zeitgenössischer Kunst, die heute noch
und zum Teil wieder zu bewundern ist, entstand primär
durch Carolines Aufträge und Ankäufe.

Wilhelm besucht ihr Grab „allabendlich bei jeder Witte-
rung". Wie alles in seinem Leben seziert er auch die Gefühle, die er während ihres Sterbens und vor dem offenen
Sarg empfand. „Ich bin bei allem gegenwärtig gewesen, ich
habe jeden Tag fünf- sechsmal sie besucht und halbe Stunden
bei ihr gesessen. Es ist ein unendlich schmerzliches, aber auch
unendlich anziehendes Gefühl, sich die Züge, die einem das
Grab nun auf ewig entreißt, noch einmal recht tief einzuprä-
gen. Aber das Zumachen des Sarges, das Wegtragen, das sind
die fürchterlichen Momente, und nun lagert sich die Öde
über das Haus, den Familienkreis, das Dasein, die nie wieder
weicht."[An Karoline von Wolzogen am 9. April 1829]

Seit seine Frau nicht mehr bei ihm war, diktierte Wilhelm jeden Abend, stets um die gleiche Zeit, um Mitter-
nacht, seinem Schreiber ein Sonett. Er hat knapp 1200 solcher Sonette hinterlassen, sein Bruder Alexander, der sie
nach Wilhelms Tod herausgab, nannte sie eine Art Tagebuch eines edlen, still bewegten Seelenlebens. Bäume
und Blumen, Reben und Pappeln, Regen und Nebel, Gestalten aus der griechischen Antike oder der Halleysche
Komet sind darin Ausgangspunkt für Reflexionen, die oft

in die Erinnerung an das Leben mit Caroline münden. Tröstlich war, daß beide eine Begegnung jenseits des Grabes für möglich hielten. Darüber hatten sie schon bei ihrer ersten Begegnung gesprochen.

Anna von Sydow, Urenkelin und Herausgeberin des Briefwechsels, fand für die Jahre nach Carolines Tod die Formulierung: *„Es war, als sei mit dem Tode seiner Frau in dem Uhrwerk seines Körpers eine Feder gebrochen."* Der noch nicht 62jährige alterte danach schnell. Er war auf dem rechten Auge fast blind, ging gebückt und wurde mager, sein ganzer Körper zitterte, und die Handschrift wurde unleserlich. Wilhelm von Humboldt beschrieb auch dieses Zittern und war, soweit wir wissen, der erste, der die Symptome der Parkinsonschen Krankheit genau beobachtet und überliefert hat. Als sechs Jahre später Wilhelm im Sterben liegt – nicht zuletzt, weil er sich beim Gang zu Carolines Grab bei schlechtem Wetter eine Erkältung zugezogen hatte –, schreibt sein Bruder Alexander, er hatte bis zuletzt die *„Klarheit des großen Geistes, der alles faßt und sondert, seinem Zustande nachspäht".* [Alexander von Humboldt an Varnhagen, 5. April 1835]

Die vielen Briefe an und von Caroline, die – so hat es der Witwer verfügt – ausschließlich in weiblicher Linie weitergegeben wurden, bezeugen, daß dieses Paar immer im Dialog gewesen ist. Sie haben Erlebtes und Gedachtes, moralische, ästhetische und politische Überlegungen ausgetauscht, über ihre Gefühle, über Gedichte, Kunstwerke, Gäste und Freunde geschrieben und einander über die Kinder, später auch die Enkel berichtet und beraten. Daß es so viele Briefe gibt, die wir heute nachlesen können, ist nicht zuletzt Ergebnis der häufigen Trennungen des Paares. In den vierzig Jahren ihrer Beziehung haben sie etwa zehn Jahre an unterschiedlichen Orten gelebt. Sie bleibt in Paris, als er für mehrere Wochen ins Baskenland reist.

Sie fährt 1804 mit zweien der Kinder erst nach Erfurt und von dort nach Paris (wo sie auch Geschäfte für ihn erledigt), während er mit den beiden Mädchen in Rom bleibt. 1808 wiederum fährt er mit dem elfjährigen Sohn Theodor zum Schwiegervater, von dort nach Berlin und weiter nach Königsberg, und sie bleibt bis 1810 in Rom. Und selbst wenn Wilhelm nur von Burgörner (einem der Dacherödischen Güter in Thüringen, auf dem sie die ersten Jahre der Ehe verbrachten) hinüber zu Goethe nach Weimar reitet, schreibt er Caroline täglich. Manchmal trennt sie die Politik, manchmal sind die Kinder krank, sie muß zur Kur oder begleitet die kränkelnde Tochter, und er eilt im diplomatischen Dienst quer durch Europa. Von 1809 bis 1819 sind sie mehr getrennt als beisammen. Er hält sich in Königsberg, dem Fluchtort der preußischen Regierung auf, sie ist noch in Rom; sie bleibt in Wien, während er beim Prager Kongreß die Verhandlungen führt; als er in Wien, dann in Paris und danach in Frankfurt die preußischen Interessen vertritt, lebt sie mit den Kindern in Berlin. Sie fährt, um ihn zu treffen, mit den Töchtern in die Schweiz, wo sie einander aber nur kurz sehen, weil er neue Ordres erhält. Als er 1817 nach England „verbannt" wird, kehrt sie in das geliebte Rom zurück.

In der Korrespondenz der beiden spielen Liebe und Klatsch eine ebenso wichtige Rolle wie die Frage, ob Denken oder Tat, das Schöne oder das Nützliche, die Vervollkommnung als Mensch oder die Aktivitäten fürs Vaterland Vorrang haben sollten. Ein ständiges Thema ist: Freiheit. In dem Brief, den Wilhelm kurz nach Carolines Tod an Karoline von Wolzogen schreibt, heißt es: *„Sehr wahr sprechen Sie das Wesen der Frauen und vorzüglich der Verstorbenen aus, wenn Sie sagen, daß ihnen keine Lebensstunde ohne Freiheit und Zartheit zum Genusse gedeiht. Die Li wäre ohne diese Freiheit nichts gewesen; sie bedurfte dieses einen Elements, um ihr auf seltne Weise großes und liebendes Gemüt in* *aller Fülle der Empfindungen zu entfalten, und sie ehrte mit gleicher Zartheit auch die Freiheit an andern."*

Man kennt Wilhelm von Humboldt vor allem als Reformer und Forscher, er selbst hat die Beziehung zu seiner Frau höher bewertet als seine wissenschaftlichen und politischen Unternehmungen: *„Es ist mir ein beruhigendes Gefühl, daß ich den größten Teil der langen Zeit hindurch, in der wir verbunden durch das Leben schritten, fast ganz ihr und mit Rücksicht auf sie leben konnte.* [...] *Von 1813 bis 1819 waren wir sehr viel getrennt, aber ungeachtet dieser Trennung waren wir im Geist und unsrer Empfindung nie enger verbunden als in den verhängnisvollen Jahren dieser Epoche* [d.h. des Krieges gegen Napoleon]. *Wir schrieben uns lange sogar täglich, und ich weiß wie viel ich ihr damals in Ansichten, Richtungen, Bestrebungen verdankte. Seit 1820 störte mich nichts im wahrhaft nur ihr gewidmeten Leben."*
[An Karoline von Wolzogen, 9. April 1829]

Für die Jugendfreundin Karoline von Wolzogen und auch für den Staatsmann Wilhelm von Humboldt lag der Akzent auf der inneren Freiheit. Sie schloß die äußere ein, bezog sich auf Kunst und Bildung, auf die Sinnlichkeit wie auf die Vorstellungen von den Aufgaben des Staates. Freiheit hieß in diesem Kreis: ein bewußt gestaltetes Leben, und dazu gehörte, was noch lange nicht selbstverständlich sein wird: die Freiheit, seine Partner selbst auszuwählen. Da Caroline wie Wilhelm aus wohlhabenden Familien kamen, hatten sie die Möglichkeit, ihr Leben weitgehend nach ihren Ideen zu gestalten.

Das Wort Freiheit hatte damals ein anderes Pathos, andere Implikationen als heute, und es hat seine Bedeutung in dem halben Jahrhundert zwischen der Verlobung 1789 und Wilhelms Tod 1835 stark verändert – im allgemeinen und besonders für die Protagonisten dieses Buchs. Sie haben sich kennen- und liebengelernt, als die Französische Revolution ausbrach, und wurden getrennt, als sich die meisten (deutschen) Dichter, Denker und Gelehrten aus Resignation, und weil sie ohnehin keine Chance hatten, aus der Welt zurückzogen – ins Innen, das zur Innerlichkeit wurde. Romantik, Mystik, Biedermeier sind die bekanntesten Erschlagworte für diese Haltung. Aber Wilhelm von Humboldt – und mit ihm Caroline – wird gewöhnlich zur Klassik gezählt, schon weil man ihn vor allem als Gründer der Berliner Universität, als Freund Schillers und Goethes und als Wissenschaftler kennt. Es sind die stets unzureichenden Schubladen für eine Zeit, die sich mit der Auflösung zuvor gültiger Ordnungen herumgeschlagen hat.

Nähe und Freiheit, Liebesheirat und Pflicht wurden damals neu austariert, und es hat alle Biographen gereizt, die Frage nach Wilhelms Abhängigkeit von seiner Frau zu stellen – ob Haym, Scurla, Berglar oder Sweet. „Li" war nicht die Frau hinter oder neben ihm, sie war, wenn man seinen Erklärungen glauben darf, sein Leben, die Ergänzung seiner manchmal toten Seele. *„In Deinem reinen und einfachen Wesen, das zugleich mit allem Menschlichen so vertraut und über alles Menschliche so erhaben ist, ist alles, was in andern nur als toter Stoff, höchstens zu einzelnem Gebrauche da liegt, zu etwas Lebendigem, das für sich selbst besteht und sich für sich fortpflanzt, geläutert und erhöht; das Schönste und Beste, dessen der Mensch fähig ist, ist ewig in Dir wirksam und rege, in die Anmut der Weiblichkeit verschmolzen, ergießt es sich von Dir aus auf alles, was Dich umgibt."* [16. Mai 1797]

Er spricht von ihr wie von einem chemischen Element, das ihm fehle, das seine Gefühlswelt erst anstoße und ihn lebendig mache. Und Caroline macht Wilhelm zu ihrer Lebensaufgabe. *„O, Bill, Du sollst ein Glück genießen, ein unentweiht heiliges Glück, das noch in keines Menschen Herz gekommen, das die kühnsten Hoffnungen nicht ahndet –*

meine Seele fliegt wieder empor, neuer Lebensmut glüht in ihr und verjüngte, göttliche Kraft. [...] *O, wenn mein Leben nicht Liebe für Dich wäre, so wäre es Dank, Du heiliges, nie ausgesprochenes Wesen."* [Caroline am 29. November 1790, zwischen Verlobung und Hochzeit]

Das Paar galt schon unter Freunden – und bevor das 19. Jahrhundert sie postum idyllisiert hat – als Glücks- und Idealfall einer modernen Ehe. Sie blieben einander nahe, wenn sie getrennt waren, und auch, wenn andere Lieben ins Spiel kamen – eine Nähe, zu der, erst theoretisch und später auch praktisch, die Freiheit gehörte, die Beziehung den jeweiligen Empfindungen anzupassen. Das Ausleben der wahren Gefühle sollte Vorrang haben: *„Zwischen Lina und mir wird nie etwas anderes als die Empfindung das Verhältnis bestimmen, und sollte sie es je weiter wünschen, sollte einer von uns nicht mehr in dem anderen, sondern in einem Dritten das finden, worin er seine ganze Seele versenken möchte, nun, so werden wir beide genug Wunsch, einander glücklich zu sehen, und genug Ehrfurcht für ein so schönes, großes, wohltätiges Gefühl, als das der Liebe ist, von wem es auch genossen werde, besitzen, um nie auch durch die mindeste Undelikatesse die Empfindung des anderen zu entweihen."* Das war ein kühner Vorsatz, Wilhelm schrieb dieses Bekenntnis (am 10. Januar 1790) an den Freund Georg Forster, dessen Ehe mit Therese kurz vor dem Scheitern stand. Er hat sich an diese Devise gehalten, als seine Frau – mit Friedrich Wilhelm von Burgsdorff, mit David Ferdinand Koreff, Jakob Alexander von Rennenkampff oder Graf Gustav von Schlabrendorff – sehr innigfreundschaftliche und auch leidenschaftliche Beziehungen einging. Es ist schwer nachvollziehbar, ob und wieviel er dabei gelitten hat, er war selbst ein „Leichtfuß", dessen amouröse Abenteuer auch unter Libertins Aufsehen erregten; vielleicht hat die aristokratische Erbschaft des sinnenfreudigen 18. Jahrhunderts diese Toleranz erleichtert.

Sie haben einander idealisiert und wurden schon zu Lebzeiten und mehr noch danach verklärt – der *„große Humanist und zukunftsweisende Staatsmann"* und die kluge, graziöse Caroline. Herbert Scurla, der Biograph großer Bürgerlicher unter den Bedingungen des DDR-Verlagswesens, schwärmt: *„Keiner hat eine ihm so ebenbürtige und ihn so fördernde Lebensgefährtin gefunden wie er, keiner hat in so rückhaltlosem Vertrauen mit seiner Ehefrau gelebt, keiner in einer so glücklichen, […] bei allen Konflikten so schöpferischen Lebensgemeinschaft mit seiner Ehefrau gewirkt wie er."* [Scurla, Humboldt, S. 87 f.]

Caroline, versichert Wilhelm nach vielen Jahren Ehe, hat ihn vor der Verkümmerung bewahrt. Er litt darunter, daß – wie sein Freund und Idol Friedrich Schiller es ausdrückte – *„seine Einbildungskraft vom Verstande gefangen gehalten wurde"*. Er wäre gerne genial gewesen und suchte sein Leben lang nach den Quellen der Imagination. Er fand für seine Gefühle und auch für die Sehnsucht nach Poesie bei Caroline die nötige Resonanz.

Damit sind wir mitten im Thema romantische Liebe – wobei man staunend anerkennen muß, daß sich dieses Paar in seinem gelebten Roman auffallend früh mit den neuen Rollen arrangiert und die Modelle nach eigenem Gusto variiert. Sie ist nicht nur Natur, sondern auch Geist, er ist nicht Tat, das ist manchmal eher ihr Part. Er findet wirklich seinen Halt in dieser Liebe, nicht nur literarisch wie manche „echten" Romantiker.

Alle, die Kant gelesen hatten – und Wilhelm hatte ihn mehrfach studiert –, suchten nach einem Weg, auf dem Sinnliches und Sittliches, Neigung und Pflicht zusammenfinden. Neben der Kunst barg die Liebe diese Hoffnung auf Synthese, und Wilhelm sah sie in Caroline verkörpert. Die Balance zwischen sinnlicher Anschauung und begrifflichem Erfassen, zwischen lebendigem Fühlen und vernunftgeleiteter Kontrolle wird eines seiner Lebensthemen, und er wird sie analytisch zu fassen suchen. Nicht nur in den Liebeserklärungen, auch in seinen anthropologischen Schriften, in den politischen Entwürfen und in seiner Sprachphilosophie beschwört er immer wieder das Lebendige, die Energie und die Empfindung. Bei Humboldt ist die Frau nicht nur der Hort für Gefühl und Zartheit. Er liebt es, wenn sie die Entscheidungen fällt, sein Thema sind die Wechselbeziehungen – zwischen Weiblichem und Männlichem, Stoff und Form, Ich und Welt, Licht (also Aufklärung) und Wärme (sprich Gefühl).

Daß diese Ehe hielt und glücklich war, ist hervorhebenswert, weil Scheidungen in diesen Jahren – auch im Freundeskreis der beiden – epidemisch wurden. Karoline von Wolzogen, die Schwester von Charlotte Schiller, die zur Ehe des Dichters eine Zeitlang dazugehörte, Dorothea Schlegel, vormals Veit, davor Brendel Mendelssohn, die Lieblingstochter des berühmten Philosophen, Therese Huber, vormals Forster, die Tochter des Göttinger Altphilologen Christian Gottlob Heyne, der Humboldt die Welt der Antike erschlossen hatte, Johanna Motherby und Charlotte Diede, denen sich Wilhelm besonders eng verbunden fühlte, und viele andere im Freundes- und Bekanntenkreis hatten sich scheiden lassen. Als eine nur scheinbar nebensächliche Folge der Französischen Revolution waren Konventionen, Standesrücksichten und finanzielle Erwägungen für Frauen nicht mehr Grund genug, um bei ungeliebten und oft erheblich älteren Männern zu bleiben. Außerdem hatte das preußische Landrecht von 1794 die Scheidung für Frauen erleichtert.

◆ Die Vermessung
der Innenwelt

Wilhelm von Humboldts Briefe und Tagebücher sprechen die Sprache einer Generation, die – ziemlich reflektiert – ihre Gefühlswelt erkundet. Diese Generation
entwächst gerade einer Anbetung der Vernunft, die ihr
nüchtern und trocken erscheint. Geist und Gemüt der lesenden Deutschen werden von der aus England herüber-
geschwappten Empfindsamkeit, von pietistischen und
von stürmisch-drängenden Seelenerkundungen beeinflußt. Das Innen ist Neuland, das es zu entdecken gilt: eigene Empfindungen, eigenes Sehen und nicht von Zwecken
oder Autoritäten oder Religionen definierte Wahrnehmung. Der junge Humboldt beschreibt sich gern als sensibel, ungeliebt und unverstanden und klagt über eine pe-
dantische Erziehung, in der Gefühlsäußerungen verpönt
sind. Daß Etikette wichtiger war als Seele, war in den Kreisen, aus denen Wilhelm kam, nicht ungewöhnlich, man
orientierte sich an höfischen und calvinistischen Idealen. Wilhelms Briefwechsel mit Caroline wie mit anderen
Frauen – die weniger klug, aber hingebungsvoller waren
als Li – und die Erzählungen über seine Kindheit führen
vor, wie das Beschreiben von Gefühlen der Entdeckung
eines noch wenig kartographierten Kontinents gleicht.
Daß Rudolf Zacharias Becker seiner Schülerin Caroline
Fühlen nahegebracht hat, ist überliefert, ob Wilhelms Erzieher Campe und Kunth ihren Schüler in ähnlicher Weise
unterrichtet haben, wissen wir nicht, aber in Wilhelms Beziehung zu Kunth haben intensive Gefühle eine wichtige
und offenbar auch eine problematische Rolle gespielt. Er
erzählt von seiner Abhängigkeit *„wirklich verbunden mit
einer Art von Liebe, und überladen mit Liebesäußerungen"*

im Verhältnis zu seinem Erzieher. [2. April 1790] Die mehrfach wiederholten Beschreibungen seiner unterdrückten Empfindungen und die Bedeutung, die er dieser Erfahrung zumißt, lassen den Zwiespalt erkennen, in den ein junger Mann seiner Herkunft geriet, wenn er die neuen Ideen aufnahm: John Lockes Ansichten über sinnliche Erfahrung, Rousseaus „Bekenntnisse" und Goethes „Werther", Samuel Richardson oder der gefälschte Ossian und nicht zuletzt die „Erfahrungsseelenkunde" von Karl Philipp Moritz. Wenn Wilhelms Bruder Alexander von ihrer Jugend auf „Schloß Langeweile" berichtet und Wilhelm den Ennui im Kreis der Familie beschreibt, greifen sie damit einen Topos der Zeit auf. Langeweile ist ein Name für Stillstand des Geistes, der beschäftigt werden will. Spezifisch war nicht die neurotisierende Atmosphäre im Hause Humboldt, die dem Stand und der Zeit entsprochen haben mag, sondern der Umstand, daß es nun Worte, Bücher, Theorien gab, die religiöse Interpretationen ersetzten und den Vorhang wegzogen, der Gemüt, Gefühl und Seele bedeckt hatte.

Die Diskrepanz zwischen den Einschränkungen menschlicher Freiheit und den greifbaren Möglichkeiten von Teilhabe – an der Macht, an individuellem Glück und an der Weltwahrnehmung – wurde in England, in Frankreich und mit einigen Jahrzehnten Verspätung nun auch in den deutschen Staaten neu formuliert und diskutiert. Das Genre, in dem die Gedanken erprobt wurden, war – neben den Romanen und Gedichten – der Brief. Das Herumreichen von Briefen, das Abschreiben und Weiterschicken war um die Mitte des 18. Jahrhunderts noch ein Ersatz für Bücher, die in den deutschen Ländern nur schwer einen Verleger fanden. Erst im letzten Drittel des 18. Jahrhunderts explodierte der Buchmarkt, Briefe und Briefromane, im Original gelesen oder aus dem Französischen und Englischen übersetzt, wurden eine heißbegehrte Nahrung.

Es ist kaum mehr vorstellbar, wie sehr das Briefeschreiben zum Tageslauf gehörte und mindestens soviel Zeit verschlang wie heute Mails, Telefonate und Fernsehen zusammen. Caroline spricht von zwei Posttagen pro Woche, jeden Tag drei bis vier Stunden Briefe zu schreiben (oder zu diktieren) war üblich; Rudolf Haym, einer der ersten Humboldt-Biographen, meinte, ein Drittel der Zeit wurde Korrespondenzen, ein weiteres Drittel den Besuchen gewidmet.

Wilhelm war penibel, er hat nicht nur Briefe, Gutachten und wissenschaftliche Aufsätze geschrieben, er hat auch Tagebuch geführt und notiert, wer ihn besucht und wen er besucht hat, worüber gesprochen wurde, wie die Physiognomie und wie sein Eindruck von dieser und jener Person war. Im Tagebuch von 1794 hat er zusammengestellt, wie viele Briefe er, wie viele seine Frau, wie viele sie zusammen in einem Jahr geschrieben und erhalten haben. Da steht zum Beispiel unter May. 5.: *„kam Li mit einem Sohn nieder Nachmittags um 1 Uhr etwa. Die Wehen fiengen etwa um 9 Uhr früh an. Stark Mittags hier. Brief an Papa, an die Tante, an die Cousinen, an den Coadjutor, an Mama, an die Brüger, an die Herz, an die Hagen, an Gentz, an Fräulein Segner, an Wolf, an Ernst, an Carolinen, vom Unterofficier Voigt."* Und am Ende des Jahres listet er säuberlich für jeden Monat auf, zwölf mal vier Kolumnen, was er und was seine Frau bekommen und geschrieben haben, es sind insgesamt 741 Briefe, davon hat Caroline 119 bekommen und 112 geschickt, unter „meine" sind „b" (bekommen) 229 und „g" (geschickt) 281, auf sie entfallen somit 231, auf ihn 510; Adressaten und Absender stehen unter dem jeweiligen Datum. Erhalten sind von Humboldt aus diesem Jahr nur 26 von den 281 geschriebenen Briefen. [Tagebuch 19.–31. Dezember 1794]

Die Schreiblust, die Notiermanie und das Interesse an Sprachen haben nicht zuletzt damit zu tun, daß die Worte erst gefunden werden mußten, mit denen die neuen Erfahrungen einer ungeborgenen Jugend sich beschreiben ließen. Der Ort, an dem dies innerhalb Berlins vorzüglich erprobt wurde, war der Salon, und von allen Berliner Salons war der im Hause von Henriette Herz – in Theorie und Praxis – besonders von Leidenschaft und Schwärmerei erfüllt. In diesem Kreis entstand der sogenannte „Tugendbund". Caroline und Wilhelm lernten einander durch diese freimaurerisch inspirierte Verbindung kennen.

Noch gab es in Berlin keine Universität, kein attraktives geselliges Leben rund um den Hof wie in Weimar, Dresden oder Wien, und auch die Kaffeehäuser, die nicht nur in London und Paris, sondern auch in Leipzig und Hamburg ein geselliges Leben unterstützten, waren im Berlin der 1780er Jahre noch rar – unter anderem, weil Friedrich II. die Einfuhr der wach machenden Bohnen aus merkantilistischen Erwägungen erschwert hatte. Die Salons – und nicht nur die von Jüdinnen aus reichem Haus – wurden zum Treffpunkt für junge Leute unterschiedlicher Herkunft.

Wilhelm und sein Bruder Alexander waren von Lehrern aus dem Nicolai-Lessing-Mendelssohnschen Kreis unterrichtet und in deren Gesellschaften eingeführt worden. Die Brüder kannten Moses Mendelssohn und dessen Söhne und Töchter. Moses Mendelssohns Lieblingstochter Brendel, deren Freundinnen Rahel Levin und Henriette Herz waren die Zentralgestirne der neuartigen Geselligkeit. Bei den geistreichen Jüdinnen konnten junge Menschen, die Grenzen überschreiten wollten, verwandte Seelen ohne Rücksicht auf Stand und Rituale treffen.

Die Gruppe von geistig interessierten jungen Leuten in dem Berlin, das damals etwa 150 000 Einwohner hatte, war nicht so groß, daß man aneinander vorbeigehen konnte. Die Brüder Wilhelm und Alexander von Humboldt waren von ihrem Hauslehrer Gottlob Johann Christian Kunth schon 1785 zu einer der physikalischen Vorlesungen von Marcus Herz mitgenommen worden und nahmen an der Lesegesellschaft der „ausgezeichnetsten Männer Berlins von den verschiedenen Fächern und Altern" teil. [H. Herz, Erinnerungen, S. 48 f.] Marcus Herz war nicht nur ein Lieblingsschüler Immanuel Kants, der Königsberger Philosoph hatte ihn bei der Übernahme des Ordinariats zu seinem Respondenten erkoren: Daß Kant für seine Disputation einen jüdischen Studenten als Verteidiger wählte, hatte an der Universität einiges Aufsehen verursacht.

Henriette Herz bewirtete bei diesen Zusammenkünften die Gäste. Sie entstammte einer wohlhabenden sephardischen Familie und hatte mit fünfzehn Jahren den damals doppelt so alten Arzt Marcus Herz geheiratet. Brendel Mendelssohn hatte keine so gute Partie gemacht, ihr Vater war nur Gelehrter und Buchhalter bei einem Seidenfabrikanten (ohne den er in Berlin als mittelloser Jude kein Aufenthaltsrecht bekommen hätte). Sie war – wohl aus Gründen der sozialen Absicherung – mit dem jüdischen, jiddisch sprechenden Kaufmann Simon Veit verheiratet worden, in dieser Ehe unglücklich und besonders enthusiasmiert von der literarisch-poetischen Schwärmerei. Während „die Herz" als ausnehmend schön und anziehend galt, sagte man von Brendel wie von Rahel, sie seien häßlich – wiewohl anziehend durch ihre Klugheit – gewesen. Im Salon von Henriette Herz entstand dann unter engagierter Mithilfe Wilhelm von Humboldts jener verschworene Freundschaftsbund, dem wir die frühen Herzensergüsse des später eher nüchternen Sprachforschers verdanken – eine sentimentale Erziehung zwischen strengem Reglement und überbordenden Beschreibungen des Innenlebens. Rahel Levin nahm an diesem Tugendbund nicht teil, sie nannte das eine „empfindsame Tändelei".

Wilhelm kam 1786, er war damals neunzehn Jahre alt, zum ersten Mal in den Salon der Hausherrin in der Spandauer Straße 53, und Henriette Herz wurde zur Lehrerin seiner Herzensbildung. Er möchte sein, wie sie es wünscht, und ist *„beneidenswert glücklich, daß ich Sie gefunden, daß ich Sie lieben"* (kann), schreibt er der drei Jahre älteren Freundin in hebräischen Buchstaben, beider Geheimschrift. [H. Herz, Erinnerungen, S. 225]

Wilhelm, Henriette, Brendel, Karl von La Roche und Brendels Schwester Henriette Mendelssohn gehören zum Kern des sentimentalen Bundes, der Beglückung durch Liebe und moralische Vervollkommnung in sein Programm geschrieben hat. Karl ist der Sohn der vielgelesenen Schriftstellerin Sophie von La Roche, der Jugendfreundin Christoph Martin Wielands und Großmutter von Bettina und Clemens von Brentano. Sophie von La Roche gilt als Anwältin der Empfindsamkeit bei Mann und Frau, die „Teutschlands Töchter" zu liebevollen, immer hochanständigen, lebenstüchtigen und gottvertrauenden Müttern erzog. Der „betörend schöne" Karl von La Roche liebt Caroline von Dacheröden, von ihm stammt der Vorschlag, sie und ihre Freundin Karoline von Beulwitz in den Bund aufzunehmen. Durch ihn kommen Wilhelm und Caroline zusammen – und er verzichtet.

Wilhelms Tagebücher erwecken den Eindruck, daß er bereits auf seiner ersten Reise, die ihn, ausgestattet mit zahlreichen Empfehlungsschreiben, durch Norddeutschland, an Rhein und Main, zu Georg Forster und Friedrich Heinrich Jacobi führte, auf Brautschau war. Er sah sich nach Mädchen um und erkundigte sich nach standesgemäßen Töchtern. Die Bestimmung des Guten, moralische Prinzipien und die Maßstäbe, nach denen er sich und die Gesprächspartner beurteilt, hat er vornehmlich mit Frauen erprobt. Man nähert sich und prüft einander bei Gesprächen über die Literatur der Zeit – Goethes „Werther", Rousseaus „Neue Heloise", Gedichte im englischen und französischen Original oder in Übersetzungen. Wilhelm beschreibt in seinem Tagebuch detailliert, mit welchen Methoden er Frauen (ob verheiratet oder nicht, spielte keine Rolle) zu gewinnen sucht, so die Schwester Therese Forsters, Marianne Heyne: *„Im Ganzen geht mein Bestreben bei ihr iezt bloss dahin, zu machen, daß ich sie interessire, ohne doch merken zu lassen, daß ich darauf ausgehe."* Er vertraut dem – später bereinigten – Tagebuch seine Gesprächsstrategien an: Emilie von Berlepsch versucht er *„in Wallung"* zu bringen (so seine Worte). *„Um schnell, wie ich's wollte, zu wirken, glaubt ich zeigen zu müssen, daß sie auf mich stark gewirkt hätte. Ich schwieg viel, schien unruhig, zerstreut, sah sie oft an, wechselte dann den Blick, kurz trieb das ganze Spiel."* Diese strategisch geplanten Avancen seien, auch das analysiert und notiert er, eine Folge seiner Selbstkontrolle, die ihm spontane Gefühle fast unmöglich mache. Weil er sich in seiner Kindheit und frühen Jugend unverstanden und zurückgewiesen fühlte, habe er ein raffiniertes System der Verstellungskunst errichtet, um seine Empfindlichkeit zu verbergen.

Derlei Aussagen dürfen nur mit einer Prise Skepsis geschluckt werden. Wilhelm von Humboldt hat schon als Jüngling an seinem Image gearbeitet. Zur Selbststilisierung gehört auch die Betonung seines Rollenspiels: *„Menschen, die mich liebten, aber mich nicht kannten, mich bilden wollten, aber die rechten Mittel verfehlten, hielten mich in unaufhörlicher Aufsicht. […] Jede freiere Äußerung des Charakters unterdrückten sie. Und die Früchte dieser unseligen Bemühungen in mir? Verstellung, Tücke, Argwohn, Betrug."* [An Caroline, Januar 1789]

Der Rückzug in Träumereien und Lektüre und die Hinwendung zu zartfühlenden Frauen gehörte zur damals gängigen Selbstdarstellung empfindsamer Seelen. Ähnliches findet sich in allen Beschreibungen der „Leseseu-che", wie die damalige Medienrevolution genannt wurde. Seit den 1780er Jahren überbieten sich große und kleine Schriftsteller in Warnungen vor den moralischen Folgen der massenhaften Verbreitung gedruckter Schriften. Christoph Martin Wieland, Immanuel Kant und viele andere diskutieren das Für und Wider des Lesens, was wiederum eine Fülle von Schriften nach sich zieht, in denen kulturelle Standards neu ausgehandelt werden.

Wilhelm von Humboldt hatte ein Faible für kluge, selbst denkende – und sich nicht schminkende – Frauen, schon bevor er Caroline kennenlernte. Er ernannte Brendel Veit zur *„ersten Frau der Zeit an Geist und Charakter"*, liebte Therese Forster, damals noch Ehefrau des Weltreisenden Georg Forster, und nannte sie *„die erste Frau mit der es mir nie am Gegenstand des Gesprächs fehlte".* [Tagebuch, 7.–8. Oktober 1788] Er akzeptierte Henriette Herz nicht nur als seine Lehrerin für Hebräisch, sondern schreibt ihr, er habe *„Ihren Namen in schöne Birke gegraben",* zu der sein Pferd nun den Weg ohne Zügel findet, weil er den Ort so oft besucht. Er hat *„zu niemand ein so völliges, so uneingeschränktes Vertrauen"* wie zu ihr. [An H. Herz aus Tegel 1786, Erinnerungen S. 212] Der ebenfalls als geistreich und gebildet geltenden Karoline von Beulwitz, später von Wolzogen, bescheinigt er im Juli 1790: *„Du lehrtest mich mich selbst kennen und der Festigkeit meiner ersten Gefühle nicht misstrauen".*

Die nicht so zarten Triebe lebt Wilhelm andernorts aus, zum Beispiel im Bordell der Madame Schuwitz, wie wir aus einem Brief von 1790 an den befreundeten schwedischen Diplomaten Karl Gustav von Brinckmann erfahren, der sich genauso gerne in noblen Salons und Bordellen tummelte. Ein Jahr nach der Verlobung, aber noch vor der Hochzeit schreibt Wilhelm dem Partner seiner Vergnügungen: *„Das Ameublement ist prächtig, der Punch und*

alles was man nimmt, sehr schön. Das macht, daß man ganz
vergisst in welchem Hause man ist, und zusammen spricht,
eben als wäre man bei sich. " Sein Begleiter bei solchen Vergnügungen war meist Friedrich Gentz, der ein Vierteljahr-
hundert später als rechte Hand Metternichs sein Gegen-
spieler beim Wiener Kongreß wird – was die Freundschaft
nicht unbedingt trübt. In seinen Briefen an Gentz räsoniert
er über die Vereinigung der zwei Naturen des menschlichen Wesens: *„So ist also Sinnlichkeit und Vernunft, das*
eine der Quell aller Kraft, das andre aller Lenkung der Kraft.
Niemand kann, ohne sein Wesen aufzuheben, das eine oder
das andre vernichten, wohl aber dem einen oder dem andren
mehr Einfluß gestatten. An der verhältnismäßigen Mischung
beider erkennt man den Weisen. " [An Gentz, Winter 1791]

Die „Schuwitzin" hatte ihr Bordell 1784 an der Ecke Beh-
ren- und Friedrichstraße eingerichtet und bediente vor
allem Hofchargen, Offiziere und Diplomaten. Im Februar
1791 erzählt Humboldt dem Dritten im Bunde, Gustav von
Brinckmann, von einem Besuch dort, bei dem er allerdings *„die alte Dame interessanter"* fand als die Mädchen.
Madame Schuwitz gehörte angeblich, als sie 1798 starb,
zu den reichsten Frauen Berlins und besaß eine eigene
Equipage. [Details in: Ostwald, Bordelle] In den Briefen an Brinckmann
ist der Besuch bei „den Edlen", wie sie unter Freunden
genannt werden, ein ständiges Thema. In der Kladde, in
der er seine Ausgaben notiert, werden die Bordellbesuche
und Liebesdienste säuberlich aufgelistet. Humboldt hat
die Gewohnheit – auch die, über derlei Ausgaben Buch zu
führen – nie aufgegeben. Wie die meisten seiner männlichen Zeitgenossen hatte er nicht die Schamgefühle, die
seine späteren Biographen ihm gewünscht hätten. Ob er
wohl, als die Familie Humboldt 1819 in die Behrenstraße
zog, an das Etablissement zurückdachte?

Wilhelm hat oft beteuert, er habe von Frauen viel gelernt (er hat ihnen stets dafür gedankt), er hat seinen

Briefpartnerinnen – und dabei sich – sein Verhältnis zu Frauen immer wieder zu erklären versucht. Das Interesse an Menschen, insbesondere am weiblichen Geschlecht, sei, schreibt er, eine der wichtigsten Quellen für sein Nachdenken. In einer seiner selbstkritischen Notizen versucht er „seelenkundlich" inspiriert, seine mit dem Alter heftiger werdenden Unterwerfungsgelüste zu verstehen. Nach einer oft zitierten Stelle über die wollüstige Begier, die ein Mädchen, *„äußerst hässlich, aber stark, männlich, arbeitsam"*, in ihm weckte, analysiert er: *„Dies rührt noch aus den Jahren meiner ersten Kindheit her. Wie sich zuerst meine Seele mit Weibern beschäftigte, dachte sie sich immer Sklavinnen, durch allerlei Arbeit gedrückt, tausend Martern gepeinigt, auf die verächtlichste Weise behandelt. Noch jetzt hab' ich Sinn für solche Ideen."* Er kommt mehrfach auf diese Neigungen zurück, die er nicht ertrage und doch nicht ändern möchte.

Allerdings ist Vorsicht geboten, denn Wörter wie „Wollust" und „Vergnügen" änderten damals ihre Bedeutung, und Wilhelm war sein Leben lang von der Frage nach Versöhnung von Sinnlichkeit und Vernunft okkupiert. In Gesprächen mit Israel (nach der Taufe Johann) Stieglitz in Göttingen, *mein einziger Freund im eigentlichsten Verstande* [an H. Herz, 14. Februar 1789], im Tagebuch und in Briefen benennt und erklärt er immer wieder seine innere Leere. Sie ist ein wichtiges Motiv für die Beschäftigung mit „Empfinden": *„Weiberfreundschaft, Beschäftigung mit Weibern überhaupt, durch dies alles Studium der Charaktere, Streben, sich in andrer Ideen hineinzudenken, ihre Handlungsweise anzunehmen, mit einem Worte raffinierte Kunst des Umgangs, [...] die jede wahre ursprüngliche, eigne Empfindung so in mir abschliff, daß keine herrschend blieb, die endlich die Gleichgültigkeit und Leere in mir hervorbrachte, an der ich jetzt kranke,"* hätten seinen Charakter, inklusive wollüstiger Neigungen, geformt.

Die Erforschung der Seele ist Teil der Debatten um Reformen, zu denen nun auch die Reform der menschlichen Beziehungen gehört. Tugend und Schwärmerei, Empfindsamkeit und Wollust und immer wieder Freiheit – in menschlichen Beziehungen und im Verhältnis zum Staat – wurden in den Publikationen, die Wilhelm und vermutlich auch Caroline gekannt haben, in allen Abstufungen diskutiert. In den Salons wird über die Aufsätze in den Journalen und über die Neuerscheinungen englischer, französischer oder auch deutscher Romane gesprochen, in seitenlangen Briefen werden Meinungen darüber ausgetauscht. Diese Öffentlichkeit war zwar auf wenige Gebildete beschränkt, aber diese wenigen waren die Vorhut einer neuen Kultur, und sie wußten das. Die für heutige Leser oft recht schwülstig klingende Korrespondenz zwischen Wilhelm und Caroline entspricht der Mode. Sie kommunizieren miteinander in einem Code, dessen Nuancen uns nicht mehr geläufig sind. Die Selbstdarstellungen folgen literarischen Mustern, die man – mit einiger Variation – bei den damaligen Lieblingsautoren oder in dem in Berlin erscheinenden „Magazin zur Erfahrungsseelenkunde" nachlesen kann. Wenn Wilhelm betont, wie gefühlsarm er ist beziehungsweise war, bevor er Li liebenlernte, so tut er dies kontrolliert und reflektiert und vermutlich so wohlüberlegt wie bei den Tändeleien mit den Frauen, über die er in seinem Tagebuch berichtet. Diese Liebesbriefe, Selbstdarstellung und -erforschung von jungen Leuten, die in einer unberechenbaren Welt neue Regeln erfinden wollen und müssen, erwecken den Eindruck, die Partner hätten beschlossen, so zart und innig zu fühlen, wie es die Dichter vorgedacht haben. Auch wenn man das Pathos der Zeit berücksichtigt, hinterlassen vor allem die frühen Briefe den Eindruck, als wären sie für die Bühne geschrieben und die beiden Hauptdarsteller erzählten einander, wie sie sich die Liebe vorstellen. Überhaupt war die Vermessung der Innenwelt nicht unbedingt die Entdeckung natürlicher Gefühle, eher die Konstruktion von Natürlichkeit. Die Liebe wurde angelegt wie die englischen Gärten, in denen mit raffinierter Kunst und Architektur der Anschein von Natürlichkeit erweckt werden sollte.

◆ Ich und wir, wir und sie, Du und ich

Caroline und Wilhelm lernten einander als Verschworene einer ideellen und idealischen Gemeinschaft kennen. Karl von La Roche, der Caroline zu heiraten hoffte, hatte beiden viel voneinander erzählt. Gemäß den Statuten dieser sentimentalen Verbindung nannten sich die Mitglieder „Bruder und Schwester", Li und Bill hatten im Geiste des Tugendbunds zueinander schon „Du" gesagt, bevor er ihr Herz gewann. Fräulein von Dacheröden schloß sich dem Bund mit großer Begeisterung an und entfaltete, wie es die Statuten geboten, ihr reiches Gefühlsleben, ihre Ideen und Hoffnungen schriftlich, ausführlich und stets so, daß die Briefe innerhalb des Freundeskreises vorgelesen werden konnten. Die Freundschaftsbünde sind eine Form der Identitätsversicherung und Heimatsuche in einer Welt, deren Strukturen zerfallen, man gibt sich Statuten, schreibt herzzerreißende Briefe, schwört Treue und Wahrhaftigkeit. Solche Bünde samt innigen Gefühlsausbrüchen hat es schon um die Mitte des 18. Jahrhunderts gegeben, neu ist, daß nun auch Frauen mitfühlen und mitdichten dürfen.

Der erste überlieferte Brief Carolines an Wilhelm – vor der persönlichen Begegnung – schlägt bereits den Ton an, in dem sie – zuerst um den Bruder im Bunde und dann um den Geliebten – wirbt: *„Ich kann meinem Herzen nicht die Freude versagen, Dir, teurer Wilhelm, ein paar Zeilen zu schreiben. Carl wird sie Dir bringen, wird seine Bitte mit der meinigen um Deinen Besuch vereinen. Laß mich, Bruder, Dich nicht vergebens bitten. Denke, daß ich in einer Wüste lebe, wo mein Herz sich von Erinnerungen tränkt und von Hoffnungen nährt. Laß Dir von Carln sagen, daß ich gut bin und ein warmes, liebevolles Herz im Busen trage, daß mich verlangt, es mit heiligen Banden an das Deine zu knüpfen, und daß es Dir entgegenwallt mit reiner schwesterlicher Liebe."* [28. Juli 1788] Sie schreibt das aus Erfurt. Caroline lebt im Winter dort mit ihrem Vater, sie fühlt sich einsam, nach ihren Worten fern aller Geselligkeit, nach der sie sich sehnt. Aber auch dieses *„denke, daß ich in einer Wüste lebe"* gehört zur Rhetorik der Zeit.

Im August 1788 kommt Wilhelm zum ersten Mal nach Burgörner, einem der Dacherödischen Güter (zu dem rund 400 Morgen Ackerland und viele Wiesen gehören), zu Besuch. Caroline gibt ihm Anweisung, wie er den Anstand wahren könne: Als Vorwand für die persönliche Begegnung, die den Besuch gegenüber ihrem Vater rechtfertigen soll, dient die Besichtigung der ersten deutschen – auf der Basis von Industriespionage nachgebauten – Dampfmaschine. Sie wurde im mansfeldischen Bergbau, in unmittelbarer Nähe des Gutes Burgörner, eingesetzt. Die industrielle Revolution war nahe, eine Dampfmaschine noch eine Sensation. Schon eine Generation später wurde sie zur Plage, und die Tochter Gabriele hat das Gut 1885 verkauft, weil Gestank, Qualm und schwarze Schlacke die Gegend überzogen.

Wilhelm wurde im Haus Dacheröden sehr freundlich aufgenommen – die Väter hatten einander gekannt, Carolines Vater war, bevor er den Dienst quittierte, wie Wilhelms Vater preußischer Beamter gewesen. Unmittelbar nach seinem ersten Besuch schreibt Caroline: *„Als Du fort warst, mein Wilhelm, war eine fürchterliche Leere in meinem Herzen und eine Angst, ein Gefühl der Verlassenheit, des Alleinseins, so daß es mich forttrieb aus der Gesellschaft, in der ich war, denn ich fühlte, daß ich der Einsamkeit bedurfte und daß ich mich verraten würde, wenn ich bliebe."* Sie geht in den Garten und sieht ihn wegreiten, beschreibt die Tränen und Gefühle: *„und dann werd ich die Stunden zählen, bis ich Dich wieder an mein liebewallendes Herz drücke. Liebster Bester! Daß man so lieben kann, wie wir uns lieben, das ist doch des Himmels bestes Geschenk, ist aller Tränen des Schmerzes, aller Leiden wert. Nur in solcher Liebe fühlt man sich lebendig in allen Kräften seiner Seele, erhoben über die Schläge des Schicksals und näher dem Urquell ewiger Liebe! Gott! Ich danke, danke Dir für diese Stunden der Wonne, die Du Deinem schwachen Geschöpf gabest."* [24. August 1788]

Caroline ist weder verschämt noch passiv, die Initiative geht offenbar von ihr aus. Da aus der frühen Korrespondenz hauptsächlich ihre Briefe erhalten sind, kennen wir seine Bekenntnisse nicht. Auch läßt sich kaum auseinanderhalten, was Sprache der zeitgenössischen Literatur, was Code des Tugendbunds war und wie viel offensives Werben hinter den Sätzen steckt. Scheu war Caroline jedenfalls nicht, und sie spricht sehr direkt und früh die Frage an, wie es um das Dazugehören und Abgrenzen von anderen Freunden und vor allem Freundinnen stehe.

Im November 1788 schreibt Wilhelm an die Mitglieder des Tugendbunds einen Brief, in dem er Caroline gegenüber Jette und Brenna (Henriette Herz und Brendel Veit) verteidigt, die ihr offenbar Schwärmerei vorgeworfen haben. *„Was Ihr mir, liebe Jette und Brenna, von Lina sagt, ist mir nicht recht begreiflich. Ihr nennt sie schwärmerisch, sagt, daß sie von der Mode angesteckt sei, die Traurigkeit für etwas*

Nützliches zu halten, daß sie die Bürde des Lebens nicht so gut wie Ihr zu tragen verstehe. Freilich sah ich sie nur drittehalb Tage und hatte nur wenige Briefe erst von ihr; ich mag mich also in ihr irren. Aber sonst beteure ich's Euch, sah ich nie ein Mädchen, die so viel Vernunft besitzt, auch über allgemeine, sehr ernsthafte Gegenstände so reif, ich möchte sagen männlich räsonniert, in ihren Leiden so standhaft, so duldend ist als sie." Daß sie die „Bürde des Lebens" weniger spürt als die Berliner Jüdinnen, liegt nahe, wird aber nicht – jedenfalls nicht in den Briefen – ausgesprochen.

Im selben Brief definiert Wilhelm nochmals die Aufgaben des Bundes und präzisiert sie – wobei er sich vor allem an Karl (von La Roche), den Verfasser des Statuts, wendet: *„Der Zweck unserer Loge ist Beglückung durch Liebe. Daher hat auch ein Verbündeter gegen den andern eigentlich keine Pflichten. Denn die Liebe kennt keine Pflichten. Sie beseligt eben darum so sehr, weil sie für das, was andre aus Pflicht tun, höhere beglückendere Prinzipien kennt.*

Weil der Zweck der Loge Beglückung durch Liebe ist und der Grad des Glücks wahrer Liebe immer im genauesten Verhältnis mit dem Grade der moralischen Vollkommenheit der Liebenden steht, so ist die moralische Bildung das, wonach jeder Verbündete am eifrigsten strebt.

Die Verbündeten haben alle Schranken des bloß konventionellen Wohlstandes untereinander aufgehoben […]."

In dem Freundeskreis, der mit alten Konventionen brechen und neue schaffen will, gibt es Differenzen über den Zeitpunkt der Aufnahme von Linas Freundin Karoline von Beulwitz. Wilhelm hatte sich gegen die statuarisch verabredeten Prüfungszeiten ausgesprochen. In derlei Kleinigkeiten wurden die feinen Unterschiede zuerst sichtbar. Mit der allmählichen Abwendung vom Tugendbund und der Hinwendung zu Caroline und ihrem Kreis wird Wilhelm auch die Milieus wechseln.

Liebe, auch die zwischen Caroline von Dacheröden und Karl von La Roche, war statutengemäß eine gemeinsame Angelegenheit. In dem Brief rät Wilhelm dem Freund Karl noch, vorerst nicht um die Hand der Freundin anzuhalten. *„Lina muß Dein oder niemandes werden. Daß sie Dein wird, dazu ist jetzt freilich wenig Aussicht, aber, es ist doch auch, soviel ich weiß, keine nahe Furcht, daß sie eines andern werden müsste* („müsste" heißt im damaligen Kontext, daß ihr Vater sie nicht zu einer Heirat zwingt). *Ihr wollt, daß Du, Karl, Dich dem Vater entdecken sollst. Auch mein Gedanke ist das längst gewesen. Aber bedenkt doch ja, ob es auch jetzt der rechte Zeitpunkt ist."* Er macht dem Freund noch im Dezember 1788, ein Jahr vor seiner Verlobung mit Caroline, Vorschläge, wie er das geliebte Mädchen am besten gewinnen könne. Vier Monate später, am 20. März 1789, schreibt er an Caroline über Karls Liebe zu ihr: *„Freue Dich jetzt, meine Li, mit mir, daß Du Dich irrtest, daß Dein C[arl] Dich von seiner Liebe, seiner wahrlich unbegrenzten, für die Ewigkeit geschaffenen Liebe überzeugte! Nie werden Dich nun Zweifel jener Art mehr quälen, Du wirst glücklich sein in der Gewissheit, von ihm geliebt zu werden."*

Es wird damals keine Hintergedanken gegeben haben; alle dachten, daß Caroline Karl heiraten würde. Die jungen Leute glaubten wirklich an die Liebe in der Gemeinschaft und die Offenlegung aller Gefühlsregungen. Das änderte sich durch die Verbindung zwischen Bill und Li, mit der ein neues „wir" entstand.

In ihrem Brief vom 4. Januar 1789 äußert nun Caroline Bedenken gegen die Regeln des Tugendbunds: *„Wenn Carl, Jette und Brendel behaupten, daß die Aufdeckung alles dessen, was uns von andern anvertraut wird, mit zu den Pflichten der Verbindung gehört, so scheinen sie mir unrecht zu haben, denn wie könnte die Erfüllung einer Pflicht nur durch die Verletzung einer andern bewirkt werden, um mit*

unbefleckter Schöne im Herzen zu blühen. [...] *Jene Offen-
herzigkeit gegen die Verbündeten geschieht auf Kosten eines
fremden Guts, das uns heilig sein muß.*" Es müsse, schreibt
sie an Wilhelm, Ausnahmen geben, Charaktere seien verschieden, und es gebe ja auch Freunde, die nicht zur Verbindung gehörten und *"uns Sachen anvertrauen, die* [sie]
nie unsern übrigen Verbündeten sagen würde[n]".

In solchen Details deutet sich ein Auseinanderdriften
an, das eine notierenswerte Differenz erkennen läßt: hier
die Suche nach Nähe und dort das Bedürfnis nach Distanz.
Die bis vor kurzem noch ausgeschlossenen Jüdinnen wollen dazugehören, Caroline von Dacheröden und Karoline
von Beulwitz bestehen auf Distinktion.

Es geht nicht nur um Offenlegung versus Intimität, son-
dern auch schon um die Gemeinsamkeit zwischen Li und
Bill. Das neu geworbene Mitglied Caroline bestätigt dem
Bundesbruder Wilhelm, wie richtig und wichtig es war,
daß – in dem erwähnten Brief an die Verbündeten – *"dieser
Unterschied unsrer Denkungsart einmal zur Sprache gekommen ist, in einer so genauen und innigen Verbindung wie die
unsre muß nichts unerläutert bleiben, was uns selbst betrifft.
Es ist zu wichtig. Darum dringe Du nur auf Erklärung und
Zurechtweisung von den andern, mein Wilhelm, denn es ist
möglich, daß wir im Irrtum sind, dringe darauf in Deine
und meine Seele, denn ich sehe aus Deinem Briefe und aus
Deinen Gesprächen, daß die Überzeugung unsres Verstandes
über diesen Punkt so übereinstimmend ist, wie es nur irgend
von zwei verschiedenen Wesen denkbar ist. Ich müsste mich
sehr irren, wenn Caroline* [von Beulwitz] *hierüber nicht
auch unsrer Meinung wäre. Sie hält sehr viel von Diskretion,
und sie hat recht, diese ist ein heiliges Band der Gesellschaft.*"
Wenige Zeilen später, nachdem auch Therese Forster und
die anderen Verbündeten erwähnt wurden, unterscheidet
sie nochmals zwischen dem einen und einem anderen
"wir": *"O Wilhelm, wenn Du so vor mir stehst und Du mich*

*ansiehst mit dem Blick – ich weiß nicht, was für einen Namen
ich ihm geben soll, es ist so etwas Unbeschreibbares darin –,
dann bebt es mir durch alle Adern und mit jedem Tropfen
Blutes zum Herzen, er liebt mich!! – Eins sind wir, ineinander
gewebt durch tausend Gefühle, verbunden durch die heiligsten Bande; Gott, ewiger Vater, Vater der Liebe, schau segnend
herab; das Ziel, nach dem wir alle wallen, ist deiner unsterb-
lichen Kinder nicht unwert."*

Es ist ein fließender Übergang zwischen ihrer Liebeserklärung an Wilhelm und der Einbeziehung der anderen, changierend zwischen dem „wir", das sie und Wilhelm, und einem anderen, das die Verbündeten meint. *„O,
daß ich Dich in meine Arme schließen könnte, guter, treuer,
sanfter Wilhelm, und Dir sagen, das ist Deiner Jette, Deiner
Brendel und Deines Carl Kuß; sie tragen Dich alle mit un-
endlicher Liebe im Herzen. […] Wilhelm, Wilhelm! Ich sage
Dir, Du bist mir mit Deinem reinen, einfachen Herzen unaussprechlich teuer, ach! in jedem Augenblick möchte ich
Dir das sagen, möchte es Jette, Brendel und Caroline* [von
Beulwitz] *sagen, wie ich Dich, wie ich sie liebe, wie diese
Liebe mein Leben trägt und welchen wohltätigen Einfluß sie
auf mein Wesen hat. Ewiger Gott! Welches Meer von Liebe
quillt in meinem Herzen, O Du, der Du diese Empfindung
mir gabst, laß sie ein Quell des Segens werden für meine teuren Geliebten."* In einem Nachsatz, wenige Stunden später
geschrieben, fügt sie an: *„Mein Vater erwartete Dich den
ganzen Abend."*

Ich stelle mir Caroline wie eine der Figuren aus Sophie von La Roches Romanen vor, als Leserin der Zeitschrift „Pomona" (Römische Göttin der Obstfrüchte), in
der die *grande dame* der deutschen Literatur Deutschlands höhere Töchter nicht nur über Ehe und Kinder,
sondern auch über Geographie und Pflanzenkunde, eine
saubere Küche, den Umgang mit Leibeigenen und über
selbstbestimmte Liebe unterrichtet. Die Frauen in ih-

ren Geschichten sind gebildet, sie bewegen sich noch im Rahmen der Konventionen und setzen doch auch eigene Interessen durch. Caroline kannte die Zeitschrift – ihre Freundin Karoline von Beulwitz publizierte darin ihren ersten Text. Es gab in der „Pomona" eine belehrende Rubrik: „Briefe an Lina", darin Sätze wie: *Das Glück der Frau gründet sich ebenso auf das Bestreben, ihrem Manne zu gefallen, als auf ihre Verdienste"* oder auch: *„Sie soll wissen, daß der vollkommenste Mann dennoch ein unvollkommener Mensch ist."* [Sophie von La Roche, Briefe an Lina, S. 227]

Caroline von Dacheröden hat gewußt, daß sie diesen Mann will und daß sie ihn für sich will: *„Ich bin mit allem dem, was Du Carl über die Verbindungssachen schreibst, gar sehr zufrieden. Närrisch genug, daß Carl und die Weiber bis auf den letzten Augenblick bei ihren lieben Statuta beharren wollten."* [9. April 1789] Sie hat selbstbewußt um Wilhelm geworben, sich nach ihm gesehnt, auf ihn gewartet und im Vokabular der zeitgenössischen Literatur gefühlt. Wenn Wilhelm von seinen Selbstzweifeln geplagt wurde, hat sie ihn gestärkt, ihn ihrer Liebe und seiner Fähigkeit zu fühlen versichert.

Im Mai 1789 schickt der knapp 22jährige, der zu dieser Zeit in Göttingen studiert, der neuen Freundin eine Beschreibung seines unvollkommenen Inneren: *„Es gibt Menschen, die mich fühllos, mürrisch, menschenfeindlich nennen, und wenn ich dann manchmal denke: und wer weiß, vielleicht haben sie recht, dann gesellt sich der Gedanke hinzu, Eurer Liebe nicht wert zu sein, und stürzt mich in tiefe Melancholie."* Wieder spricht er von der öden freudlosen Kindheit und träumt von *„einer glücklichen Familie, in Deiner und unsrer übrigen Lieben Nähe".* Noch benutzt er den Plural und liebt „bundweise". In einem langen Postskriptum erklärt er, wie das damals alle lesenden jungen Leute getan haben, seine Gefühle anhand der Lektüre von Goethes „Werther", jenem Kultbuch, in dem sich die Liebenden auch schon durch Berufung auf Literatur (in dem Fall Klopstock) verständigen. Zugleich behauptet er, in seiner Jugend wenig gelesen zu haben: *„Aber ich freue mich darüber. Ich habe mehr gedacht, weniger Wert auf fremde Ideen, allein auf Erfahrung zu legen gelernt, und ich bin auch dadurch sicherer vor Eitelkeit und Prahlsucht geworden. "* In diesem Brief grenzt er sich bereits von Brendel und Jette ab. *„Wohl hast Du recht, meine Li, Dich zu wundern, welche Freude Brendel und Jette und Carl an ihren Statuten finden; ich kann's auch nicht recht einsehen"*, und rückt noch einmal näher an Caroline, indem er von den anderen wegrückt. Es geht um neue „Lagen" (das war einer seiner Lieblingsausdrücke), um Vertrauen und um den Kuß, den sie ihm gab. Als Replik auf ihre Zweifel an den Spielregeln des Bundes erklärt er: *„Seitdem ich über die Verbindung denke, hab ich so darüber gedacht, aber ich habe es nicht gesagt, weil ich sah, daß Jette und Carl, zum Teil auch Brendel, so ganz an der Idee hingen. Du, das weiß ich, tust das nicht so, ebenso wenig Caroline* [von Beulwitz]. *Mit Euch kann ich davon reden, und mit Euch muß ich es. "* Er nabelt sich vom Tugendbund ab, fortan ist Caroline von Dacheröden seine Lehrmeisterin und die Adressatin für die Erziehung seiner Gefühle: *„Ich kümmere mich jetzt so wenig um das Urteil andrer. Wenn Li mich liebt, was sind sie mir?"* [24. November 1790]

Aus dem Abstand von über zweihundert Jahren läßt sich kaum rekonstruieren, mit welchen Absichten sie einander die Bälle zuspielten. Es wäre ungerecht, den Beteiligten zu unterstellen, daß diese Annäherungen und Entfernungen, das Erproben von „ich" und „du" und „wir" versus „sie" nur raffiniert gewesen wären. Mit Humboldts Sprachtheorie könnte man sagen: Sie finden die Worte, und durch die Benennungen erfinden sie das kulturelle

Muster der Liebe. Manche Wörter sind Chiffren, die wir heute nur noch schwer verstehen. Schwärmerei war so ein Wort, das die Parteien trennen und vereinen konnte.

Nachdem Wilhelm fünf Monate zuvor Caroline gegenüber Jette, Brendel und Karl wegen des Vorwurfs der Schwärmerei verteidigt (und Caroline darüber berichtet) hat, bittet er nun Caroline um Hilfe in ebendieser Sache: *„Du schreibst so gut, meine Li, weißt Deine Ideen und Empfindungen so deutlich, so lebendig zu schildern. Du musst mir noch einen Gefallen tun, meine Liebe. Du weißt, C[arl] und die Weiber nannten mich oft schwärmerisch; ich sprach mit Dir in Erfurt davon und auch Du sprachst mich in gewissen Augenblicken nicht frei davon. Erkläre mir das jetzt näher. Sehr leicht ist es möglich, daß Ihr recht habt, und ich glaub es, weil Ihr so einstimmig darin seid; allein ich möchte doch genau wissen, worin nun gerade meine Art der Schwärmerei besteht, worin sie sich äußert. Ich weiß sonst nicht recht, wie ich ihr entgegenarbeiten soll.“* Wieder wird ihn Caroline bestärken und beider Gemeinsamkeit betonen. Sie antwortet: *„Also musst Du Dich schon trösten, […] mit mir zugleich verdammt zu sein. Wir wollen indessen, denk ich, so bleiben wie wir sind.“* [9. April 1789]

„Schwärmerei“ ist ein Reizwort der Zeit. Die Kämpfe zwischen Aufklärung und Aberglauben werden in Berlin besonders heftig geführt – nicht zuletzt, weil seit 1786 mit Friedrich Wilhelm II. ein Mann auf dem Thron sitzt, den Wundergläubigkeit, Okkultismus und eben Schwärmerei umwehen. Wilhelms einstiger Lehrer Joachim Heinrich Campe, Karl Philipp Moritz, Schützling von Henriette Herz, Friedrich Schiller, Christoph Martin Wieland – sie alle nehmen an dieser Debatte teil, in der die Richtungskämpfe zwischen Phantasie und Vernunft, Philosophie und Poesie, Empfindung und Abstraktion ausgetragen werden. Es ist ganz und gar unwahrscheinlich, daß Wilhelm von Humboldt die Diskussionen nicht kannte, und er gehörte im Sinne dieser Auseinandersetzungen sicher nicht zu den Schwärmern. Seine Bitte um Erklärung ist rhetorisch, er schmiegt sich damit der Freundin an und signalisiert – auch dies gehört zum durchaus verbreiteten Image des weichen Mannes –, daß er von ihr geführt werden möchte.

Das Verbindende zwischen den Kindern aus gutem Hause und der meist nur angedeutete, aber immer mitschwingende Unterschied zu den „anderen" wurden schnell offenbar. Zart und zärtlich und ein bißchen okkult hat Li ihren Verehrer auch auf eine andere Differenz und Gemeinsamkeit zwischen „uns" und „denen" hingewiesen. In dem Brief vom 29. Januar 1789 erzählt sie Wilhelm von einem Besucher: *„Ich zeigte ihm die Haare zu einem Ring. Er besah aufmerksam die Deinen, sah mich an und lachte. Wie er aber an das Paket von Jette kam, schlug er die Hände zusammen und sagte:,Nimmermehr sind die von einem Christen!'"* Wie man heute Freundschaftsbänder verschenkt, haben diese Freunde einander Locken oder geflochtene Haare als Zeichen der Verbundenheit geschenkt. Jettes Locken sind, wird damit gesagt, nicht christlich, es sind nämlich jüdische Locken.

◆ Welterfahrung, Netzwerke, Geist und Geld

Wilhelm hatte, zusammen mit seinem Bruder Alexander, unter Aufsicht des Erziehers Gottlob Johann Christian Kunth im Herbst 1787 in Frankfurt an der Oder mit dem Studium der Jurisprudenz begonnen, das ihn unterforderte. Im Frühjahr 1788 wechselte er an die Universität Göttingen, die im Unterschied zu der preußischen Anstalt hervorragende Lehrer und Forscher und eine wunderbare Bibliothek zu bieten hatte. (Göttingen gehörte damals zum Kurfürstentum Hannover und unterstand damit der englischen Krone.) An der erst 1737 gegründeten Reformuniversität herrschten Lehr-, Druck- und Zensurfreiheit und ein vielfältiges Lehrangebot. Der junge Mann war hier erstmals auf sich allein gestellt, der Bruder und Kunth blieben vorerst in Frankfurt. In Göttingen liebt er, wie er dem Tagebuch anvertraut, „neue Lagen".

Unmittelbar nach dem ersten Besuch in Burgörner vom 22. bis 24. August 1788 unternahm er von Göttingen aus seine erste größere Reise, keine Kavalierstour, wie sie Männer seines Standes zu machen pflegten, um Kontakte zu knüpfen, Ehen und Karrieren anzubahnen, sondern eine Bildungsreise. Sie dauerte nicht so lange und führte nicht so weit, wie es in adeligen Kreisen üblich war, auch interessierten ihn weniger Höfe und Höflinge, sondern Professoren, Dichter und auch soziale Einrichtungen. Er fuhr über Kassel nach Arolsen, Frankenberg, Münchhausen, Marburg, Gießen und Frankfurt am Main, von dort weiter nach Aschaffenburg, Darmstadt und Mainz. Die Eindrücke dieser Reise hielt er in einem Tagebuch für die Mitglieder des Bundes fest. Er war mehrere Tage in Mainz zu Gast bei Georg Forster, der den Weltumsegler James Cook 1772 bis 1775 auf dessen Weltreise begleitet hatte, und bei dessen Frau Therese. Der welterfahrene, liberale Forster (Jahrgang 1754, er war also zu Beginn der Weltreise erst achtzehn Jahre alt) hat ihn stark beeindruckt und beeinflußt – er war sein Leitstern, bevor Schiller es wurde. Auf andere Weise beeindruckt und geprägt hat ihn Therese Forster. Mit ihr tauscht er Ansichten über Frauen und Liebe und Tugenden, Vorlage ist wiederum die Literatur, explizit erwähnt er ein Gespräch über Rousseaus empfindsamen Briefroman „Julie oder Die neue Heloise". Er verliebt sich in sie – obwohl sie sich schminkt.

Vom Haus des freisinnigen Demokraten und dessen intellektueller, in ihrer Ehe mit Georg Forster bereits unglücklichen Frau – was ausführlich besprochen wurde – fährt Humboldt weiter nach Pempelfort zu dem antiaufklärerischen Gefühlsphilosophen Friedrich Heinrich Jacobi, einem Freund Goethes und Gegner Kants. Auf der Reise begegnet er vielen Leuten, mit denen er über Vernunft und Gefühl, Kant und den freien Willen räsoniert, und fast immer notiert er, wer ihm gut und wem er gut ist. Er prüft, ob er geliebt wird und was er wert ist. Das kann als Zeichen seiner Unsicherheit gelesen werden, zugleich erprobt er damit Zugehörigkeiten, die ja noch nicht mit Parteinamen etikettierbar sind. Er hört unterwegs Vorlesungen, besichtigt Bibliotheken und Naturalienkabinette, macht sich über Fürsten und Höflinge lustig, beobachtet und beschreibt soziale Mißstände. Aus Bonn berichtet er über einfältige Studenten und über die Einrichtung der Hofbibliothek, in der es viele kostbare Schränke, aber wenige Bücher gibt, und notiert die Antwort, die der Bibliothekar bekam, als er den Kurfürsten auf das Mißverhältnis zwischen reichem Mobiliar und armseliger Bücherausstattung hinwies. Ihm wurde gesagt: *„Das verstehen Sie nicht, es ist eine Hofbibliothek, da muss das so sein".* [Tagebuch, 16. Oktober 1788] In Gießen besucht er lieber das Zuchthaus als einen Vertreter der Stadtobrigkeit.

„Allein indem ich so hinging, kam ich vor dem Zuchthaus vorbei, und ich überlegte, daß es wohl nützlicher sein möchte, ein Zuchthaus als einen Kanzler zu sehen." [Tagebuch, 23. September 1788] In diesen Notizen ist er schon der Ethnograph, der alles festhält, Charaktere, Gespräche, schlechte oder kontraproduktive Gesetzesregelungen und immer wieder seine Begegnungen mit Frauen. Frecher und witziger als alles, was er in seinen Aufsätzen hinterlassen hat, sind die herrlich bösen Beschreibungen von eitlen oder dummen, narzißtischen oder geschwätzigen Professoren, Fürsten, Kaufleuten oder Studenten. Den österreichischen Gesandten in Mainz, Graf Ludolf, nennt er *„ein fettes, sehr coeffiertes* [geschniegeltes] *süsses, aber völlig hirnloses Männchen"*, und der Kanonikus aus Mainz ist *„sehr wohlgenährt und schön geputzt, aber der albernste, abgeschmackteste Mensch"*, ein General Lengefeld ist *„ein herzensguter Mann, aber ohne viel natürlichen Kopf und ohne alle Kenntnisse"*. [Tagebuch, 25. September 1788] In diesen Aufzeichnungen finden sich auch Bemerkungen über die schlechten Einrichtungen an den Universitäten und deren mögliche Verbesserung.

Wo immer sich Gelegenheit bietet, fragt er seine Gesprächspartner nach ihrer Einschätzung des Wöllnerschen Edikts vom Juli 1788. Dieses „Religionsedikt" war das deutlichste Zeichen für den Einfluß des „intriganten Pfaffen" (so Friedrich II. über Wöllner) auf den neuen König. Es war eine erste Vorwarnung, daß die Freiheiten, die der aufgeklärte Friedrich II. gnädig gewährt hatte, zurückgenommen würden. Die Androhung von Zensur und Kontrolle, von Prozessen und Entlassungen war das zentrale Thema jedes Gesprächs, zumal in den preußischen Provinzen. Die jeweilige Meinung seiner Gesprächspartner über dieses Kampfinstrument gegen die Aufklärung wird zur Meßlatte einer freiheitlichen Gesinnung. Die Auseinandersetzung mit diesem Edikt mündet in Humboldts –

nicht veröffentlichter – Schrift „Über Religion". Darin thematisiert er bereits die Frage nach der Rolle des Staates, welche Vorschriften er dem Volk machen darf und soll, damit sich die in den Individuen schlummernden Kräfte entfalten können, und was der Staat nicht bestimmen soll.

Die Bekanntschaft mit bedeutenden Männern begründet, das ist ja der Sinn der sogenannten Bildungsreisen, lebenslange Freundschaften, nützliche Kontakte und eine Öffnung zur Welt. Eine Nebenwirkung ist, daß Wilhelm sich von den *„gekünstelten Empfindungen"*, die ihn an Henriette Herz und ihre Vereinigung gebunden haben, zunehmend distanziert.

Anfang November 1788 kehrt er nach Göttingen zurück. Seinen nächsten Besuch bei Caroline kündigt Wilhelm im Januar 1789 an: *„Noch zwei Stunden, liebe Li, und ich bin bei Dir! Gott, mit welchen Empfindungen seh ich Dich wieder. Mehr als fünf Monate sind's, seit ich Dich nicht sah, und indes sah ich keinen von Euch, war in mancher kummervollen, drückenden Lage, genoß der wahren Freuden nur wenige. Aber doch fühlt ich mich nicht unglücklich; auch die Stunden des Kummers, des Unmuts, der langen Weile sind nicht verloren."* Und in demselben Brief – es geht darum, nun Karoline von Beulwitz für den Bund anzuwerben – steht: *„Ach! Li, sind wir nicht sehr, nicht zum Beneiden glücklich, daß wir einen solchen Kreis miteinander schließen? Solche Seelen, vereint durch Liebe zu Liebe und Vollkommenheit, und Genuß dieser Vollkommenheit, wie selig müssen die miteinander sein."*

Ob die sehr viel besseren Lehrer in Göttingen, die Erweiterung seines Horizonts während der „Reise durch das Reich" oder die Bekanntschaft mit Li der Anlaß sind, ist schwer zu sagen, jedenfalls dünken ihn Ende dieses Jahres die Briefe von Jette *„zu leer an Geist, sie gleichen Zuckerbroten, denen es an Würze fehlt. So kommt mir die ganze Ver-*

bindung vor". [9. Dezember 1788] Als Caroline – das Gebot des Tugendbunds nutzend – Wilhelm bittet, er möge ihr Therese Forsters Briefe zeigen, erläutert er ihr: *„Sie enthalten keine Geheimnisse, wohl Anspielungen, die Dir aber nicht einmal verständlich sein können. Aber ich schicke sie Dir nur unter zwei Bedingungen, erstlich, daß Du mir Dein recht ausführliches Urteil darüber sagst, und dann versteht sich's, schicke ich sie nur Dir und Caroline* [von Beulwitz]. *Ich gestehe Dir, mir sind diese Briefe unendlich wert, ich habe ein Studium daraus gemacht* […]. *Sie sind so gedankenvoll, und doch ist sehr vieles darin nur halb richtig, manches ganz falsch* […]. *Ich bin überzeugt, daß, wenn Du sie kenntest, Ihr Euch viel sein würdet, aber mit den meisten ihrer Ideen würdest Du doch uneins sein, wie ich es bin* […]. *Das Charakteristische in ihren Briefen scheint mir zu sein, die Neuheit und Kühnheit ihrer Ideenverbindungen, die Originalität, wärs auch nur im Ausdruck, die Fülle zuströmender Gedanken, die Tiefe der Empfindung, die unaufhaltbare Lebhaftigkeit und die innige Verwebung der Empfindung und des Räsonements. Immer geht sie von Empfindung aus und kommt immer auf Räsonement zurück* […]. *Lache über meinen Enthusiasmus, aber ich gestehe es Dir, die Frau – ich sah sie vier Tage lang den ganzen Tag im kleinsten Detail ihres häuslichen Lebens – hat einen großen Eindruck auf mich gemacht",* um seiner Li dann zu versichern: *„doch mehr der Bewunderung, als der Liebe".* [20. März 1789]

Er bittet sie um ihr baldiges Urteil, das Caroline auch umgehend schickt. Sie findet die Briefe interessant, soweit sie ihnen folgen kann, und zieht dabei eine deutliche Grenze. *„Du glaubst, wir würden uns viel sein. Ich zweifle daran. Mein Wesen ist nicht zu Eindrücken auf solche, wie der Forster ihres ist, gemacht. Es würde über ihre Seele gleiten, ohne sie zu berühren. Ich glaube, ich würde sie mehr bewundern als lieben, gewiß mehr lieben, als sie mich lieben könnte. Ach, sie flößte mir auch Mitleid ein und ich weinte* *über sie"*, und schmeichelt dem Geliebten, den Bund wieder einbeziehend: *„Du kannst sehr gut auf die Forster wirken, besonders in der Länge der Zeit. Dein Beispiel wird sie belehren, daß man bei sehr hellem Verstand dennoch gut sein kann."* Es folgen einige Ausführungen über die Gesetze des Bundes, mit denen sie nicht ganz einverstanden ist. Caroline ist in ihrem Urteil über Frauen, die Wilhelm seelische Heimat bieten, sehr entschieden.

Während Wilhelm sich durch Reisen bildet, in Göttingen bei den klügsten und modernsten Gelehrten Vorlesungen hört und Kant studiert – Alexander von Humboldt schreibt im Februar 1789: *„Er wird sich tod studiren, mein Bruder. Er hat jezt alle Werke von Kant gelesen und lebt und webt in seinem Systeme"* [Alexander von Humboldt an W. G. Wegener, 27. Februar 1789] –, verbringt Caroline die Tage in der Provinz. Sie lebt auf den Dacherödischen Gütern in Auleben und Burgörner und im Winter in Erfurt, wo ihr Vater ein repräsentatives Palais im Renaissancestil (drei Stockwerke, die Front mit zwölf Fenstern, einem Erker und etlichen Dachkammern) besitzt. Außerdem hat er eine große Sammlung von Kupferstichen, an der die Tochter ihr Kunstverständnis schult.

Das Leben in Erfurt war nicht ganz so öde und einsam, wie man bei der Lektüre ihrer Briefe meinen könnte. Erfurt war kein Provinznest, hatte etwa 17000 Einwohner und beherbergte eine der ältesten deutschen Universitäten (an der schon Luther studiert hatte). 1392 gegründet, war sie einst eine Hochburg der Humanisten. Wieland hielt hier Vorlesungen, Jena mit seiner unverhältnismäßig liberalen Universität lag nahe. Die Stadt beherbergte Chemiker und Mediziner von bestem Ruf. Es gab ein reges gesellige Leben, auch ein Wochenblatt für das schöne Geschlecht und eine Buchhandlung, die von Sophie Albrecht, einer selbstbewußten, klugen Frau, gegründet worden war und geführt wurde.

Sophie Albrecht lebte von 1757 bis 1840, war Schriftstellerin und Schauspielerin und trat unter anderem als Luise Millerin in Schillers „Kabale und Liebe" auf. Sie hat „An Fräulein Caroline von Dacheroeden" ein Gedicht verfaßt, in dem sie das Glück schildert, Wißbegier und Männermut endlich bei einem Weib, nämlich bei Caroline, gefunden zu haben. Es beginnt mit den Zeilen *„Oft wenn ich von Helden hörte,/Die der laute Nachruhm ehrte,/Seufzt ich tief in meinem Sinn:/Ach! Daß ich kein Jüngling bin!"* und endet, nach mehreren Seufzern über das Weh ihrer Geschlechtszugehörigkeit, die den Kreis um „Mädgen", also Mädchen, so eng ziehen, mit den Strophen *„Doch seitdem ich dich erblickte/Die mich selbst als Weib entzückte/Gleich an Geist und Körper schön –/Ach seitdem ich dich gesehn;/Küß ich meine engen Bande/Rufe, froh mit meinem Stande: Holde, schönste Zauberin!/Wohl, daß ich kein Jüngling bin."* Wenn die Datierung stimmt, war Caroline, als diese Eloge geschrieben wurde, fünfzehn Jahre alt! [Berit C. R. Royer, in: Aufklärung in der Dalbergzeit, S. 349]

Die Stadt Erfurt gehörte zum Besitz des Mainzer Erzbischofs, damals der wohl reichste Prälat der Christenheit. Im Mai 1789 war der für seine aufgeklärte Gesinnung bekannte Karl Theodor Freiherr von Dalberg als Koadjutor (Stellvertreter) des Erzbischofs von Mainz nach Erfurt gekommen, seine Berufung war vom Weimarer Fürsten Karl August in langen Verhandlungen vorbereitet worden und Teil der Bemühungen um einen Fürstenbund mit bürgerlich inspirierter Verfassung. Die Beziehungen zu Weimar waren entsprechend eng. Karl Theodor von Dalberg war der Bruder von Wolfgang Heribert von Dalberg, der das Mannheimer Nationaltheater gegründet und 1782 Schillers „Räuber" uraufgeführt hatte. Der Statthalter von Erfurt – im Kreis Carolines wurde er „Goldschatz" genannt – war ein geselliges Talent, *„ein überaus interessanter Mensch* *für den Umgang, mit dem man einen herrlichen Ideenwechsel hat"*, wie Schiller an Christian Gottfried Körner (den Vater des patriotischen Dichters Theodor Körner) schrieb. Er war ein enger Freund der Familie Dacheröden und hat Caroline unter seine Fittiche genommen, sie im Malen unterrichtet, zum Zeichnen ermuntert und ihr Musik nahegebracht – ein väterlicher Mentor, den sie schwärmerisch verehrt hat. In seiner Nähe fühlte sie *„das Walten seines Geistes. Sich selbst empfindet man schöner und besser."*

Dalberg hatte Rechtswissenschaft in Heidelberg studiert, sich mit lateinischen Klassikern und Philosophie beschäftigt und war schon 1761/62 nach Italien, Paris und den Niederlanden gereist. Als er 1771 zum Statthalter Erfurts ernannt wurde, war er erst siebenundzwanzig Jahre alt, gebildet, aufgeklärt und tolerant, wie ihm sogar der revolutionäre Schriftsteller Georg Friedrich Rebmann bescheinigte. Dalberg bemühte sich um Hebung von Gewerbe und Handel, um die „Milderung" der Frondienste und die Abschaffung der Folter. Er hat, wenn auch mit mäßigem Erfolg, die Universität Erfurt neu organisiert. Besonders am Herzen lag ihm die Umgestaltung der (1754 gegründeten) „Akademie gemeinnütziger Wissenschaft". Sein engster Mitarbeiter und Präsident dieser Akademie war Karl Friedrich von Dacheröden, Carolines Vater. Der Akademie gehörten unter anderen Goethe, Schiller und beide Humboldts an, Alexander wurde bereits 1791 aufgenommen, Wilhelm 1794.

Jeden Dienstagnachmittag gab es in Dalbergs weiträumigem Palais „Assembléen", bei denen Adel und gehobenes Bürgertum einander zwanglos, also ohne die höfischen Rituale, begegneten.

Karl Theodor von Dalberg sammelte kluge Köpfe um sich und hoffte, bald die Stelle des alten, kranken Erzbischofs von Mainz übernehmen zu können. Dann könnte er die begabten jungen Männer, auch Wilhelm von Hum-

boldt und Friedrich Schiller, an einen noch zu gründenden Mainzer Musenhof einladen und fördern. Dann aber
geriet Dalberg in den Strudel der politischen Umwälzun-
gen. Der überzeugte Aufklärer wurde 1802 Kurfürst-Erz-
bischof zu Mainz, Erzkanzler des Deutschen Reichs und
unter Napoleon Fürstprimas der Rheinbund-Staaten.

Bei seinen ersten Besuchen in Erfurt wohnte Wilhelm bei Dalberg. Caroline war seit ihrer Jugend mit
den Schwestern Karoline und Charlotte von Lengefeld
befreundet, die Friedrich Schiller behütet, geliebt und in
die Erfurter und Weimarer Gesellschaft eingeführt haben.
Schiller wurde von Dalberg gefördert, und durch diese
Verbindungen wurde Humboldt mit Schiller bekannt. Bei
den Besuchen im schönen Stadthaus der Dacherödens
oder bei den Assembléen im prächtigen Palais des Statt-
halters, der heutigen Staatskanzlei des Bundeslands Thüringen, könnte Humboldt vom *genius loci* inspiriert worden sein: Die Universität Erfurt war im 18. Jahrhundert
ein Zentrum von Sprachforschern – einer von ihnen war
Johann Christoph Adelung, Initiator des mehrbändigen
Werks „Mithridates oder allgemeine Sprachenkunde", das
Humboldt aufmerksam gelesen hat. Lange nach Adelungs
Tod hat er im letzten Band dieses Werkes einen Aufsatz
über das Baskische veröffentlicht.

Auf einem Ball haben sich Wilhelm und Caroline am
16. Dezember 1789 verlobt – vorerst ohne es den Eltern
mitzuteilen. Er ist zweiundzwanzig Jahre alt und noch
ohne Beruf, sie ist dreiundzwanzig und Vaters Augenstern.
Der Tugendbund hat diese enge Verbindung Wilhelms mit
Caroline nicht überlebt. Die Freundschaften mit Therese
Forster, Henriette Herz, Karoline von Wolzogen, Karl von
La Roche wurden jedoch von beiden, in unterschiedlicher
Intensität, bis ins Alter gepflegt.

Den Jahreswechsel 1789 haben Schiller, Charlotte von
Lengefeld, Karoline von Beulwitz, Wilhelm von Humboldt

und Caroline von Dacheröden gemeinsam in Weimar gefeiert. Schiller wurde Wilhelms Leitstern, nicht nur auf ästhetischem Gebiet, wie es der Dichter in einem Brief an seinen Freund Huber, den zweiten Mann von Therese Forster, formuliert hat: *„auch lagen unsere Herzensangelegenheiten auf dem nämlichen Wege.“*[Freese, Humboldt, S. 83]
Beide wandeln zu der Zeit auf Freiersfüßen, Schiller und Charlotte haben sich einen Tag nach der heimlichen Verlobung Wilhelms und Carolines der Mutter Lengefeld offenbart. Die Männer werden sich nicht nur über Philosophie und Dichtung unterhalten haben. Die Sätze, die Schiller vor seiner Heirat dem Freund Christian Gottfried Körner schrieb – den er mehrmals gebeten hatte, ihm eine reiche Frau zu besorgen –, skizzieren ein Frauenideal, das Ähnlichkeiten mit den eher spießigen Vorstellungen von Weiblichkeit hat, die Wilhelm viele Jahre später in den „Briefen an eine Freundin“ äußert. Schiller rechtfertigt seine Wahl – die Entscheidung für Charlotte und damit gegen die intellektuell interessantere Schwester Karoline – damit, daß er ein Medium brauche, das *„sein erstarrtes Wesen wieder durchwärmt. […] Alle Wesen, an die ich mich fesselte, haben etwas gehabt, das ihnen teurer war als ich, und damit kann sich mein Herz nicht behelfen.“* Und seiner Lotte schrieb er: *„Was Karoline vor Dir voraus hat, musst Du von mir empfangen; Deine Seele muß sich in meiner Liebe entfalten, und mein Geschöpf musst Du sein, Deine Blüte muß in den Frühling meiner Liebe fallen. Hätten wir uns später gefunden, so hättest Du mir diese schöne Freude genommen, Dich für mich aufblühen zu sehen.“* [15. November 1789] Der schwäbische Dichter, den die Schwestern Lengefeld nach seiner Flucht von der Karlsschule in ihrer Nähe untergebracht hatten, träumte von einer *ménage à trois.* Daß es bei der fallenden Blüte auch um Jungfräulichkeit geht, liegt nahe. Auch dies war eine Tugend, die Lotte ihrer Schwester Karoline von Wolzogen und Schillers voriger

Geliebter, Charlotte von Kalb, voraushatte, eine Tugend, die auch Caroline von Dacheröden von Henriette Herz und Therese Forster unterschied, die Wilhelm zuvor angebetet hatte.

♦ Revolution und Inspiration: Paris im August 1789

All diese Verwirrungen, Verwandlungen und Verlobungen geschehen in jenem Jahr, das der europäischen Welt ein völlig neues Gesicht gibt. Und Wilhelm ist dabei. Seine zweite größere Reise führt ihn in das revolutionäre Paris.

Noch im Juli 1789 fährt er mit seinem ehemaligen Hauslehrer Campe, einem begeisterten Freund der Revolution (der ihm zuviel vom Nützlichen und zuwenig vom Schönen, Wahren und Edlen spricht), in Richtung Paris. Unterwegs begegnen ihnen Flüchtlinge, die schauerliche Geschichten von Lynchmorden und aufgespießten Häuptern erzählen; man warnt sie vor der gefährlichen Reise, aber die Revolutionstouristen lassen sich nicht abschrecken.

Mit Freiheitsideen hatte ihn zuvor schon Georg Forster infiziert, und mit seinem Lehrer Christian Wilhelm Dohm, den er auf der Durchreise in Aachen besuchte, sprach er über Freiheit und die Rolle des Staates. Im Tagebuch hielt er einen Gedanken Dohms fest, den er nach dem französischen Erlebnis in einer seiner ersten Schriften aufgreifen wird: *„Seine Hauptidee war: Alle Mittel, welche die Menschen zur Erreichung ihres physischen, intellektuellen und moralischen Wohls anwenden, gedeihen besser ohne als mit Zu-*

mischung des Staats. [...] Also war bei ihm wie bei mir die höchste Rücksicht immer Wohl des Menschen, [...] ungestörte Freiheit aller Handlungen."[Tagebuch, 24. Juli 1789]

Sie kommen am 3. August in Paris an und erleben das Ende des Feudalsystems aus der Nähe: In der Nacht zum 4. August wurden sämtliche Privilegien von Klerus und Adel abgeschafft: gleiche Rechte und Pflichten, Zugang zu allen Berufen und Staatsämtern, keine Frondienste der Bauern mehr.

Die Reise in die Hauptstadt der Moderne muß – weit über die Politik hinaus – für den jungen Herrn von Humboldt ein ungeheures Erlebnis gewesen sein. Am 6. August, als *„die Bürger für ihre Freiheit die Waffen ergriffen"*, kommentiert er: *„Es liegt doch etwas Großes in dem Gedanken, daß eben das Schwert, das in Heinrichs IV. Hand gegen Intoleranz und Verfolgungsgeist stritt, jetzt den Despotismus bekämpfte."*[Tagebuch, 6. August 1789] Wilhelm von Humboldt ist, im Unterschied zu seinem Reiseleiter Campe, kein Enthusiast. Er verteidigt nicht den Verlauf, aber die Errungenschaften der Revolution und hält an ihren Idealen auch noch fest, als viele der anfangs begeisterten Deutschen – auch unter seinen engeren Freunden – Freiheit nur noch antifranzösisch definieren. Die Extreme der Revolution bezeichnete er als *„Reaktion auf die Extreme des französischen Absolutismus"*. *„Die Wahrheiten der Französischen Revolution bleiben ewig Wahrheiten, auch wenn 1200 Narren sie entweihen"*, wird er noch drei Jahre später an Karl Gustav von Brinckmann schreiben.[An Brinckmann, 9. November 1792]

Man streitet heute noch darüber, ob und wie sehr diese Erfahrungen sein Weltbild beeinflußt haben. Die Französische Revolution hat für alle europäischen Intellektuellen, auch für Humboldt, neue Maßstäbe gesetzt und zuvor kaum denkbare Ideen in ihren Köpfen zum Blühen gebracht. Da Wilhelm von Humboldt meist als Heros der deutschen und preußischen Geschichte dargestellt wurde, hat man auch den Einfluß seiner Frankreichaufenthalte oft heruntergespielt. Seine Äußerungen über die Revolution sind zwar karg, doch wäre es lächerlich, zu behaupten, der Besuch in Paris und die überall diskutierten Vorgänge hätten nicht sein Denken und Schreiben (und Lieben) zutiefst geprägt. Es war – für ihn, für seine Generation und erst recht für alle Revolutionstouristen der 1780er und 90er Jahre – das lebenslang nachwirkende sinnliche Erlebnis, das eben nicht nur die Welt, sondern auch die Individuen erschüttert hat. Rom mag seine Liebe zur Kunst und zur Antike gefestigt haben, Paris – im August 1789 und dann mit Unterbrechungen von 1797 bis 1801 – hat den Weltbürger Wilhelm ... und die Weltbürgerin Caroline gemacht. In seinen wenigen Kommentaren stecken schon alle Grundgedanken des künftigen Liberalen.

Er besichtigt am 9. August die Ruinen der Bastille, auf der *„ein Denkmal der endlich siegenden Freiheit"* errichtet wird, und beschreibt die schauerlichen Bedingungen in diesem Gefängnis. *„Es war das eigentliche Bollwerk des Despotismus, nicht bloß als ein grauenvolles Gefängnis, sondern auch als eine Festung, die ganz Paris beherrscht"*, und dann lobt er den *„herrlichen Ausgang, den jetzt der Mut der Bürger, zuerst von Verzweiflung angefacht, dann von edlem Freiheitssinne genährt, fand"*. Womit auch Wilhelm von Humboldt die Legenden rund um diesen Nationalfeiertag nährte. Wie man heute weiß, war das Gefängnis fast leer. Der Sturm auf die Bastille am 14. Juli 1789, heute Nationalfeiertag der Franzosen, markiert nichtsdestoweniger das Ende des königlichen Despotismus und der ständisch-feudalen Ordnung in Frankreich. Nach der Besichtigung der Ruinen und der auf dem Gelände herumwuselnden Menschen, die mit dem Abriß des alten und dem Aufbau eines neuen Symbols beschäftigt sind, geht Humboldt zur

Comédie Française, von der Revolution in Théâtre de la Nation umbenannt. Dort findet er den *„Geist, der jetzt die Nation belebt"*, wenn bei *„jeder Stelle, die auch nur eine entfernte Anspielung enthält"* geklatscht und Bravo gerufen wird. Nach dem Besuch einer Gobelinfabrik, die ausschließlich für den König arbeitete, notiert er, *„vielleicht thäte man besser, diese ganze art der pracht untergehen zu lassen"*. Die Tuilerien oder die Comédie Française werden mit der gleichen Akribie geschildert wie das Elend im Gefängnis und in einem Findelhaus, das er besichtigt. Der 22jährige triumphiert nicht, er schäumt auch nicht, wie andere Beobachter der revolutionären Ereignisse. Er schaut und reflektiert. Wenn er von den vielen Toten berichtet, relativiert er: *„Freilich verbirgt der Despotismus gern die Schlachtopfer seiner Tyrannei. Daß man in Paris fast in jeder Nacht Leichname findet, darf von der Sicherheit der Stadt keinen unvorteilhaften Begriff erregen. Sie ist jetzt, vorzüglich seitdem die Bürger sich selbst Wache sind, größer als vielleicht in irgendeiner anderen großen Stadt."*

Nach dem Besuch des Hôtel du Dieu schildert er die auffallendsten Mängel dieses Hospitals, zu denen gehöre, daß vier oder gar sechs Menschen in einem Bett liegen müssen. *„Doch habe ich die Reinlichkeit, verglichen mit der Menge von Menschen, bewundert. Es war wirklich so gut als gar kein Gestank darin."* Die Umstände, die dazu führen, daß jährlich an die 8 000 Kinder im Findelhaus abgegeben werden, verleiten ihn zu dem für einen Angehörigen der preußischen Oberschicht revolutionären Satz: *„Alle Laster entspringen beinah aus dem Missverhältnis der Armut gegen den Reichtum. In einem Lande, worin durchaus ein allgemeiner Wohlstand herrschte, würde es wenig oder gar keine Verbrechen geben."* Und sein Vorschlag zur Behebung der Mißstände lautet: *„Man müsste die Heiraten erleichtern, der Armut abzuhelfen suchen, das moralische Gefühl und den Geschmack mehr ausbilden."* Er ist beeindruckt von *„Äuße-*

rungen von Freiheit und Gleichheit in dem Munde von Leuten
[...] die man bei uns zu den Hefen des Volkes rechnen würde".
Er nimmt – vermittelt vom Grafen Mirabeau – an einer
Sitzung der Nationalversammlung teil. Der wortgewaltige
Comte, einer der besten Kenner Preußens, hatte 1786 bis 87
in Berlin gelebt und im Auftrag der französischen Regierung das aufstrebende norddeutsche Königreich beschrieben: zwölf Bände unter dem Titel „De la monarchie
prussienne sous Fréderic-le-Grand", erschienen 1787/88
in London. Humboldt wird den Marquis de Lafayette gehört haben, der in den amerikanischen Befreiungskriegen
gekämpft hatte und nun die Pariser Nationalgarde befeh-
ligte. Er mag aus der Lektüre antiker Klassiker gewußt
haben, welche Macht Worte, Parolen und Redner haben –
hier konnte er diese Macht der Sprache sinnlich erfahren.

In Paris spricht man bereits darüber, daß Frauen gleich-
berechtigte Menschen seien, Frauen treten in den politischen Klubs auf, sind unter den Zuhörern der Nationalversammlung und tummeln sich bei Kundgebungen. Der
Mathematiker und Philosoph Antoine Marquis de Condorcet, ein dezidierter Liberaler, hatte schon 1788 für das
Recht der Frauen auf politische Betätigung geworben und
behauptet, Frauen besäßen genauso viel Vernunft wie
Männer. Er gehörte der Nationalversammlung an, war
Vorsitzender des Unterrichtsausschusses und hat unter
anderem einen Verfassungsentwurf und ein System der
Schulpflicht ausgearbeitet. Der Girondist starb 1794 im
Gefängnis; ob er vergiftet wurde oder sich umgebracht
hat, um weiteren Verfolgungen zu entgehen, ist bis heute
ungeklärt. Seine Witwe ist nach 1797, während Wilhelms
zweitem Pariser Aufenthalt, nun schon mit Frau und Kindern, ein häufiger Gast im Hause Humboldt. Sicher haben
Condorcets Schriften den späteren preußischen Ministers
für Unterrichtswesen und Autor einer Verfassung beeinflußt.

Humboldt beobachtet den Alltag, und er beobachtet dabei die Veränderung der Sprache, die mit der Revolution *„neue, lebendigere Nuancen"* hervorbringt. Er findet *„mehr Originalität"* beim niederen Volk als bei Vornehmen, ihn interessieren die Verwandlung der Menschen, *„die Energien"* hinter den Veränderungen mehr als die Theorien. *„So hat schon jetzt die Revolution die Menschen gehoben und aufgeklärt; was erst wird sie in der Folge tun?"* [Muhlack, Das zeitgenössische Frankreich, S. 36]

Sein Glaube an Reformen wird – wie der von Stein und Hardenberg und all den anderen preußischen Patrioten – in der Auseinandersetzung mit der Französischen Revolution geboren. Humboldt wird immer für die konkreten Verhältnisse plädieren, für eine gründliche Analyse der historischen Umstände und für Maßnahmen, die eine Entfaltung eines freien, selbständigen und verantwortungsbewußten Bürgers befördern. Für ihn hat – auch dies ein Ergebnis seiner französischen Erfahrungen – das freie Wirken der Kräfte Vorrang vor jeder Planung, er argumentiert stets für einen vernünftigen Umgang mit der historischen Dynamik, gegen das Statische. Die Prozesse interessieren ihn mehr als die Ergebnisse, *„daß die Resultate an sich nichts sind, alles nur die Kräfte, die sie hervorbringen und die aus ihnen entspringen",* und er betont, daß die Ideen der Revolution nur im Zusammenhang mit den jeweiligen geschichtlichen Kräften verwirklicht werden können. *„Die constituierende Nationalversammlung hat es unternommen, ein völlig neues Staatsgebäude, nach blossen Grundsäzen der Vernunft, aufzuführen. Diess Faktum muss jedermann, und sie selbst muss es einräumen. Nun aber kann keine Staatsverfassung gelingen, welche die Vernunft [...] nach einem angelegten Plane gleichsam von vorher gründet."* Vielleicht können wir erst im 21. Jahrhundert, nach den Erfahrungen des 20. Jahrhunderts, verstehen, was Humboldts Kritik an abstrakten Prinzipien bedeutet, wenn er schreibt: „*Staatsverfassungen lassen sich nicht auf Menschen, wie Schösslinge auf Bäume pfropfen. Wo Zeit und Natur nicht vorgearbeitet haben, da ists, als bindet man Blüthen mit Fäden an. Die erste Mittagssonne versengt sie.*"[GS I, S. 80]

Paris ist die erste Großstadt, die Wilhelm von Humboldt erlebt, Berlin im Verhältnis dazu noch ein Dorf. Die Stadt mit ihren damals etwa 600 000 Einwohnern ist laut, lebendig, frei und chaotisch. Paris hat (anders als London) keine Bürgersteige. Diebe, Bettler, Schmutz, Lärm und Gestank beeindrucken die Besucher mindestens so wie die Freiheitsparolen im Munde von Angehörigen unterer Schichten. Es ist auch Humboldts erste Erfahrung mit Anonymität. „*Das Gefühl von Interesse des Menschen am Menschen, der Trieb gegenseitiger Hilfe, erstirbt in so großen Städten beinah ganz.*"[Tagebuch, 9. August 1789] Mehr als die Toten bedrückt ihn die „*Idee des Fremdseins, der Gedanke, daß ein Mensch, mitten unter beinah einer Million Menschen, so von allen Menschen getrennt leben kann, daß ihn nach seinem Tode niemand für den Seinigen erkennt*". Paris ist also nicht nur die Begegnung mit der Revolution, sondern auch die mit der Masse und mit der Einsamkeit des Individuums. Die Ambivalenz dieser Konfrontation mit der Menge hat er in einem Bericht an die Verbündeten – eine Art Rundschreiben an Jette, Brendel, Carl und die beiden Carolinen – schon am Tag nach der Ankunft festgehalten: „*Was soll ich in dem schmutzigen Paris, in dem ungeheuren Gewimmel von Menschen? Ich war nur jetzt zwei Tage hier, und beinahe ekelt es mich schon an. Von einer andern Seite hab ich doch aber eine angenehme Empfindung. Bei der unbeschreiblichen Menge von Menschen verschwindet das eigene Individuum so ganz, kein Mensch bekümmert sich um einen, keiner nimmt Rücksicht auf einen, ja man wird selbst in dem Strom fortgerissen, daß man auch sich selbst nur wie ein Tropfen gegen den Ocean erscheint. Das hab ich gern.*" Falls er keine interessante Bekanntschaft mache, werde er gemeinsam mit Campe nach drei Wochen abreisen, schreibt er schon am 4. August „*an die Verbündeten, insbesondere an Caroline von Beulwitz*". Die Post könne man ihm nach Mainz zu Forster schicken.

Tatsächlich verlassen die Reisenden Paris bereits am 27. August, einen Tag nach der Erklärung der Menschenrechte, jenem 26. August 1789, an dem *Liberté, Égalité, Fraternité* proklamiert und die Idee der Rede-, Presse-, Religionsfreiheit samt Gleichheit vor dem Gesetz in die Köpfe aller europäischen Intellektuellen gepflanzt wurde.

Auf der Rückfahrt besucht Humboldt nochmals Georg und Therese Forster in Mainz, danach reist er weiter über Mannheim, Stuttgart, Tübingen und Konstanz nach Zürich, wo er den Physiognomen Johann Kaspar Lavater besucht. Auf dem Weg nach Zürich macht er in Stuttgart Christian Friedrich Daniel Schubart seine Aufwartung. Der Journalist und Poet war erst im Mai 1787 aus einer zehnjährigen Festungshaft auf dem Hohenasperg – deren Gründe bis heute nicht ganz klar sind – entlassen worden. Humboldts Bemerkungen über den großen, dicken Mann mit unreinlichem Anzug, „*über dem linken Auge ein ziemlich großes Fleischgewächs, dabei dickes, ungekämmtes Haar, ein schmutziger Schlafrock und ein Paar alte Pantoffeln*" (er hat ihn ohne Voranmeldung besucht), klingen überheblich, und auch die Bemerkungen des 22jährigen über Lavater, dessen Stern schon im Sinken ist, sind böse. Wenn es um die Charakterisierung anderer ging, hat es Wilhelm von Humboldt nicht an Selbstbewußtsein gefehlt.

Anfang Dezember ist er wieder in Mainz bei Georg und Therese Forster und fährt von dort direkt nach Erfurt zu Caroline. Im November 1797 wird er mit Frau und Kindern nach Paris zurückkommen und – mit Unterbrechungen – bis zum Sommer 1801 dort bleiben.

◆ Rituale und Familienennui

Nach ihrer Verlobung im Dezember 1789 leben Caroline und Wilhelm sieben Monate getrennt voneinander – sie in Thüringen beim Vater, er bei der Mutter in Tegel (wo es damals nicht nur märkischen Sand, Wald und den glitzernden See, sondern auch Weinberge gab). Diese Trennung hat für die Nachwelt den angenehmen Nebeneffekt, daß viele Briefe geschrieben wurden, in der ersten Zeit vorwiegend von ihr, seine Antworten fehlen, sind verschwunden oder wurden aussortiert.

Die Eltern waren ja noch nicht eingeweiht, ein wichtiger Teil der Brautbriefe kreist deshalb um die Frage, in welcher Reihenfolge und wie das Paar vorgehen solle. Zuerst schreibt der Bräutigam dem Vater der Braut, der beunruhigend lange nicht reagiert. Er hat, wie Caroline ihrem Verlobten berichtet, Angst, die Tochter zu verlieren. Wilhelms Mutter macht weniger Probleme, sie stimmt der Heirat zu, betont aber, daß er keinerlei finanzielle Unterstützung von ihr zu erwarten habe. Das ist die Konstellation, aus der heraus die komplizierten Verhandlungen über das weitere Vorgehen des Paares entworfen werden. Caroline ist der Meinung, Mama Humboldt müsse, als Elternteil des Mannes, zuerst an ihren Vater schreiben. Sie selbst hat, das verlangt der Kodex, ein förmliches Schreiben an die Mutter zu richten, traut sich dies aber nicht zu. Auf Wilhelms Rat hin erstellt die Freundin Karoline von Beulwitz einen Entwurf, den Caroline übernimmt. Auch die Mutter bedient sich fremder Expertise: *„Mamas Brief ist gewiss von Kunth"*, schreibt Wilhelm an Li. Selbstverständlich braucht der – nicht so ganz standesgemäße – Bräutigam, um Lis Vater zu überzeugen, eine solide Basis, um eine Familie ernähren zu können. Die aber hat Wilhelm noch nicht. *„Sehr viele Schritte* [...] *kann ich mit Delikatesse darin nicht tun, weil ich Deinem Vater für Dich keine glänzende Lage anbieten kann"*, beteuert er noch Ende März 1790.

Herkunft und Erziehung ließen Wilhelm kaum eine andere Wahl, als in den preußischen Staatsdienst zu treten. Aber ehe *„die Leute einem ein Amt geben, muß man dreimal examiniert sein"*. Zudem verlangt der Vater vom Schwiegersohn zumindest einen Titel. *„Einen Regierungstitel oder so etwas dergleichen"*, teilt ihm Caroline mit. Er steht noch am Anfang seiner Karriere. Seit Januar 1790 ist er Referendar am Berliner Kammergericht, das in dem Berlin des mystisch veranlagten Königs Friedrich Wilhelm II. und der Wöllnerschen Zensur als Hort der Vernunft und Liberalität gilt. Der Bräutigam geht recht lässig mit der Minimalbedingung des Vaters um: *„Was den Titel betrifft, so wäre ein Regierungsratstitel vor dem dritten Examen wohl nicht möglich. Legationsrat wohl, allenfalls auch Kammerherr, doch das möchte ich nicht. Aber im Sommer 92 bin ich, wenn mich nicht alles trügt, durch die Examen, und Assessor, und dann, dächt ich, wäre ein Regierungsratstitel wohl zu erlangen."* Er macht sich auch darüber lustig, daß er *„morgen am Hofe vorgestellt* [wird], *wovon Papa einen weitläufigen Bericht erhalten soll. Vergnügen werd ich freilich nicht viel darin finden."* Die Süffisanz hindert ihn nicht daran, der Konvention zu folgen. Er begründet es gegenüber der Geliebten damit, daß es seine Stellung zu Hause stärke und nebenbei den Vorteil habe, *„daß ich manchmal nicht zu Hause zu essen brauche* [...] *denn der Familienennui ist wirklich sehr groß"*. [29. Januar 1790]

Wilhelm ist schon ein unabhängiger Kopf, dem die Konventionen seines Standes unwichtig oder sogar lästig sind, er zeigt aber auch Verständnis für die Erwartungen des Vaters: *„Wer, wie er, immer in äußern Verhältnissen gelebt, wen seine Stimmung selten in sich zurückgeführt hat, der* *schätzt nur das äußere Wirken,* [...] *gewöhnt sich mehr auf das Urteil; selbst auf das Vorurteil der Menschen zu achten, sollte er's auch als Vorurteil erkennen. So kann ich mir sehr gut ein Interesse an Stand, selbst an Titel denken. Indes wäre das vielleicht zu helfen. Einem an sich unschädlichen Vorurteil nachzugeben, würde ich keine Schwierigkeiten machen.*" [13. März 1790]

Die nötigen Prüfungen absolviert er schnell; aber die Berliner Luft behagt ihm nicht. Er erwägt, sich in Magdeburg oder Halberstadt zu bewerben, wo er die Ausbildung schneller abschließen könnte und Caroline näher wäre. Die Städte könnten sich angeboten haben, weil sein künftiger Schwiegervater gute Beziehungen dorthin hatte – sein Vater war zeitweise Vizepräsident der Halberstädter Regierung und später Präsident der Magdeburger Landesregierung, er selbst Sprecher des Adels bei der Magdeburger Provinzverwaltung.

Auch der Berliner Justizdienst behagt Wilhelm nicht, der Referendar nutzt seine Beziehungen dazu, um im Auswärtigen Dienst beschäftigt zu werden, und erhält auf diesem Weg den Titel eines Legationsrats, immerhin ein Titel, das war die Minimalforderung des Vaters. Er hat sich auch die Option, in den Auswärtigen Dienst zurückzukehren, offengehalten. Die Überlegungen, ob er aus dem Staatsdienst ausscheiden, in Berlin oder anderswo leben oder nach Thüringen zu seiner Braut ziehen soll, wurden wohl auch davon beeinflußt, daß ein Beschäftigter des preußischen Staates ohne Erlaubnis der Obrigkeit zwar auf eigene Güter, aber nicht ins Ausland – wozu Erfurt noch zählte – gehen durfte.

Der Weg von Tegel nach Berlin dauert drei, für ihn, weil er schnell reitet, zwei Stunden, manchmal geht er zu Fuß. Wenn er Li nicht von den möglichen Heiratsarrangements schreibt, schreibt er von seiner Liebe zu ihr. Und wenn er nicht von der Liebe schreibt, erzählt er witzige böse Szenen aus der Hausgemeinschaft, zu der neben der Mutter eine Tante, eine Cousine und ein Onkel aus der Familie Holwede sowie der Stiefbruder Heinrich Friedrich Ludwig Ferdinand von Holwede, ein Sohn seiner Mutter aus erster Ehe, gehören, den Bill und Li „Das Bild" nennen. Auch Gottlob Johann Kunth, ihr ehemaliger Erzieher, ist Teil der Hausgemeinschaft. Er blieb nach dem Auszug der Söhne im Haus und verwaltete das Vermögen der Familie. *„Mama ist sehr gut, sehr freundlich, voll von Achtung und Liebe zu mir, aber auch [...] noch ebenso drückend als sonst. Kunth mochte mehr erwartet haben, ich bin nur höflich gegen ihn [...]. Die alte Tante schmeichelt jedem, von dem etwas zu hoffen ist, weiß alle Anekdoten der Nachbarschaft, kriecht vor Maman und schreit hinterm Rücken. Meine Cousine fügt sich in die Umstände so gut es geht, sucht so viel Vergnügen als möglich, findet sehr wenig und ist reduziert, jeden Mann für ein besseres Schicksal zu halten, als diese Lage. Sie wird von meiner Mutter [...] gehasst, die Tante verachtet. Mein Onkel leidet am genossenen Vergnügen, verzweifelt, noch durch seine schöne Gestalt zu reizen, versäumt also, sich und seine Kleider von heterogenen Partikeln zu säubern, und wird dadurch ein äußerst angenehmer Tischgesellschafter, sobald es einem daran liegt, keinen Appetit zu haben, weiß alle Stadtneuigkeiten, erzählt sie ewig und lässt sich ewig von Maman sagen, daß sie nicht wahr sind. Mein ältester Bruder schmeichelt Kunth und Maman, entschädigt sich für die Langeweile am Tage durch kleine Partien des Abends, ist leer, undelikat, hängt aber mit Leib und Seele an mir, weil ich ehrlicher mit ihm umgehe als Kunth und ihm hie und da einen kleinen Vorteil verschaffe. Da hast Du das Porträt des Familienennuis."* Aber, setzt Wilhelm hinzu, *„ich gehe meinen eigenen Weg und suche es einzig dahin zu bringen, daß alle mich achten und mir zu nahe zu kommen sich fürchten"*. Zu den eigenen Wegen gehören die Nachtschwärmereien mit den neuen

Freunden, dem schwedischen Geschäftsträger Karl Gustav von Brinckmann und Friedrich Gentz, der zu dieser Zeit Beamter im preußischen Innenministerium ist.

Der Bräutigam ist ungeduldig. Bis er eine richtige Stellung hätte, müßten sie vier Jahre warten, erklärt er Caroline. Er habe, rechnet er vor, an jährlichen Einkünften zwischen 1100 und 1200 Taler und von 1600 könnten sie leben – das heißt: Wenn ihr Vater den Rest dazugäbe, könnten sie auskommen. Das ist weniger als Goethes Ministergehalt, das sich auf 1800 Taler belief, aber doch stattlich im Vergleich zu Schillers Einkommen, der von den Einkünften als Professor in Jena und seiner schriftstellerischen Sklavenarbeit nicht leben konnte und, als er nach Weimar zog, 400 Taler Gehalt bekam.

Sowohl Caroline wie Wilhelm betonen, sie hätten keine großen Ansprüche – auch dies eine aufgeklärte, jedenfalls nicht gerade aristokratische Haltung, wenngleich zu dieser Bescheidenheit ganz selbstverständlich Dienerschaft, Köchin, das eigene Gefährt und schöne Möbel gehören. Daß die Frau das Geld mitbringt, war zu der Zeit und in dem Milieu nicht ungewöhnlich. Wie Caroline berichtet, wird *„die Hoffnung, mich in seiner Nähe zu behalten, ihn* [den Vater] *über vieles […] hingehen lassen".* Und der Vater findet schließlich, so unerhört es sei, daß ein Referendarius heirate, *„sei es doch auch fatal, daß man so lange versprochen sei, zumal wenn es schon so unter die Leute gekommen, die dann den schönsten Stoff hätten, ihre Randglossen zu machen".* Nach allerlei Beratungen, Befürchtungen und taktischen Erwägungen stimmt Karl Friedrich Freiherr von Dacheröden schließlich der Heirat zu. Ihm graut nicht nur vor dem Gedanken, daß er sich von seiner Tochter trennen soll, sondern auch vor dem Geschwätz der Leute. Man darf vermuten, daß der Umzug des Schwiegersohns auf das Gut der Dacherödens ein Kompromiß war. Außerdem war der Vater selbst mit neununddreißig Jahren aus dem Dienst ausgeschieden, um Bücher (über Staats- und Regierungskunst und Ökonomie) zu schreiben.

Humboldt schied also nach eineinviertel Jahren schon im Frühjahr 1791 aus dem Staatsdienst wieder aus. Er hat diese Entscheidung vor Freunden wie Forster und Jacobi zu rechtfertigen gesucht und mit Zweifeln an seiner *„Brauchbarkeit zu Geschäften"* begründet. Daß sich der begabte, tüchtige Referendar nach einer so kurzen Zeit im Staatsdienst ins Privatleben zurückzog, hat je nach Epoche und Ideologie der Biographen Humboldts unterschiedliche Spekulationen inspiriert, immer auf der Suche nach Konsistenz in einem Leben, das für einen Heros zu disparat erschien.

Es war wohl ein Bündel von Motiven, das ihn zu diesem Rückzug bewog. Dazu gehörten die engen Grenzen, die einem Staatsdiener im Preußen Friedrich Wilhelms II. gezogen waren, in dem er nicht hoffen konnte, sich *„dem Ideale, das meinen Geist und mein Herz beschäftigte, auch nur mit langsamen Schritten zu nähern".* [An Forster, 16. August 1791] Dazu gehörte die Langeweile: *„Berlin ist sehr leer. Die meisten Menschen darin sind sehr aufgeklärt, aber diese Aufklärung kommt mir auch in den meisten, wie die Korrektheit eines sehr mittelmäßigen Schriftstellers vor."* [An Brinckmann, 3. September 1790] Vielleicht gehörte zu den Gründen auch die Flucht vor den Verführungen Berlins. An Brinckmann schrieb er über die Freundschaft mit Gentz: *„Wir sahen uns […] öfter und redeten gewöhnlich über Moral, Menschenkenntniß usf. […] Sie können denken, daß […] auch Ein Theil unsres Umganges nicht vernachlässigt wird – ich meine die Edlen",* sprich Prostituierten: *„ich habe närrische Nächte mit Genz, oft in Einem Bette verlebt. Jetzt haben leider alle diese Parthien einen kleinen Stoß erhalten. Genz hat von einer dieser Gesellschafterinnen den Tripper bekommen"* – und Humboldt die Filzläuse.

Außerdem spekulierten er, Li, Karoline von Beulwitz und Schiller zu dieser Zeit noch darauf, daß der Erfurter Statthalter Dalberg bald Erzbischof in Mainz werden und sie alle um sich scharen würde. Caroline an Charlotte Schiller am 9. Dezember 1790: *„An den Dienst ist Bill gar nicht attachiert* [...]. *Er bleibt auf keinen Fall sehr lange und wenn der alte Δ* [= das Kürzel für den regierenden Erzbischof Friedrich Karl Joseph von Erthal] *in Mainz stirbt und ihr versammelt euch dort auf den goldenen Thronen, so soll es gewiß an uns nicht fehlen, auch wenn der Plan mit dem Gesandtschaftsposten scheiterte* [...]. *Eine Ewigkeit kanns ja der alte Δ auch nicht mehr machen.“* Es kam anders, der Erzbischof lebte noch zehn Jahre, und die Träume verflüchtigten sich mit der Besetzung von Mainz. Dalberg ließ sich, als der Rheinbund geschaffen wurde, von Napoleon zum Fürstprimas des neuen Staatengebildes machen. Er stürzte nicht nur mit Napoleon, sondern wurde wegen dieses „Verrats“ lange Zeit auch aus der deutschen Geschichte gestrichen.

Ein zusätzliches und möglicherweise entscheidendes Motiv für Wilhelms Weg in die Stille war der Rat seiner Braut, die den Sitten des Adels stärker verbunden war als der eher bürgerliche Bräutigam. Sobald er den Gedanken an den Abschied erwähnt, bestärkt sie ihn: „[...] *daß ich es tief fühle, daß die schönsten, vollendetsten Blüten Deines Geistes sich nur in einer ganz freien Existenz entfalten werden. Die Idee des Dienstes will mir auch darum nicht in den Kopf.* [...] *Deine jetzige Art Arbeit* [...] *das Gute, was Du da tun kannst, können auch andre tun – aber den schöneren Kreis, den Du Dir in einer andern Lebensart bilden kannst – o, nur wenige Menschen können ihn erschaffen! Nur weniger Menschen Dasein kann so segensvoll werden wie das* D e i n e [Sperrung von Caroline], *denn was es allein dazu macht, diese Fülle des Geistes, dieser innere Reichtum, diese Empfänglichkeit für alles Schöne und Große, dies Vermögen, zu* geben – *wie wenige besitzen das alles, und wie wenige unter der geringen Zahl begünstigt das Schicksal noch so viel wie Dich, ihre geheimen Wünsche möglich zu machen.* "[9. Dezember 1790] Caroline bietet sich ihm als Aufgabe, Sinn und Lebenszweck an: *„freue Dich Deiner Li. Sie ist ja Dein Werk. Aus dem Anschaun Deines Wesens bildete sich in mir eine bessere Seele. In ihr entstand der stolze Gedanke, Dein einziges Glück zu machen."*

Nun ging alles recht schnell. Im Mai 1791 reichte Humboldt seine Bitte um Entlassung aus dem Staatsdienst ein, am 29. Juni fand die Vermählung in Erfurt, im Haus des Brautvaters statt, *„in Gegenwart Ihro Erzbischöfl. Gnaden dem Herrn Coadjutor von Dahlberg und anderer Hochadelicher Personen".* [Voigt, Haus Dacheröden, S. 48]

In den Tagen kurz vor der Hochzeit wurde viel Praktisches in den Briefen erörtert, so daß wir ungefähr wissen, wie die beiden gelebt und sich eingerichtet haben. Es gab Krach mit der „Schmidtin", ihrer Gouvernante, mit der Li bis zur Hochzeit das Zimmer teilen mußte. Als die letzten Vorbereitungen zwischen Tegel und Erfurt besprochen werden, berichtet Wilhelm der Braut, was er besorgt hat: ein Paar silberne Leuchter und eine Streudose für Zucker, Messer und Gabeln, Tassen und Teelöffel und einen Mahagonileuchter. *„Sei so gut und befiehl Johann, daß er ein Bügeleisen für Deine Manschetten mitbringt",* schreibt sie ihm, denn sein Johann hatte ihrem Mädchen von diesem praktischen Werkzeug erzählt. Der Bräutigam hat ein Dutzend Rohrstühle und ein Sofa aus Birnbaumholz mit Stahlfedern für das gemeinsame Heim besorgt, Kommoden und einen kleinen Arbeitstisch für sie mit Marmor, einen Mahagonitisch für den Tee sowie seine Betten hat er mitgebracht. Auch der Milchtopf, der Spülnapf und ein Kessel mit Spirituslampe waren Gegenstand der Korrespondenz kurz vor der Hochzeit, eine Teekanne hat Karl (von La Roche) aus Leipzig besorgt. Der Bräutigam interessiert sich für die Farbe der Vorhänge, und Caroline sorgt sich, ob sein Johann mitkommt – falls nicht, könnte er als Ersatz den alten Jäger von Papa Dacheröden übernehmen. Es gibt Diener, Mädchen, eine Köchin und ein Gustchen, das näht. Das Ehepaar Humboldt hat einen eigenen Wagen – Wilhelm hat ihn vor der Hochzeit neu anfertigen lassen: *„grau mit Rosengirlanden und dunkelbraunen Leisten".*

Die ersten zwei Jahre nach der Hochzeit verbringt Wilhelm mit privaten Studien auf den Gütern seiner Frau, die Kinder bekommt, das Haus führt und von ihm Griechisch lernt. Sie wird sich später gemeinsam mit ihrem Mann auch Sanskrit aneignen. Freiheit, unabhängige Existenz, Bildung, die Arbeit am Charakter – diesen Idealen frönt Wilhelm gemeinsam mit Caroline in der Stille des Thüringer Landlebens. Es war die erste von vielen Entscheidungen, die Humboldts Dilemma veranschaulichen: die Spannung zwischen dem Dienst an der Menschheit und der Entwicklung seiner Individualität, der Arbeit in einem Amt und der Arbeit an sich selbst. Er mußte sich – auch dies ein Standardthema unter den Freunden – immer wieder zwischen der Sehnsucht nach ungebundener Geistesfreiheit und tätigem Wirken entscheiden. In der Zeit seines aktiven Engagements für Preußen hat er beim Studium der Griechen Erholung und Erhebung gesucht, wie er auch in der Abgeschiedenheit von Burgörner und Auleben stets die politischen Ereignisse beobachtet und kommentiert hat.

In einem Brief an Georg Forster – von dem er annimmt, daß er die Entscheidung nicht billige – rechtfertigt er sich: *„Sie schätzen Freiheit und unabhängige Tätigkeit zu sehr, um allen Nutzen nur von einer solchen zu erwarten, die durch äußere Geschäftslagen bestimmt wird; und Sie trauen, hoff ich, mir zu, dass ich nie eine andere Richtung wählen*

werde, als auf der ich, nach meiner innersten Überzeugung,
für meine höchste und vielseitigste Bildung den meisten Ge-
winn hoffen darf." Er ist also, so erklärt er es jedenfalls dem
Mentor, ausgeschieden, weil er im Amt keine Möglichkeit
sah, diesen Prinzipien zu folgen. „*Die Sätze, daß nichts auf*
Erden so wichtig ist als die höchste Kraft und die vielseitigste
Bildung der Individuen und daß daher der wahren Moral
erstes Gesetz ist: Bilde dich selbst, und nur ihr zweites: Wir-
ke auf andere durch das, was du bist; diese Maximen sind
mir zu eigen, als daß ich mich je von ihnen trennen könn-
te."[16. August 1791] Die Überzeugung, man wirke am
besten auf das Große und Ganze, wenn man sich selbst
bildet, ist eine Hoffnung, die – vermittelt über Humboldts
Bildungskonzepte – für die Moral deutscher Bildungs-
bürger bestimmend wird. Diejenigen, die Wilhelm von
Humboldt als Staatsmann und zentrale Figur der preußischen Wiedererweckung sahen, haben mit Unverständnis
auf seinen selbstverschuldeten Karriereknick reagiert –
damals und nach seinem Tod. Nach den Erfahrungen des
20. Jahrhunderts spekulieren wir anders. Es könnte ja
sein, daß bereits Humboldt erkannte, wie leicht ein Wirken in der Welt ohne die Arbeit am Ich mißlingt – oder in
seinen Worten: daß die Festigung des Charakters davor
schützt, sich im Treiben der Welt zu verlieren.

◆ Pygmalionsyndrom

Das meiste, was wir über Wilhelms Vorliebe für ein zu-
rückgezogenes Gelehrtenleben im Dienste der Vervollkommnung der Persönlichkeit wissen, wissen wir aus
seinen Briefen an Caroline. Vor hundert Jahren hat Anna

Sydow, die Herausgeberin dieser Briefe (sie erschienen zwischen 1906 und 1916), bezweifelt, *„ob diese Empfindungswelt, die unserer hastenden Zeit so fremd geworden, noch Verständnis finden wird"*. Sie hat zudem einen Grund für die Publikation der Briefe genannt, der heute nur noch wenig Verständnis findet: *„die Überzeugung, daß unser deutsches Volk ein Anrecht hat auf Persönlichkeiten, in denen deutsches Sein und Wesen sich verkörpert"*. Inzwischen sind die Briefe, wenngleich oft schwer lesbar, vor allem als Dokument über das Verhältnis der Geschlechter, über Rituale und Topoi interessant geworden, zumal wenn man berücksichtigt, daß um 1800 jene Ideale entworfen wurden, von denen heute noch Fernsehfilme und Frauenzeitschriften, Lebensentwürfe und Träume zehren.

Man sollte diese Liebesbriefe nicht als naiven Ausdruck empfindsamer Seelen lesen. Die *„Fertigkeit, an teilnehmenden Gemütsbewegungen Vergnügen zu empfinden"* (so Campe in seiner Definition von Empfindsamkeit) ist ein Gesellschaftsspiel. Briefe werden nicht nur herumgereicht und veröffentlicht, sondern auch schon für die Nachwelt gesammelt, und Briefromane sind eine beliebte Lektüre. Gespräche über das Fühlen sind nicht nur *à la mode*, sondern reflektierte Erkundungen der Seele, mit denen die Verfasser ihre poetische Einbildungskraft zur Schau stellen. Li und Bill benutzen, wie schon angedeutet, das Vokabular aus den Medien der Zeit: Romanen, Gedichten, Zeitschriften, Briefen, Schauspielen und Salongesprächen. Aber selbst wenn man sie an der Briefliteratur der Zeit mißt, wirken ihre Beschreibungen von Gefühlen inszeniert.

Schiller, Goethe, Friedrich Schlegel, Wilhelm von Humboldt und vielen anderen erschien die Frau unmittelbarer als der Mann nicht zu Gott, aber zur Schönheit. Die dichtenden Männer bewunderten die weibliche Empfänglichkeit für feine Seelenstimmungen, Liebe wurde eine Art säkulare Religion; und Wilhelm ist einer von denen, die bei den Frauen suchen, was die Engel und die Götter, die Kirche und der König nicht mehr zu bieten haben. Anders als ihre Freundin Charlotte von Schiller hat Caroline die Zeremonien dieser Religion gemeistert.

Der Liebesbund mit Wilhelm war ursprünglich eine Idee der Freundinnen Karoline (von Beulwitz) und Caroline von Dacheröden und hatte den Erwählten anfangs befremdet. Der Wunsch, Li zu besitzen, lag nicht in seiner Seele, schreibt er an Karoline von Beulwitz, aber *„wenn Li mein zu sein wünscht [...] so will ich es, und so wird es mich glücklich machen, alles, selbst meine Gefühle, Li aufzuopfern"*; dann wiederum erklärt er ihr, daß *„nicht eigentlich Liebe Li an mich und mich an Li knüpft"*. Er erwähnt seine Abneigung gegen eine feste Bindung, hält es für *„ein schönes Los, Li glücklich zu machen"* und erweckt nicht gerade den Eindruck von Entschlossenheit, übernimmt aber auch diese Aufgabe mit der ihm eigenen Gründlichkeit und ist bald dankbar, daß er an der Seite dieser starken Frau seinen Platz findet.

Noch im Oktober 1789 notierte er in seinem Tagebuch, es sei *„für den männlichen charakter frühes heirathen allemal schädlich. Die bildung des mannes erfordert erfahrung, mannigfaltige verbindungen, vielfaches interesse; dadurch allein erhält er vielseitigkeit. Diess aber erfordert daß nur Er selbst nur sein charakter zwek aller seiner handlungen und schritte sei. Ist er verheirathet; so hört das auf. Er lebt dann nicht mehr für seine bildung, höchstens für sein glük. Statt sonst nur zu überlegen, wie wird diess oder eines auf Deinen charakter wirken, muss er iezt fragen: was wird es auf Dein weib, auf Deine kinder, auf Deine äussre lagen für folgen haben? Er ist nicht mehr frei, ist fixiert."* [Tagebuch, 1789] *„Mein Herz bedurfte einer längern Zeit, sich den Gedanken* [an eine feste Bindung] *ganz eigen zu machen, aber nun beseligt er mich auch doppelt höher".* [18. Mai 1790] Nach und nach erschreiben sich Bill und Li ihre Liebe, sie entwikkeln ihre Sprache der Gefühle und wachsen in die selbstgestalteten Rollen hinein, und es könnte sein, daß seine frühen Briefe verloren wurden, weil sie dem Bild, das er überliefern wollte, widersprachen.

Da aus der ersten Zeit sehr viel mehr Briefe von ihr als von ihm erhalten sind, erscheint sie zu Beginn der Beziehung als die treibende Kraft. Mit weiblicher Intuition geht Caroline in seitenlangen Briefen auf den Mann ein, der sich als ängstlich und gefühlsarm darstellt. Auch seine Selbstbezichtigungen und die Betonung von Schwächen gehören zum empfindsamen Ritual und finden sich in ähnlichen Formulierungen in der Literatur jener Zeit. Dennoch hat dieses Paar mit seinem Entwurf recht früh neue Konzepte erprobt, ein Jahrzehnt bevor Friedrich von Schlegel 1799 mit seinem Romanfragment „Lucinde" alle Konventionen negierte.

Nach den Wirrungen der ersten Jugendjahre also hört, nein vernimmt der Mann, der um seine Liebbarkeit gerungen hat, daß er die bewunderte Caroline zu neuem Leben erweckt habe. Und sie bestärkt ihn: *„Ich suche mich zu sammeln, um Dir zu schreiben, ach! Ich kann mich selbst noch nicht wiederfinden, meine Sinne entfliehen mir hier, meine Seele ist fern von sich selbst – diese Leere, diese Abgeschiedenheit von allem, was ich liebe, und diese namenlose Fülle in meinem Herzen – wer begreift es außer Dir, wie mir ist! – O, ich freue mich, daß nur Du diese Gefühle, diese glühenden Erinnerungen mit mir teilst – Wilhelm! Wie trage ich sie in mir, und wie so heilig und ganz umfasst Dich mein Herz!"*

Nach all den Herzensergüssen an das Kollektiv fällt auf, daß nur er dieses Gefühl mit ihr teilt. Und weiter in ihrem kurz nach der Verlobung verfaßten Brief: *„Sie sind vorüber die seligen Tage, in denen mir ein neues Dasein aufgegangen ist – eine neue Welt der Empfindung entfaltet sich* *vor mir – o ich glaubte nicht, je so geliebt zu werden, aber wie hast Du mein Wesen aufgefasst, wie das Deine in mein innerstes Sein und Leben verwebt – mein Wilhelm, daß ich Dir's sagen könnte, so wie es tief in meiner Seele liegt, wie unaussprechlich Du mich beglückt hast, wie Deine Empfindungen, Deine Liebe den nie befriedigten Wünschen meines Herzens Leben und Wahrheit gegeben haben – ach, sie fingen an, dahinzusterben, ich suchte mich zu überreden, meine Phantasie habe sie mir geboren und es sei hier nichts, das ihnen entspreche.* « Die letzten Bemerkungen kommen dem Leser der Humboldtschen Briefe bekannt vor: Wilhelm hatte mehrfach kundgetan, daß seine Gefühle beinahe abgestorben seien – kein literarischer Topos, aber vielleicht doch ein Denk- und Ausdrucksmuster, das sich in Variationen auch bei Wieland, Goethe, Schiller, Schlegel oder Tieck findet: Der Bildner, der in Liebe zu seiner elfenbeinernen Schöpfung entbrennt, bis Aphrodite mit dem Schwärmer Mitleid hat und die Kunstfigur zum Leben erweckt. Die Geschichte Pygmalions kannte damals alle Welt.

Wilhelms Antwort auf diesen Brief fehlt, aber schon eine Woche später schreibt ihm Caroline eine sechsseitige Epistel. Wie alle Freunde im Kreis von Schiller drückt auch sie ihr Unverständnis für Schillers Wahl (für Lotte, gegen die unglücklich mit dem Geheimrat Beulwitz verheiratete Karoline) aus. Karoline scheint die Klügere, Empfindsamere der beiden Schwestern Lengefeld, aber Schiller entscheidet sich für die stille Charlotte. Nebenher erwähnt Caroline, daß die ältere Lengefeldschwester auch ihn, Wilhelm, hatte heiraten wollen. Sie wird sich bald Dalberg, dem „Goldschatz", zuwenden (daß der ein geweihter Priester ist, scheint weder für sie noch für die Freundin Li, mit der sie sich beratschlagt, ein Hindernis zu sein).

Karoline von Beulwitz half Caroline von Dacheröden, den Brief an Wilhelms Mutter zu schreiben, Caroline von Dacheröden unterstützte Charlotte von Lengefeld, um deren Mutter einer Ehe mit Schiller gewogen zu machen, und die unglückliche Ehe der (mit siebzehn Jahren verheirateten) Karoline von Beulwitz wurde mit seelischer Unterstützung der Freundinnen gegen den Willen der Mutter Lengefeld geschieden. Die gründliche Erörterung aller Liaisons war mehr als nur Tratsch, manche – wenige – Frauen konnten, wollten und mußten sich nicht mehr an überkommenen Mustern orientieren (zu denen unter anderen die sorgfältig ausgehandelte Verheiratung mit sehr viel älteren Männern und die Rücksicht auf Stand und Vermögen gehörten). Für die Frauen waren Freundinnen – wenn auch auf andere Art – ebenso wichtig wie die vielbesungenen Freundschaften unter Männern, die schon in der ersten Hälfte des 18. Jahrhunderts eine neue deutsche Literaturgattung inspiriert hatten.

Die ersten von Frauen geschriebenen Romane und Journale waren Modelle für das Leben, für die Moral und die Liebe. Zu den philosophisch-ästhetischen Programmen der Zeit, die bei Assembléen und Butterbrotabenden diskutiert wurden, gehörten eben nicht nur Politik oder Philosophie. Die aufgeklärten und empfindsamen Männer und einige wenige Frauen erfanden nicht nur das Denken neu, die gesamte Haltung wollte geformt werden: Postaufklärerisch suchten sie nach der Wahrheit im „innersten Sein und Wesen", als Aufklärung über das Seelenleben, das mit Worten und mit Experimenten erforscht wurde. In dem Kreis um Li und die Schwestern Lengefeld und damit Schiller wurde das Gefühl der Vernunft nicht entgegengesetzt. Friedrich Schiller, dessentwegen Bill und Li mit ihrer kleinen Tochter Caroline im Februar 1794 nach Jena übersiedeln, formulierte: *„Das dringendere Bedürfnis unseres Zeitalters scheint mir die Veredlung der Gefühle und die sittliche Reinigung des Willens zu sein, denn für die Aufklärung des Verstandes ist schon sehr viel getan worden."*[An

Herzog Friedr. Chr. von Augustenburg, 15. Juli 1793, Berlinische Monatsschrift, S. 441]

Neben der Kunst waren für die Veredlung der Gefühle die (stilisierten) Frauen zuständig. Briefschreibend und lesend entwickeln sie neue Kompetenzen. Es bereitete Caroline sichtlich Vergnügen, die Regungen vor und nach Wilhelms Bekenntnis zu seiner Liebe auszubreiten, abzutasten, seitenlang ihre Ängste, die Ungewißheit und schließlich ihre Freude zu beschreiben. *„Nun* […] *drücken Dich und mich keine Gedanken mehr, die unsre Glückseligkeit stören könnten, ich fühle Deine Seele in mir, ich empfinde mich selbst nur in dem Bild, das du in Dir von mir trägst* […]. *Nein, meine Seele, ich könnte nicht mehr sein ohne Dich – der Gedanke einer Verbindung mit Dir ist meinem Herzen unentbehrlich geworden.*" In unterschiedlichen Wendungen versichert sie dem Geliebten wieder und wieder, es *„lebt meine Seele nur bei Dir"*.

Auch hier ist ein gedanklicher Seitensprung zu literarischen Vorlagen erhellend. In Rousseaus Version des Pygmalion wird Galathea, die angebetete Statue, ohne göttliche Hilfe lebendig, und die beiden sind einander Spiegelbild. Wilhelm an Caroline am 15. Januar 1790: *„Wenn ich dem Schicksal für eine Gabe danke, wenn eine mich mit innerem Stolze erfüllt* […] *so ist's, um Deiner hohen, glühenden, einzigen Liebe gleich zu bleiben. Je höher die Liebe, desto voller umfaßt sie das Wesen des andern, und eine große reiche Seele wird nur von einer reichen umfaßt. So ist der Mensch nie mehr, als er Kraft hat, zu lieben. Du wecktest sie in mir, diese Kraft, Du gabst mir, was ich nie genossen hatte, das Gefühl, ganz und einzig geliebt zu werden.* […] *Wie so alles in uns immer eins war. Wie so immer gleiche Höhe, gleiche Weite der Empfindung, wie in uns beiden immer jener diesem gleiche Glut lieh, und in uns beiden immer dieser jenen auf gleiche Weise verschlang!"*

Auch in seinen Briefen häufen sich die *O*s. Er schreibt aus Berlin (zwischen dem 15. und 29. Januar 1790): *„Wenn das die Liebe ist, o dann, teure liebe Seele, dann wurdest Du* *nie heißer, heftiger, inniger geliebt! O! Gott, ich lebe und webe ja nur in Dir!"* Sie übernimmt den Ton in ihrem nächsten Brief: *„Deine Liebe – sie hat mir alles gegeben – und wenn ich noch heute von dem Schauplatz des Lebens abtreten müsste, so würde mein letztes Wort ein Bekenntnis sein, daß Deine Liebe mir den höchsten Genuß gereicht hat, dessen ein menschliches Herz empfänglich ist."* Nur in seinen Armen findet sie das Glück, seine Liebe wird sie heben, und ihn will sie glücklich machen, womit sie nochmals beteuert, daß Karl (von La Roche) keine Rolle mehr spielt. Das Paar blieb dem Freund verbunden und vertraute ihm viele Jahre später den Sohn Theodor an, als der elfjährige in Berlin fern von den Eltern eine Lehranstalt besuchte.

Es fällt heute schwer, solche Briefstellen ohne ein müdes Lächeln zu zitieren, es sind Brautbriefe, und man hat damals Briefe geschrieben, wie man heute im Theater oder vor dem Fernseher seine Gefühle in vorgegebene Bilder gießt. Wie sehr diese Bilder erst beim Schreiben entstehen oder die beiden Schreibenden auf Gefühlsausdrucksformeln zurückgreifen, ist schwer zu beurteilen, es mag beides sein, die Muster einer Liebesheirat lagen noch keineswegs fest. Deshalb noch mehr, noch deutlicher: Er am 20. März 1790: *„Ach Lina, so sagt mir jeder Moment, da meine Seele sich fühlt, daß ohne den Gedanken Deiner Liebe meine Seele sich nicht zu halten vermöchte, und daß ich keinen, keinen Genuß kenne, der nicht von Dir mir kommt. Denn von Dir kommt ja die Stimmung der Seele, die den Genuß erst zum Genuß macht!"*

Ein Schelm, wer an die Bordellbesuche und die Genüsse denkt, die „Leichtfuß" Wilhelm von Humboldt in seinen Briefen aus demselben Jahr an Gentz beschreibt. Das Wort Genuß kommt in zwei Zeilen dreimal und in Wilhelms Briefen überhaupt recht häufig vor. Es ist damals ein relativ junger, sich eben erst verfeinernder Begriff für ein Gefühl, das von der Wollust in die Regionen von Seele und Herz aufsteigt, ein Wort für jene Empfindungen, die von grober Sinnlichkeit ins Innere wandern. Wilhelm von Humboldt ist ein schönes Beispiel für diese Verfeinerung von triebhaftem, rein sinnlichem Genuß zum bewußten Genießen. Er hat sich in Gedichten und Briefen recht freimütig über seine Sinnenlust geäußert und offenbar das Bedürfnis gehabt, neben der Heiligen auch Frauen zu lieben, die sich ihm unterwerfen. Erst seinen Biographen waren solche Äußerungen peinlich.

Ähnlich wie Goethes Wilhelm Meister hat Wilhelm von Humboldt seine Erfüllung bei einer hochgebildeten Frau gefunden. Oder moderner: Der vaterlos aufgewachsene Held hat durch ihre Liebe einen Ruhepol und seine männliche Identität gefunden. Seine Selbstzweifel sind beseitigt, die Braut gibt ihm Gewißheit, *„daß mein Dasein [...] nicht zwecklos war"* und *„daß Du mich so lieben, so in mir Deine höchste Seligkeit finden könntest, welch einen nie vorher gekannten Selbstgenuß mir das gibt"*. Sie beugt ihr Haupt und unterwirft sich, wie es einer Frau geziemt, die die Spielregeln kennt, aber keineswegs so unterwürfig ist, wie die Formulierung nahelegt: *„Ach, was ist das Dasein des Weibes, wenn es nicht die Freude eines edlen Mannes ist?"* [20. März 1790]

Abgesehen von Topoi, die dem Stil der Zeit entsprechen, drückt sich das Besondere dieser Beziehung darin aus, daß er auf *„gleiche Höhe"* und sie auf die Erhaltung beider Individualitäten pochte: *„[...] nie hätte ich einen Mann gefunden, dessen Geist und Herz mir mehr gegeben, dessen Wesen mich mit höhern Gefühlen erfüllt hätte. Du allein konntest mein Herz diesem neuen Leben aufschließen, diese süße, beglückende Gewissheit, ganz verstanden zu werden, mir in die Seele legen, vor Dir existiert mein Geist fast einzig in all der Freiheit, derer er bedarf, um sich lebendig zu fühlen in seinen besten Kräften, es ist auch so gar nicht eine entfernte*

Ahndung in mir, daß ich an Deiner Seite nicht den mannig-
faltigen Gestalten meines Herzens und Geistes leben dürfte.
Dies letzte, ich gestehe es, gehörte immer ausschließend zu
meinem Glück. Es ist mir nichts so interessant zur Beobach-
tung, nichts so heilig im Zusammenleben, als die Individuali-
täten eines jeden Charakters. Sie in einem so engen Verhältnis
wie die Ehe respektiert zu sehen war das einzige, was ich bei
dem Mann suchte, dem ich meine Hand geben wollte – was
ich bei keinem fand, der mir diese Verbindung antrug."

Bei aller Hingabe ist ihr doch wichtig, daß sie durch
ihn auch sich selbst findet: *„Dein und zugleich mein [...]*
wie nimmst Du mich ganz, so daß ich nur bin, nur lebe und
webe in Dir, [siehe seine identische Formulierung] *und*
wie gibst Du mich mir selbst so innig wieder?" [14. April
1790] In seinen Worten geht es darum, daß *„auch beide*
gerade in dem engsten Verhältnis die höchste Freiheit behal-
ten". [1. Mai 1790] Das ist zu der Zeit und zumal bei einer
Frau, die aus altem Provinzadel kommt, noch recht neu,
wird eben erst gedacht. Li war in vieler Hinsicht unkon-
ventionell und offenbar auch nicht prüde. Sie schickt
Wilhelm eine Zeichnung von Theseus ganz *„im Stande der*
Natur", die er besser nicht herzeigen sollte. Ihr Theseus
war wohl nackt.

Die Liebesheirat wird zwar in Theaterstücken und Gedichten schon besungen, ist aber im realen Leben noch die
Ausnahme. Die Norm sind Konventionsehen. Humboldts
Mutter war zwanzig Jahre jünger als ihr Mann, auch die
Mutter der Schwestern von Lengefeld war mit einem sehr
viel älteren Mann verheiratet. Ihre Tochter Karoline hatte
sie im Alter von siebzehn Jahren aus Standesrücksichten
an den Legationsrat von Beulwitz „gegeben".

Caroline und Wilhelm waren keine Rebellen wie Caroline Michaelis-Böhmer-Schlegel-Schelling, Brendel Men-
delssohn-Veit oder Friedrich von Schlegel, die in ihrer
Wohngemeinschaft im Löbdergraben in Jena sich und die

Literatur revolutionieren wollten und das thüringische Städtchen nahe Weimar für kurze Zeit zu einem Zentrum der Frühromantik machten. Die mutige, poetische und alle Konventionen negierende Tochter des Göttinger Professors Michaelis, die fast alle romantischen Männer geliebt und bewundert haben, der radikale, später katholisch-bigotte Pastorensohn Friedrich von Schlegel und die Tochter Moses Mendelssohns, Vorbild seiner „Lucinde", des damals skandalösen Liebesromans, waren dem Regelwerk der alten Ordnung weniger verpflichtet als die Kinder aus sehr guten Häusern. Wilhelm und Caroline bewegen sich innerhalb der Rituale und überschreiten sie. Sie tun dies in einem Maße, das vor allem für Caroline mit ihrem adelsstolzen Familienhintergrund ungewöhnlich war.

„… mit dieser Liebe hat sich so eine ◆ himmlische Ruhe, so ein froher Genuß gegattet"

Was haben die beiden gemacht in den ersten beiden Jahren ihrer Ehe, die sie vorwiegend auf dem Lande verbrachten? Gelesen, geschrieben, sie werden sich geküßt und geliebt haben. Schon am 16. Mai 1792 wurde die erste Tochter geboren und Caroline genannt. *Das kleine Mädchen ist ein allerliebstes Geschöpf, so groß und stark, wie selten ein Kind von so wenigen Tagen, so voll Leben und Munterkeit und mit wundergroßen blauen Augen, die sie unaufhörlich im Kopf herumrollt. Meine Frau stillt das Kind*

selbst, ich, bei meiner gänzlichen Geschäftslosigkeit, bin so
gut als den ganzen Tag bei ihr, und so kommt das Kind kaum
eine Minute in andere Hände als die unsrigen."[Wilhelm an
Georg Forster, 1. Juni 1792]

Die Güter Burgörner, wo das Paar nach der Hochzeit
lebte, und Auleben, wo sie vom August 1792 bis März 1793
wohnten, waren recht gegensätzlich. Burgörner war von
der frühen Industrialisierung im Mansfeldischen Bergbau geprägt, das Gut lag inmitten der sächsischen und
preußischen Schächte, aus denen vor allem Kupferschie-
fer gewonnen wurde. Der Hüttengraben lief nahe am Dacherödischen Schloß vorbei, und einige zum Gut gehörige
Felder lagen in der Nähe der „Feuermaschine", die als
Vorwand für Wilhelms ersten Besuch bei Caroline gedient hatte. Die Dampfmaschine pumpte das Wasser aus
den Gruben. Humboldts hatten dort Umgang mit Amts-
leuten aus dem nahen Hettstedt, mit dem Pfarrer und mit
Bergbeamten, einer von ihnen war Karl von La Roche,
Betriebsleiter der Saline Halle. Laut Chronik konnten in
Burgörner überdurchschnittlich viele Erwachsene lesen
und schreiben, nämlich sechzig Prozent.

Auleben hingegen liegt in einer idyllischen, sehr frucht-
baren Landschaft mit einer ungewöhnlich vielfältigen
Vegetation. Die „Goldene Aue", wie die Gegend deshalb
heißt, wird vom südlichen Harz auf der einen und dem
Kyffhäusergebirge auf der anderen Seite umrahmt, weit-
räumige Wiesen, seltene Pflanzen und Vögel und die nahe
Saale bezaubern trotz mittlerweile angelegtem Stausee
auch Besucher, die mit dem Auto und nicht wie Caroline
und Wilhelm mit der Kutsche ankommen. Die Ebene mit
den bewaldeten Hügeln legt nahe, daß die Worte „Berge"
und „bergen" verwandt sein könnten. Der Ort war von Rit-
ter- und Herrenhäusern geprägt, es gab fünf Rittergüter,
deren Besitzer – also auch Dacheröden – allerlei Privilegien hatten, zu denen auch die Patrimonialgerichtsbar-

keit zählte. Das heißt, sie durften (und mußten) „niedere Händel" wie Raufereien und Beleidigungen schlichten, eine Aufgabe, die später auch Humboldt zufiel. Zu den Besonderheiten des Ortes gehörte auch der „Eynungsbrief" aus dem 17. Jahrhundert, eine Art Verfassung, die das Leben im Dorf regelte. Dazu wurde jährlich ein „Einungsmeister" und ein Heimbürge gewählt, die gemeinsam „Befehl und Gewalt" hatten. Wilhelm von Humboldt wurde zweimal (1815 und 1823) in Abwesenheit zum Einungsmeister gewählt.

Das Dacherödische Schloß liegt auf einer Anhöhe, (es existiert noch) und ist zwei Stockwerke hoch, die Wände – hinter denen eine Nutzfläche von 1000 Quadratmetern liegt – sind über einen Meter dick. Das altertümliche Gebäude hat einen verwunschen wirkenden Turm mit einer barocken Pforte und einen großen Keller mit einem Kreuzgewölbe, die Decken waren zu Carolines Zeiten mit Stuck verziert. Gesindehäuser und Stallungen, Felder und Wiesen gruppierten sich um das Schloß. Mit der Herrscherin über dieses Land, der Fürstin Caroline Luise zu Schwarzburg-Rudolstadt, waren Caroline und Wilhelm gut befreundet, die „dumme, leere Gesellschaft" der Rittergutsbesitzer hat Caroline schon in ihrer Kindheit verachtet.

Caroline liebte – im Unterschied zu Wilhelm – die Musik, sie ließ sich aus Erfurt ihr Klavier kommen, spazierte durch die nahe gelegene Allee und wird, vielleicht in Gesellschaft ihres Hündchens, wohl auch zu den Gipshügeln und Salzgraswiesen gewandert sein. Humboldt las, lernte und schrieb in dieser seiner „schönsten Zeit" viel. Er habe sich *„wieder die Metaphysik vorgenommen"*, das Kantische System von neuem durchgearbeitet, sich mit der von Friedrich Gentz übersetzten Kritik Edmund Burkes an der Französischen Revolution auseinandergesetzt, einem Schlüsselwerk in der Debatte um Macht und Men-

schenrecht, Gewalt und Demokratie. Humboldt begrüß-
te die elegante, recht freie Übertragung dieser wichtigen
Schrift, er stimmte vor allem mit Burkes geschichtsphi-
losophischen Thesen überein, nahm Gentz aber übel, daß
der seine Übersetzung dem preußischen König widmete.
In der Auseinandersetzung mit Burkes Schrift „Reflections
on the French Revolution" und im Gedankenaustausch
mit dem politisch wachen Friedrich Gentz – der sich vom
enthusiastischen Anhänger der Französischen Revolution
zum Propagandisten Metternichs wandeln wird – entstehen in dieser Zeit des Rückzugs die „Ideen zu einem
Versuch, die Grenzen der Wirksamkeit des Staates zu
bestimmen" und dann auch die „Ideen über Staatsverfassung, durch die neue Französische Constitution ver-
anlasst", die 1792 in der „Berlinischen Monatsschrift" erscheinen. Die „Ideen" enthalten wesentliche Elemente,
die in Humboldts späteren Schriften aus- und umgearbei-
tet werden: Der Staat solle sich nicht in Privatangelegen-
heiten einmischen, Tugend könne nicht befohlen werden.
Hier schon plädiert er für Beschränkung der staatlichen
Gewalt und für den selbstverantwortlichen Bürger und
vorerst noch gegen staatliche Erziehung, gegen umlau-
fende Vorstellungen vom gehorsamen Untertan, womit
er sich abgrenzt von Ideen eines wohlwollenden Absolutismus à la Friedrich II., Joseph II. und anderer Fürsten,
die das Glück ihrer Untertanen befördern wollen (wie
auch Karl Theodor von Dalberg, der ihn ermuntert hatte,
seine Gedanken über die Rolle des Staates zu Papier zu
bringen). Ungewöhnlich früh für deutsche Verhältnisse
plädiert Humboldt in dieser Schrift für Mannigfaltigkeit
und Individualismus und spricht von der Gefahr, daß der
Mensch zum Werkzeug fremder Zwecke, zur Maschine
werden könne.

Der Autor ist, auch wenn er auf dem Lande lebt, mitten im Gespräch, die Aufsätze knüpfen an die Debatten

über die amerikanische Unabhängigkeitsbewegung, die Schriften John Lockes, Adam Smiths, Immanuel Kants und Johann Gottlieb Fichtes an, die – unter anderem in der „Berlinischen Monatsschrift" – geführt werden. Humboldt bemüht sich bei verschiedenen Verlegern, die Aufsätze unterzubringen, und feilscht ein wenig hochnäsig ums Honorar. Er muß feststellen, daß die Früchte seiner Arbeit schwer an den Mann zu bringen sind. Auf seine Bitte hin bemüht sich Karoline von Beulwitz, die Abhandlung in Schillers Zeitschrift „Thalia" drucken zu lassen. „*Nicht wahr, Göschen gibt acht Taler für den Bogen?*" fragt sie in einem Brief an ihre Schwester nach. Er (also Wilhelm) „*hat so eine Freude an dem Geld, weil es das erste ist, das er erwirbt*". [K. v. Beulwitz an Lotte Schiller, 2. April 1792]

Karoline von Beulwitz ist als Mittlerin Schiller gegenüber durchaus nüchtern: „*wenn du willst, will ich's veranstalten, daß du ihn* [den Aufsatz] *siehst und dann doch ihn ausschlagen kannst, ohne zu beleidigen. Wenn du ihn nicht brauchen kannst, so will er ihn gern in dem Merkur haben; da kannst du wohl dazu helfen? Aber Geld will er dann.*" Man erfährt aus diesem Brief, daß auch Li „*für's Geld*" übersetzen will. Von ihrem Glück in dieser stillen Zeit berichtet Caroline der Freundin Lolo: „*Ich lebe so still und unaussprechlich glücklich! Wilhelm ist sehr beschäftigt, und es ist so süß, eine Fülle der Ideen und Gefühle in dem Manne zu ahnen, den wir einzig und vor allem lieben. […] Ach wie zart er ist in allem, wie so leicht zu behandeln, und immer schön in allen kleinen Verhältnissen des häuslichen Lebens.*" [An Lotte Schiller, 26. August 1791]

Wilhelm beginnt Plutarch und Pindar zu übersetzen, nimmt sich Homer, Herodot, Thukydides und Platon vor, beschäftigt sich mit dem Plan, eine Zeitschrift „Hellas" herauszubringen. Seine Ideen sind so umfassend, daß ein großer Teil seiner Projekte über Entwürfe und Vorworte nicht hinauskommt. Der Vormittag gehört den Studien, der Nachmittag der Korrespondenz, der Abend der Familie. Sie bekommen Besuch von Gentz und Brinckmann, von Georg Ludwig Spalding, der als Gymnasialprofessor griechische und hebräische Sprache am Grauen Kloster in Berlin lehrt (Humboldt erwähnt, daß er bei ihm – also nicht mehr bei Jette Herz – in seinem Jahr am Berliner Kammergericht Hebräisch gelernt habe). Sie besuchen Karl Theodor von Dalberg in Erfurt und Schiller in Jena; Karl von La Roche und Wilhelms Bruder Alexander schauen vorbei, befreundete Gelehrte sind in Briefen gegenwärtig. Ein großer Teil der Korrespondenz widmet sich dem Austausch von Neuigkeiten über gemeinsame Bekannte, ein noch größerer den Gedanken über Projekte. Brinckmann informiert über die Ereignisse, die gemeinsamen Freunde und Neuerscheinungen aus Berlin. Mit Schillers Freund Christian Gottfried Körner, Oberappellationsgerichtsrat in Dresden, entwickelt sich eine rege Korrespondenz, in der Wilhelm seine Ideen ausbreitet, die teils in Absichten, teils in Aufsätze münden, und man darf davon ausgehen, daß Caroline in diesen intellektuellen Prozeß eng eingebunden war. Auch wenn Humboldts frühe Briefe an Li primär von Gefühlen und Begegnungen handeln, so war sie als Ehefrau für ihn auch eine intelligente Gesprächspartnerin und geduldige Zuhörerin.

Karoline von Beulwitz wohnt längere Zeit bei ihnen, Wilhelm ist mit der Übersetzung von Oden Pindars beschäftigt und liest den beiden Frauen abends daraus vor. Der Kontakt mit Friedrich August Wolf, Professor für klassische Philologie im nahen Halle, wird brieflich und persönlich intensiv gepflegt, Wolf kommt Weihnachten 1792 nach Auleben. Aus der Korrespondenz und den Gesprächen mit ihm entstehen Humboldts erste Schriften zur Altertumskunde. Während sich die Französische Revolution radikalisiert, widmet Wilhelm sich den alten Griechen, er nimmt, obwohl unmusikalisch, Unterricht bei einem Erfurter Organisten, um die Musikalität griechischer Dichtung besser zu verstehen.

Am 21. Januar 1793 wird in Paris der abgesetzte König LudwigXVI. auf dem Revolutionsplatz mit der Guillotine geköpft. Humboldt bekennt in diesen Tagen in einem langen Brief an Wolf, die Gespräche und Korrespondenz mit ihm hätten seine *„Lust aufs neue"* geweckt, die gemeinsam entwickelten Ideen über die Griechen zu Papier zu bringen. Er legt ihm, später auch Brinckmann, Gentz, Schiller und Körner seine Gedanken in statu nascendi vor (anfangs auch Georg Forster, der allerdings in diesen Tagen mit der Errichtung der Mainzer Republik beschäftigt ist). Er schickt seinen Aufsatz „Über das Studium des Alterthums, und des griechischen insbesondere" an Wolf, dann mit dessen Anmerkungen an Schiller, teilt dessen Kommentare wiederum Wolf mit und bespricht sie mit Dalberg, der seinerseits Glossen anfügt, ähnlich den Randglossen in den antiken Schriften, die ihn besonders interessieren. Er entwickelt seine Gedanken beim Schreiben, bittet um Kommentare und Berichtigungen, fragt die Freunde, ob es sich lohne, daran weiterzuarbeiten, und bestätigt jedem von ihnen, daß seine Meinung und Erläuterungen ihm besonders notwendig seien. Humboldt beschreibt sich als Liebhaber, der von außen an die Dinge herangeht, nicht als Fachmann. *„Es ist mir schon mehrmalen so gegangen, daß ich, wenn ich in ein neues Fach trete und allenfalls die Außenlinien übersehe, mich dieser Anblick dergestalt begeistert, daß ich mitzureden anfange, als wäre ich längst darin gewesen. Nur schade, daß der Zuhörer des Irrtums bald gewahr wird."* Er ahnt, daß er *„manches aus einem falschen Gesichtspunkte"* ansieht oder daß ihm die *„wahren beweisenden Data noch fehlen".* [An Wolf, 23. Januar 1793]

Diese ersten Jahre der Ehe waren für Wilhelm ein Selbststudium unter Hinzuziehung der klügsten Gelehrten seiner Zeit, mit weniger Ablenkungen als in Berlin, weniger Langeweile als in Tegel und weniger Verpflichtung als an der Universität. Wilhelm von Humboldt hat oft betont, er habe nicht viel gelesen – was unglaubwürdig klingt, aber wohl unterstreichen soll, daß er ein Selbstdenker ist. Er braucht und sucht den Abstand sowohl vom Trubel der Welt als auch von bereits Gedachtem. Die Geburt der Idee aus eigenem Vermögen gehört zu seinem Verständnis von Bildung, weshalb er auch immer wieder betont, daß er eher umformt als erfindet. Er ist ein dialogischer Mensch, der seine Gedanken im Gespräch entwickelt und als Gesprächspartner geschätzt wird, weil er die Gedanken anderer zur Klarheit bringt, weil er viel weiß – ein scharfer Kritiker und Analytiker, auch Katalysator, was sich vor allem in seiner Freundschaft mit Schiller bewährt.

Die Freundschaften mit Dalberg und Schiller und dessen Lotte hat Li angebahnt und gepflegt. Jena, Halle, Erfurt, Rudolstadt und Weimar liegen nicht weit auseinander. Mit den Besuchen, bei der Arbeit an Texten und im brieflichen Verkehr entstand ein intimer Zirkel, der sich sowohl von den Berliner wie auch den Jenaer Kreisen in vielerlei Hinsicht unterschied – nicht zuletzt durch den soliden ökonomischen Hintergrund der Humboldts.

Wenn Bill und Li zusammenleben, entfällt das Zeugnis, das der Briefwechsel bietet. Aber sobald sie ein paar Tage voneinander getrennt sind, schreiben sie einander, und Wilhelm berichtet auch Freunden, mit denen er korrespondiert, stets vom häuslichen Glück. In einem seiner Alterssonette hat er die Landschaft, seine Liebe zu Caroline und die Freundschaft mit Schiller und Goethe besungen: *„Im kleinen Raum von Erfurts reichen Auen/Bis wo aus Schwarzburgs engem Felsenthale/Sich lieblich windend, rauschend strömt die Saale/Vermocht' ich wohl, mein keimend Glück zu schauen./Ich sah den Morgen dort des Lebens* *grauen/Wenn Morgen heißet, wann zum ersten Male/Hernieder aus der Liebe goldner Schaale/Dem Geist des tiefen Sinnes Perlen thauen./Denn die der Kranz des Dichterpreises schmückte./Die beiden strahlverwandten Zwillingssterne/Die spät noch glänzen in der Zukunft Ferne/In Freundesnähe mir das Schicksal rückte/Da Bande, von der Liebe süß gewoben/Empor mich, wie auf lichter Wolke, hoben.*"

Im Juli 1792 ist Caroline mit ihrer zwei Monate alten Tochter bei der Freundin Karoline von Beulwitz in Rudolstadt, während Humboldt seine Mutter in Tegel besucht. Er schreibt Caroline, sie sei *„das, was die ganze Natur beseelt"*, sie gebe ihm die lange gesuchte Resonanz, *„wie keinem Tone in mir nicht auch ein anderer in Dir antwortet"* und *„Du bists doch allein, die mir Leben gibt"*, er nennt sie *„Große, Hehre"* und zitiert Homers Andromache, die zu ihrem Bruder Hektor sagt: *„Du bist mir Vater und herrliche Mutter"*. [Ilias 6.429]

♦ # „Offenbar sind wir im Werden"

Die Aristokraten links und rechts des Rheins sind im Aufruhr, Wilhelm von Humboldt sitzt auf dem Lande und studiert. *„Ich nähre mich den ganzen Tag mit den schönsten Ideen, sehe frohe und heitere Gesichter um mich, wenn der Himmel offen ist, eine schöne Gegend, und [...] eine durch alles dies hervorgebrachte Zufriedenheit mit meinem Schicksal und [...] auch mit mir"*, schreibt er im November 1792 vom Schlößchen in Auleben an Brinckmann – zwei Monate nach der Niederlage der Preußen bei Valmy (am 20. September) und während die Franzosen über den Rhein vordringen. Im Mai 1793 bekennt er gegenüber Friedrich August Wolf, *„daß auch der Schatten von Lust, ein tätiges Leben in Staatsgeschäften zu führen, nie so sehr in mir erstorben ist, als seitdem ich mit dem Altertum vertrauter geworden bin".* [An Wolf, 22. Mai 1793] Während Mainz von den Franzosen besetzt wird, schreibt er an Schiller – explizit als „Zuschauer" –, sein eigenes Interesse wisse nicht, wohin es sich schlagen solle. Er wünsche sich einerseits die Wiedergewinnung des Landes (weil *„die Mainzer mir gar nicht auch nur eines Anteils an einer freien Konstitution fähig scheinen"*), auf *„der anderen Seite sähe ich indes auch sehr ungern die Franzosen geschlagen".* [An Schiller, 7. Dezember 1792]

An Forster berichtet er Anfang November – der Freund war gerade dem Klub der Jakobiner beigetreten, was Humboldt aber noch nicht wissen konnte –, daß man auch in Erfurt besorgt sei *„wegen eines französischen Besuchs. Einige Personen sind sogar schon geflohen, das heißt Adel".* Er selbst *„zöge zuerst. Denn der Unschuldige muß mit den Schuldigen leiden."* [An Forster, 1. November 1792]

Am 19. November 1792 wird Forster von General Custine zum Vizepräsidenten der provisorischen Administration in Mainz ernannt. Dafür hat Wilhelm von Humboldt, bei aller Verehrung des Weltreisenden, keinerlei Verständnis. Die Ausrufung einer deutschen Republik wird in Thüringen schnell spürbar, denn die Flüchtlinge aus Mainz und der Rheingegend, einschließlich des Erzbischofs, lassen sich in Erfurt und Umgebung nieder, das ja zum Bistum Mainz gehört.

Man hat Humboldt wegen seines Rückzugs ins Private „Innerlichkeit" oder auch „schrankenlosen Individualismus" vorgeworfen – Etikettierungen, die in der deutschen Geschichte eng mit Romantizismus und Weltabgewandtheit verbunden werden. In diesen Jahren radikaler politischer Umbrüche haben sich viele Gebildete mit griechischer Literatur befaßt, das war Teil der geistigen Revolution und nicht nur Flucht aus der Welt. Ein Großteil der Texte, mit denen sich Humboldt beschäftigt, sind Texte über die Geburt der Demokratie, über Individualismus und Gerechtigkeit. [Christian Meier, Tragödie] Der explodierende Zeitschriften- und Buchmarkt ist voll von Über- und Auseinandersetzungen, die das Ideal der Republik preisen – es ist die deutsche, gebildete, ästhetisierende Form des Kampfs um einen Weg aus der Knechtschaft – erst recht seit die Radikalisierung der Französischen Revolution die meisten der früheren Sympathisanten verschreckt hat. Die Frage, ob der als besonders intelligent und begabt beschriebene junge Mann sich der Welt zu- oder von ihr abgewandt hat, ist deshalb immer noch interessant, weil Humboldt das ganze 19. und noch im 20. Jahrhundert vor allem als Reformer gefeiert wurde, als einer, der Politik gemacht und zur „Wiedergeburt Deutschlands" beigetragen hat. Und sie ist auch interessant, weil ein Kinder wikkelnder schmusender Privatier *(„nun denk ich mir, daß die kleine Li schreit, daß Du sie aufnimmst und wäschest. Ach, was macht der liebe, holde Narr?")* [Wilhelm an Caroline, 23. Juli 1792] nicht ins Bild, auch nicht ins Bild von Feministinnen paßt, die ihn als klassischen Vertreter männlicher Überheblichkeit zeichnen. Humboldt hat vielen Interpreten den Stoff für ihre Träume geliefert.

Der junge Gelehrte war nicht weltabgewandt, aber er hat sich – vorerst – nicht aktiv eingemischt. Er hat in den zwei Jahren auf dem Lande mit Li und Kind und dann in Jena in der engen Freundschaft mit Schiller die Grundlagen für sein Denken und Forschen, auch für das Konzept einer modernen und weltweit nachgeahmten Universität gelegt. Ideen, Selbstvervollkommnung und die Entwicklung von Wissenschaft und Kultur dünkten ihm und vielen anderen revolutionär. Gemeinsam mit einigen wenigen Denkpartnern hat er einen Ausweg zwischen den klackenden Guillotinen und den kleingeistigen deutschen Despotien gesucht.

Der nun schon gut mit der gebildeten Welt vernetzte Privatgelehrte läßt sich nicht nur, wie Friedrich Meinecke schrieb, keiner Disziplin zuordnen, er steht zwischen dem, was Empfindsamkeit, Klassik, Idealismus und Romantik genannt wird, zwischen Wissenschaft und Dilettantismus, Politik und Geist sowie zwischen Adel und Bürgertum und damit zwischen den Freiheiten und Freuden der Aristokratie und dem Sinn für Tugend und Maß. Er beschäftigt sich intensiv mit Ästhetik, sucht aber nicht die blaue Blume, Burgörner ist kein Parnaß, und die Griechen sind für ihn ein Ideal, von dem er weiß, daß es kein Modell für die Gegenwart, möglicherweise aber Orientierungshilfe sein kann. In seiner Ehe ist die Frau nicht Zierde, sondern eher die Lenkerin, er liebt es, seine weiblichen Seiten zu betonen: *„Man sagte mir mehr als einmal, man könnte mit mir wie mit einer Frau reden"* [2. April 1790], während seine Li ihm bescheinigt: *„Du hast die Seele eines Mannes"*, aber auch *„den zartesten Sinn für Weiblichkeit, den ich noch bei Deinem Geschlecht fand."* [GS I, S. 196] Vor allem Schiller gegenüber fühlt sich Wilhelm als der *„Empfangende"*.

Die Selbstbildung des Subjekts ist für den Kant-Leser die unabdingbare Voraussetzung für Freiheit. Dazu muß er verstehen, was Freiheit sein könnte – individuell und im Gemeinwesen. Er geht, auch das im Einklang mit dem Zeitgeist, zu den Wurzeln, fragt sich, die Bücher und die Freunde, wie das angesammelte Wissen angewandt werden könne, um die Ausbildung des Verstandes mit der Ausbildung der praktischen Vernunft zu einer *„Einheit der Kräfte"* zu führen.

In einem Brief an Körner formuliert er Ende November 1793 sein Programm: *„Ordnen und Benutzen des Vielfachgesammelten ist das große Bedürfnis unserer Zeit – jeder der* *mannigfaltigen Arten der Tätigkeit, welche der Mensch zu üben gelernt hat, ihren wahren Wert bestimmen und überhaupt das Verhältnis des Menschen zu den Gegenständen, die ihn umgeben, vollständig und präzis festsetzen.* "Es falle auf, daß viel Kenntnis *„doch immer so tot und unfruchtbar bleibt, so wenig nur in die Denkungs- und fast gar nicht in die Handlungsweise übergeht und daß, ungeachtet dieser Schätze, unser Jahrhundert sich dennoch immer mehr durch das, was die Menschen wissen und bewirken, als durch das, was sie in sich selbst sind, auszeichnen wird".* Totes Wissen und Individualität, der Mensch *„in dem ganzen Umfang seiner genießenden und wirkenden Kräfte"* und was ein *„Ideal der Menschheit genannt zu werden verdient und welche Übung der Kräfte diesem Ideale nähert"* gehören für ihn zu den reizendsten Feldern des Nachdenkens. Erkennen ist dabei immer mit der Frage nach Wegen zur Annäherung an das Ideal verbunden, Humboldt will die *„durch Zufall und Gefühl"* geleitete praktische Verbesserung mit einer moralischen Reform verbinden. Auf der Suche nach dem Weg dahin will er *„historisch den Menschen in verschiedenen Zeitaltern und Nationen vergleichen und den Zusammenhang der Weltbegebenheiten mit kritischem Auge verfolgen, um vielleicht daran die Gesetze auszuspähen, nach welchen das ewige Schicksal [...] die Menschen entweder in ewig in sich zurückkehrenden Kreisen oder einem großen unendlichen Ziele zu [...] führt".* [An Körner, 19. November 1793] Die Sätze kommen so harmlos daher und berühren doch die Kernfrage der Moderne: ob das Schicksal sich im Kreise dreht oder es ein Ziel – und das heißt: Geschichte, Fortschritt, Entwicklung – gibt.

Das Studium der Griechen weist den Weg: *„Daß ich gerade das Studium der Griechen wählte, davon erlauben Sie mir [...] Ihnen einige Gründe hinzuzufügen. Meiner und gewiß auch Ihrer Überzeugung nach fehlt unserem Zeitalter gerade die Bildung des Geschmacks oder noch richtiger, Ein-*

fluß eines gebildeten Geschmacks auf die räsonnierenden und handelnden Kräfte [...]. *Zwar glaube ich nicht, daß man streben sollte, diese Einheit gerade wieder hervorzubringen. Wir stehen wieder auf einer anderen und unstreitig einer höheren Stufe.* [...] *Denn offenbar sind wir im Werden.*" [Ebd.]

Mit solchen Überlegungen ist er nahe an Schiller, den er mit seinen Kenntnissen der Antike unterstützt, mitten in den zeitgenössischen Auseinandersetzungen um den „Ausgang aus der selbstverschuldeten Unmündigkeit", die immer auch die Auseinandersetzung mit Regierungsformen, das Verhältnis des Individuums zum Staat und die Stellung des Individuums in realen historischen Prozessen einschließt – das Gegenteil von Innerlichkeit. Das „*Studium der Ueberreste des Alterthums*" erweitere, so seine Erklärung für die Beschäftigung mit der Antike, „*durch Beispiele von Handlungen und Begebenheiten die Menschenkenntnis, schärft die Beurtheilungskraft, erhöht und verbessert den Charakter*". Als Schüler Kants und der alten Griechen will er Reflexion, Geselligkeit, Liebe und Sinnlichkeit zusammenfügen, nicht nur am Schreibtisch. Er möchte eine europäische Anthropologie entwerfen und hat auch dieses Projekt nicht realisiert. Auf seinen Reisen durch Europa hat er Menschenkunde an Männern und Frauen betrieben, wie sein Bruder Pflanzen und Steine studiert hat.

Bildung, Reflexion, Vervollkommnung der Persönlichkeit und der Sinn für das Schöne sind für ihn die wichtigsten Instrumente, um mit den mannigfaltigen, sich ständig verändernden Erscheinungen der Moderne zurechtzukommen. Kenntnis des Menschen kann „*nichts anderes heissen, als die Kenntnis der verschiedenen intellektuellen, empfindenden und moralischen menschlichen Kräfte, der Modifikationen, die sie durch einander gewinnen*", und Humboldt erweitert diese Überlegungen auf alle Beziehungen zwischen den Menschen, ihr Verhältnis zur äußeren Welt, „*Kurz der Geseze der Nothwendigkeit der von innen, und der Möglichkeit der von aussen gewirkten Umwandlungen*". [GS I, S. 257]

Es ist ein dritter Weg – zwischen Restauration und Revolution –, den er und ein kleiner Kreis von Gebildeten in der Hoffnung einschlagen, sich und andere für ein Leben ohne fremde Autoritäten zu rüsten. In Humboldts Utopie arbeiten die Individuen an sich, um die Verhältnisse zuerst reflektieren und dann gestalten zu können. Darin steckt auch sein Gegenkonzept zur französischen Verfassung, die Vernunft für planbar hält, und zugleich seine Kritik am aufgeklärten Absolutismus, der die Untertanen entmündigt. Das unterscheidet sein Konzept von dem jener jungen Leute, die aus Begeisterung für das Individuelle den genialen Künstler konzipieren, der sich den äußeren Umständen entzieht. Humboldt hat, anders als viele Altersgenossen, weder das Mittelalter noch das Christentum zu seinem Ideal gemacht und ist im großen und ganzen ohne romantische Rückwendung und ohne eherne Maßstäbe durch sein unruhiges Leben gegangen. Seine kluge Frau und deren Vermögen haben es ihm erleichtert.

In der Idylle Thüringens hat sich das Paar für den Umgang mit all den Brüchen und Widersprüchen gerüstet, denen es sich in den folgenden Jahren aussetzte. Li war beim Erwerb der Kenntnisse über die *„intellektuellen, empfindenden und moralischen menschlichen Kräfte"* nicht nur die hingebungsvolle, ihn bewundernde Zuhörerin, sie wurde auch sein Forschungsgegenstand für das Studium des Fremden und Anderen. Seine zwei „Abhandlungen über die Weiber" – wie Schiller sie nennt – sind in den letzten Jahren wieder hervorgeholt worden, Mediziner sehen darin den Beginn der Sexualwissenschaft und Genderforscherinnen ein typisches Dokument der männlichen Festschreibung von Geschlechterrollen.

◆ Auf Schillers Schloß

Nach zwei Jahren auf den Gütern der Dacherödens zieht die nun dreiköpfige Familie im Frühjahr 1794 das zweite Mal um. Jena hat zu der Zeit etwa 4000 Einwohner, seine 1558 gegründete Universität erlebt gerade eine neue Blütezeit und gilt als das „Kantsche Jerusalem an der Saale" (Karl Leonhard Reinhold). 1794 wird Friedrich Schiller dort Professor, der Philosoph Johann Gottlieb Fichte, der Mediziner Christoph Wilhelm Hufeland und der Anatom Justus Christian Loder lesen und lehren hier. Seit 1785 gibt Christian Gottlieb Schütz, auch er ein Kantianer, die „Allgemeine Literatur-Zeitung" heraus. Da Jena zu Sachsen-Weimar gehört, kümmert sich der Minister Johann Wolfgang von Goethe um die wissenschaftlichen und kulturellen Einrichtungen der Stadt, auch um die Reform der Universität.

Die Humboldts wohnen am Markt, gegenüber den Schillers, sie bleiben – mit längeren Unterbrechungen – bis Frühjahr 1797 in Jena. Caroline bringt hier zwei Söhne zur Welt. Der ältere, Wilhelm, wird im Mai 1795, Theodor im Januar 1797 geboren. Der älteste Sohn der Schillers, Carl, wurde 1793, der zweite, Ernst, 1796 geboren. Die Familien verkehren täglich miteinander – man sieht sich manchmal auch mehrmals am Tag, verbringt regelmäßig die Abende zusammen und führt Gespräche bis tief in die Nacht. Sie bringe, schreibt Caroline an Brinckmann, fast alle Abende mit Schiller zu *„und Sie können sich leicht denken, wie vieles da verhandelt besprochen und gelacht wird".* [10. November 1796]

Die Männer teilen das Interesse für Kant und die Antike, für Anthropologie und die Entwicklung einer neuen Ästhetik. Humboldt hilft dem Freund, seine Gedanken

über naive und sentimentalische Dichtung zu klären. ^{[Oster-}
^{kamp, Fläche und Tiefe]} Anfangs ist Schiller noch reserviert, aber
nun findet er Wilhelm von Humboldt *„zum Umgange recht*
eigentlich qualificirt. Er hat ein seltenes reines Interesse an
der Sache, weckt jede schlummernde Idee, nöthigt einen zur
schärfsten Bestimmtheit, bewahrt dabei vor der Einseitigkeit,
und vergilt jede Mühe, die man anwendet, um sich deutlich
zu machen, durch die seltene Geschicklichkeit, die Gedanken
des Andern aufzufassen und zu prüfen." In demselben Brief
Schillers an Körner [6. August 1797] steht auch die oft zitierte Charakterisierung Humboldts: *„er kann nie bilden,*
immer nur scheiden und combiniren", und die mangelnde
Offenheit hindere ihn, Dinge wahrzunehmen, die ihm
(zum Beispiel auf der geplanten Reise) begegnen könnten. *„Er versieht sich […] im Voraus mit Zwecken, die er dort*
verfolgen, mit Sehorganen, durch die er jene Welt betrachten
will, und so wird er machen, daß er auch nur darin findet,
was er mitbringt." Italien (wohin Humboldt mit seiner Familie reisen wollte) könnte für ihn nützlich sein, *„seiner*
Einbildungskraft, die von seinem Verstande wie gefangen
gehalten wird, einen gewissen Schwung geben", aber nur,
wenn er *„nicht hineinzöge wie ein Eroberer, mit so vielen*
Maschinen und Geräthschaften, um es für seinen Verstand in
Besitz zu nehmen. Es fehlt ihm zu sehr an einer ruhigen und
anspruchslosen Empfänglichkeit, die sich dem Gegenstand
hingibt. Er ist gleich zu activ und dringt mir zu unruhig auf
bestimmte Resultate."

Schiller hat mit feinem Empfinden Humboldts Schutz-
mechanismen erkannt; die Unfähigkeit, sich unbewaffnet
und ohne Vor-Urteile neuen Erfahrungen zu öffnen, ist
auch in Humboldts frühen Schriften, seinen Selbstdarstellungen und in den Bekenntnissen über seine Leidenschaften bemerkbar. Er baut Wälle und Burgen um sein Inneres. Caroline hat das wohl verstanden und berücksichtigt.

Was ihm an Gemüt und Seele fehlt – oder was er meint, es fehle –, findet er bei seiner Frau, und *„was sein Verstand trennt"*, soll ihr Gefühl verbinden.

Als Wilhelm nach Jena kam, wollte er noch Schriftsteller werden, in den Gesprächen mit Schiller erkannte er, daß seine Stärke in der Beobachtung und Analyse liegt und ihm zum Dichten das Genie fehlt. Zu den frühen schriftstellerischen Versuchen gehören auch seine Erfahrungen mit der Zensur, mit der Sparsamkeit der Verleger und mit dem von Konkurrenz, Mißtrauen, einander befehdenden „Parteyungen" geprägten Kulturbetrieb. Seine „Ideen über Staatsverfassung" und „Ideen zu einem Versuch, die Grenzen der Wirksamkeit des Staates zu bestimmen" werden nur in Auszügen (in der „Berlinischen Monatsschrift" und in der „Neuen Thalia") veröffentlicht. Der in Auleben begonnene Text „Über das Studium des Altertums, und des griechischen insbesondere" blieb, wie vieles andere aus seiner Feder, Bruchstück und wurde mit anderen Aufsätzen über das klassische Alterthum erst nach seinem Tod veröffentlicht. Aber er regte, wie viele der Humboldtschen Texte, auch als Fragment noch die nachfolgenden Generationen an. Ein Teil seiner Pindar-Übersetzung wird gedruckt. Humboldt will neben der vergleichenden Anthropologie auch eine Geschichte des 18. Jahrhunderts schreiben, ein grandioses Vorhaben, das nie ausgeführt wird und doch als Entwurf mehr enthält als manch dickes Buch. Er arbeitet an den „Horen" mit und kümmert sich in Berlin um deren Druck. In dieser berühmten Zeitschrift der Klassiker erscheinen die beiden Aufsätze, in denen er seine Überlegungen zur Sexualität mit seinen philosophischen Erkenntnissen verbindet: „Über den Geschlechtsunterschied und dessen Einfluß auf die organische Natur" und „Über die männliche und weibliche Form".

Caroline lebt zum ersten Mal fern vom Vater und den Orten ihrer Kindheit. Sie kennt Jena, kennt Rudolstadt

und Weimar und „die Gesellschaft", also die bedeutenden Persönlichkeiten in dem Kleinfürstentum nahe den
Gütern der Dacherödens, und ist nun in der Nähe Lolos,
ehemals Charlotte von Lengefeld, jetzt Frau Schiller. Die
beiden sind Jugendfreundinnen. Lolos Mutter ist eine von
Wurmb, sie entstammt also einer angesehenen und inzwischen verarmten sächsischen Familie. Sie war acht-
undzwanzig Jahre jünger als ihr Mann, ein Oberforstmei-
ster und Kammerjunker, so daß Charlotte [wie Wilhelm]
den Vater früh verlor – sie war neun, ihre berühmtere
Schwester Karoline zwölf, als er starb. Beide Schwestern
genossen eine sorgfältige Erziehung. Nach dem Tod ihres
Mannes wurde Frau von Lengefeld Oberhofmeisterin
in dem Kleinstfürstentum Rudolstadt und gehörte samt
Töchtern zur guten Gesellschaft. Baronin von Stein hat
Charlotte unter ihre Fittiche genommen, sie mit Kunst,
Literatur und mit der Weimarer Hofgesellschaft bekannt
gemacht, ihr Sohn Fritz von Stein war ein Jugendfreund
der Schwestern Lengefeld und ein Schützling Goethes.
Charlotte sollte eigentlich Hofdame werden, sie hat, als sie
sich mit Schiller verband, „nach unten" geheiratet – weshalb die Hochzeit auch still und leise in einer Dorfkirche
stattfand. Schiller bezog damals 200 Taler jährlich, und
seine Frau mußte sparen – anders als Caroline von Humboldt, die silbernes Waschgeschirr und seidene Bettdek-
ken besaß. [Burgsdorff an Rahel, 21. November 1796] Die
Überlieferung berichtet von „Butterbrotgesellschaften" im
Schillerschen Haus. Die sparsame Hausfrau läßt sich die
Kaffeebohnen von der Leipziger Messe kommen – ich „ge-
winne dadurch einen Karolin des Jahres, die es mehr kosten
würde, wenn ich hier Alles kaufte". [Fulda, Charlotte von Schiller, S. 126] Das
ist, wie wir aus Wilhelm von Humboldts Ausgabenbuch
wissen, so viel, wie er am 10. August 1789 für Fleischeslust
in einem Bordell investiert hat.

Man darf sich die Frauen, vor allem Caroline von Humboldt, nicht stickend im Nebenraum und auch die Männer nicht nur diskutierend vorstellen. Im November 1794 ist Wilhelm unterwegs zu einer großen Fête beim Koadjutor Dalberg in Erfurt, er schaut bei Goethe in Weimar vorbei und bekommt einen Bericht von Caroline: *„Ich bin ein wenig bei Schiller gewesen. […] Der kleine Bruder ist wohl und munter und hat heute ganz allein und ohne Rückhalt wohl eine viertel Stunde auf Schillers Teppich gesessen.“* Ebenso ausführlich wie über die Kinder und das Wetter berichtet sie in diesem Brief über Manuskripte und Honorare. An der Klassikerzeitschrift „Die Horen" hat also nicht nur Wilhelm, sondern auch Li mitgearbeitet; sie kennt die Termine, Vorlieben und Schwächen der Autoren und die Verlagsprobleme. Wilhelm, berichtet seiner Frau, daß Goethe *„der reine und echte Sinn fürs Alterthum"* an ihr besonders gefallen habe. Caroline ist, mehr als Charlotte, die das Schicksal der Gattin eines Genies aufopferungsvoll erträgt und ihren kränkelnden Mann umsorgt, an den geistigen Auseinandersetzungen interessiert, sie beteiligt sich an den Projekten ihres Mannes und entwirft eigene.

Wie mag sie Wilhelms Schriften gelesen haben? Sie war eine kluge, selbstbewußte Frau, ihr könnte aufgefallen sein, daß in dem Text über das griechische Altertum viel von Erregung, von lebendigen Ansichten, von Energien und sinnlichem Genuß die Rede ist, daß ihr Gatte und dessen Freunde Kräfte in Bewegung setzen, Gefühl und Phantasie ausbilden und eindringen wollen … in verschiedene Geheimnisse. Ihr mag aufgefallen sein, daß ihr so kontrollierter Ehemann in schwerfälligen Texten sich nach dem Lebendigen sehnt und die Männer den empfindenden Menschen erschaffen und erziehen wollen. Sie, Lotte Schiller und Karoline – die sich von dem ungeliebten, wenngleich reichen Beulwitz scheiden ließ und nun von Wolzogen heißt – könnten bei solchen Stellen geschmunzelt haben. Woran haben sie gedacht, wenn Schiller es Freiheit nannte, *„die Begierde von sich zu halten und den nachdrücklich sprechenden Instinkt zum Schweigen zu bringen"* (Schiller, „Über Anmut und Würde")? Den Männern ist vermutlich gar nicht aufgefallen, wie sexualisiert ihre Reden vom erregenden Eindringen waren. Vielleicht waren die Frauen nicht mit den philosophischen Traditionen vertraut, an die ihre Männer anknüpften, aber sie kannten die Kavaliere mit toten Seelen, die immer nur nach vorgegebenen Bewegungen tanzten.

„Sehen, Hören, Riechen, Fühlen" [Burgsdorff an Rahel, 25. März 1799] – die jungen Leute entdecken ihre Individualität und wollen ihre Erfahrungen begreifen und formulieren. Humboldt wird einer der konsequentesten Verteidiger dieser Entwicklung bleiben und hat, je nach Lebensumständen, auf verschiedene Weise um diese Freiheit gekämpft. Lebendig sein und spüren waren gewiß auch ein Gegensatz zum Ennui, zu der Lächerlichkeit der Zeremonien, Verbeugungen und Hierarchien an den kleinen deutschen Höfen, ein Gegensatz auch zu einer Vernunftlehre, die keine Wunder und Geheimnisse kennen wollte. Offenheit versus Verstellung, Gefühle statt Etikette und Bildung statt Geburtsrecht hießen die Parolen.

Abgesehen von der Schwierigkeit junger Männer, mit ihren sinnlichen Begierden auf eine zivilisierte Art umzugehen, versteckt sich in diesen Ideen wohl auch die Sehnsucht der in eine unbekannte Freiheit entlassenen Generation, aus der Dumpfheit herauszutreten, sich selbst zu bestimmen. Dazu gehört der Wunsch, weder von Autoritäten noch von den wilden Trieben gelenkt zu werden. Zu Humboldts spezieller Form von Individualismus gehört es, *„Empfindung im richtigen Verhältniß mit seinem Geist"* zu kultivieren. Er betont immer wieder die *„ausschließliche Wichtigkeit des Individuums, der innersten Bildung, der*

Einsamkeit in jeder Rücksicht". Je mehr er in die Welt hineingeht, desto mehr betont er *„die Nichtigkeit der äußeren Verhältnisse"*. [An Brinckmann, 10. Oktober 1803]

◆ Das gestörte Gleichgewicht, die Kunst und die Frauen

Das antike Griechenland mit seiner Seele suchend, erklärt Humboldt, Wohlgefallen könne nicht durch Überzeugung erzwungen werden. Empfinden sei ebenso wichtig. Sein Credo lautet: *„Der Auffassende muß sich immer dem [...] ähnlich machen, das er auffassen will."* Und er selbst macht sich den Griechen ähnlich, zieht Li mit und füttert Schiller und Goethe mit seinem Wissen. Er sagt auch: Aufklärung allein genüge nicht, Aufwärmung müsse hinzukommen. Damit ist er Schiller sehr nahe, der schreibt, Zwang sei der Schönheit nicht günstig. Bei der Reflexion über das Schöne haben das Genie Schiller und der Analytiker Humboldt einander befruchtet. Erst der empfindende Mensch, so Humboldt, ist genußfähig, kann sich bilden, seine Wahrnehmung verfeinern und sich vervollkommnen. Freundschaft und Liebe, Selbstbeobachtung und lebendige Ansichten machen für den großen Reichtum der Kunst empfänglich und müssen studiert werden. Den Frauen wurde in diesem Zusammenhang schon wegen ihrer Gebärfähigkeit und Schönheit gerne eine größere Nähe zu Natur und Kunst angedichtet, sie spielen in den Schriften, die von *„Erregung der Empfindungen"* und *„Ausbildung von Gefühl und Phantasie"* handeln, eine wichtige Rolle.

„Auf jener zarten Bildsamkeit der weiblichen Gestalt, durch die sie ein treuer und heller Spiegel des Innern wird, beruht der eigenthümliche Genuss, welchen der Umgang mit dem andern Geschlecht gewährt. […] *Den Mann, der durch seine Thätigkeit leicht aus sich selbst herausgerissen wird, wieder in sich zurückzuführen; was sein Verstand trennt, durch das Gefühl zu verbinden; seinen langsamen Fortschritten zuvorzueilen und die höchste Vernunfteinheit, nach der er strebt, ihm in der Sinnlichkeit darzustellen, ist die schöne Bestimmung dieses Geschlechts."* Humboldt mag wohl auch seine Wünsche an Frauen beschreiben, wenn er erklärt: *„Daher beruht auch die Macht des Weibes vorzugsweise auf der lebendigen Gegenwart, wo nicht vor den Sinnen, doch vor der Einbildungskraft. Zwar gilt eben diess auch von dem Manne, wenn er in dem ganzen Adel seiner Bildung auftreten soll; auch seiner Gestalt ist eine Sprache eigen, welche das Herz mächtig ergreift, und die Stimmungen seiner Seele mit den feinsten Zügen mahlt. Allein um sein Inneres zu dieser Zartheit zu stimmen, und seinen äussern Bau einer solchen Bildsamkeit fähig zu machen, muss er sich von seinem Geschlecht gleichsam lossagen, und über den Naturzweck hinausgehen; also mehr leisten, als selbst seine höhere Bestimmung erheischt. Das weibliche Geschlecht hingegen muss gerade jede weibliche Eigenthümlichkeit mit schonender Sorgfalt zu erhalten bemüht sein, um nicht jenen lebendigen Ausdruck seiner Gestalt selbst zu zernichten".* („Über die männliche und weibliche Form").

Solche Textstellen haben den Ruf Humboldts als Repräsentanten der vom Manne bestimmten Rollenaufteilung gefestigt. Es lohnt sich, genauer hinzuschauen. Zum Hintergrund dieser Aufsätze gehören die anatomischen Vorlesungen, die Wilhelm gemeinsam mit seinem Bruder Alexander seit dem Wintersemester 1794 in Jena besucht, und naturwissenschaftliche Experimente, die er und Alexander bei dem Anatomen Justus Christian Loder durchgeführt haben, gehören die allgemeine Begeisterung für Naturforschung und die Beobachtung gereizter Muskeln und Nervenfasern bei weiblichen und männlichen Fröschen. Wilhelm treibe *„praktische Anatomie mit kannibalischer Wuth"*, kommentierte sein Bruder Alexander in einem Brief an den berühmten Anatomen Samuel Thomas Sömmering. Wilhelm scheint sehr geschickt im Sezieren und Präparieren gewesen zu sein. [Alexander an Sömmering, 5. Juni 1795]

In Erfurt war 1791 eine Mathematisch-physikalische Gesellschaft, in Jena 1793 eine Naturforschende Gesellschaft gegründet worden; Goethe hatte gerade den Zwischenkieferknochen entdeckt. Wilhelm will wie sein Bruder, wie der Anatom Loder, wie Goethe und all die anderen Aufklärer wissen, wie Geist und Sinne zusammenhängen, was den Menschen vom Tier und auch was den Mann von der Frau unterscheidet – und was sie verbindet.

Im ersten Absatz des Textes „Über den Geschlechtsunterschied" lenkt Humboldt die Aufmerksamkeit auf *„die heilsame Einwirkung des einen Geschlechts auf das andere."* Und lange bevor den Frauen die Natürlichkeit zugeordnet wird, geht es um die jeweils *„eigenthümliche Energie"*, die in der Wechselwirkung von Ungleichem entsteht. Vorrangig in diesem Text sind nicht Mann und Frau, sondern die geistige Zeugungskraft, noch auf der sechsten und siebten Seite ist vom Künstler die Rede, der das Bild gebiert. *„Wirkung und Rückwirkung nennen wir männlich und weiblich"*. Es sind Prinzipien, sie könnten auch Yin und Yang heißen, Kraft und Fülle, Rastlosigkeit und Stetigkeit, Form und Stoff, *„das eine gewährt mehr Licht, das andere mehr Wärme"*, und *„nur die Verbindung der Eigenthümlichkeiten beider Geschlechter bringt das Vollendete hervor"*.

Zeugung – ob die von genialen Werken oder kleinen Menschenwesen – ist bei Wilhelm von Humboldt stets das Werk beider Geschlechter: Es *„zündet ein Funke den* *anderen an"*. Selbsttätigkeit und Empfänglichkeit werden in diesen Texten von Humboldt nicht eindeutig zugeordnet, nur *„die verschiedene Richtung unterscheidet die männliche von der weiblichen Kraft"*. Auch in dem zweiten Text – „Über die männliche und weibliche Form" – geht es mehr um Schönheit als um Geschlechterrollen: Schönheit entsteht nur, wenn Stoff und Form, weibliche und männliche Energien, wenn beide Eigenschaften sich vereinigen und ein Mehr des Verstandes die Oberherrschaft über die Form gewinnt. Reine Geschlechtscharaktere, betont Wilhelm von Humboldt, seien eine Konstruktion, reine Männlichkeit und reine Weiblichkeit seien in der Wirklichkeit nicht auffindbar. *„Wo sich der Mensch der Betrachtung des Schönen weiht, da muss er sich von aller Partheilichkeit lossagen, und geschlechtslos allein der Menschheit angehören. Nur in solchen glücklichen Momenten gelingt es ihm, sein Wesen zu dem höchsten Gleichgewichte zu stimmen, und die Kräfte, womit er der Natur und womit er der Gottheit verwandt ist, in Eins zu verschmelzen. Zu diesem Ziel führt ihn die männliche und weibliche Form auf verschiedenen Wegen."* [GS I, S. 359]

Schon in dieser frühen Schrift setzt sich Humboldt mit der Frage auseinander, wie Vernunft und Sinnlichkeit, physische und moralische Natur zusammenwirken. Er schreibt über den Geschlechtsakt zwischen Trieb und Intellekt – das gegenseitige Zeugen und Empfangen ist nicht auf die Körperlichkeit beschränkt. *„Auch die reinste und geistigste Empfindung geht auf demselben Wege hervor und selbst der Gedanke, dieser feinste und letzte Sprössling der Sinnlichkeit, verläugnet diesen Ursprung nicht."* [GS I, S. 316] Der Höhepunkt dieser sublimierten Sexualität, *„Produkt der geistigen Zeugungskraft ist das Genie"*. Bis in seine späten Arbeiten zur Sprache beschäftigt ihn immer wieder diese Vermählung von rationalen und irrationalen Impulsen, die Wechselwirkung von Natur und Geist. Möglicherweise hat er, der alles zu fassen versuchte, in diesen Aufsätzen die Nächte mit der klugen Li erfaßt, in denen sich – anders als bei Bordellbesuchen – Trieb und Geist paaren konnten?

Humboldts Bild von den Geschlechtern entspricht – noch – nicht der Rollenzuschreibung, die sich im Laufe des 19. Jahrhunderts in bürgerlichen Kreisen durchsetzt und dann auch bei ihm, vor allem in seinen „Briefen an eine Freundin", der idealen Frau enge Grenzen ziehen wird. Der Mann als Empfangender und die initiative, mitzeugende Frau gehören zur Vorstellungswelt seines Kreises. Wilhelm wird sein Leben lang betonen, daß Frauen die besseren Wesen seien – wobei er eben nicht separiert: Er schätzt weibliche Schönheit und Wärme und ebenso Charakter, Geist, Bildung und Selbständigkeit bei Frauen. Wenn es noch eines Arguments gegen allzu platte Zuordnungen bedarf, kann man es in Humboldts Modellen finden, die das Ideal der Weiblichkeit verkörpern: *„Dianens Tochter"* kündige ein Geschlecht an, *„das auf seine Schwäche selbst seine Macht gründet"*. Die Idee der griechischen Venus ist *„die alles hervorbringende und alles Lebendige durchströmende Kraft"*. Diana apostrophiert er als eine Göttin, die sich mit männlichen Beschäftigungen ergötzt, dann folgt Minerva, bei der jede weibliche Schwäche vom Ernst der Weisheit „vertilgt" sei, und Juno, zu der Rache und heftige Affekte gehörten. Bacchus darf nicht fehlen, der schon wegen seiner Fülle unmännlich auftritt. Und hier steht auch der schöne Satz: *„Die Natur hat sich bei der Männlichkeit eine größere Sorglosigkeit erlaubt"*. [GS I, S. 337]

Schon 1790 hatte er in einem Brief an seine Braut bekannt: *„Mir hat immer das Amazonenreich gefallen, wo die Weiber herrschten und die Männer die Sklavendienste verrichteten. Denn wahr ist es doch, daß wir Sklavenarbeit tun* *und uns damit brüsten.* "[26. Juni 1790] Wilhelm von Humboldt betont die Ähnlichkeit und Wechselwirkung der Geschlechter, ihn interessieren materialistische Erklärungen für das Lebendige, und er ist deutlich beeinflußt von den naturkundlichen Studien, die er zusammen mit seinem Bruder in Jena betrieben hat. Er will nicht „zurück zur Natur", im Unterschied zum Tier sei der Mensch dank seiner Vernunft imstande, den Geschlechtscharakter zu überwinden und ihn durch den moralischen Charakter zu ersetzen. *„Das Gefühl ist nur dann ein sichrer Führer, wenn der Verstand es ausgebildet hat."* Die zivilisierende Kraft, die entwickelte Völker von primitiven unterscheide, ist – nach Ansicht der neuen kulturellen Elite, die Geschmack und Moral definiert – die Liebe.

„Ich vernehme das Walten Deiner Liebe um mich, wie ich sonst eines höheren Wesens Allgegenwart um mich zu vernehmen glaubte. So heiß mich sehnend nach etwas Unaussprechlichem kniet ich dann wohl nieder und ergoß meine Seele im Gebet, ach, oft endete es mit Tränen, ich verstand mich selbst nicht und verwies mein Herz und seine unendlichen Wünsche auf ein andres Sein. […] Aus Dir […] tönt mir das Leben in voller Harmonie, in Dir findet meine Seele des leisesten Wunsches Befriedigung, an Deines Herzens heiliger Flamme erwärmt das meine, im Anschauen Deiner Schönheit, Deiner Größe versinkt mein Geist in stiller Anbetung und ringt mit liebendem, einzig hingegebenem Sinn, Dir zu folgen."

Dieses Bekenntnis [geschrieben Freitag abend, 11. März 1791], stammt nicht von einem romantischen männlichen Literaten, es stammt aus der Feder Carolines. Wilhelm seinerseits beschwört in Hunderten Briefen, daß nur ihr Herz und ihre Wärme seinem Leben wirklich Sinn und Genuß geben. Für ihn ist sie, auch abwesend, die lebendige Gegenwart.

◆ „Wo Jugend und Reife noch miteinander streiten ..."

Vom Sommer 1795 bis Herbst 1796 lebt die Familie in Tegel und in Berlin, weil Humboldts Mutter schwer erkrankt ist. Der für wenige Wochen geplante Aufenthalt verlängert sich auf mehr als ein Jahr. Diese Abwesenheit von Jena hat für uns Nachgeborene den Vorteil, daß Humboldt und Schiller ihre Kommunikation brieflich fortsetzten. Caroline macht während dieser Zeit in Berlin zwei wichtige Bekanntschaften: Sie lernt Rahel Levin kennen und begegnet bei ihr Friedrich Wilhelm von Burgsdorff, einem Bonvivant aus reichem Hause und zu dieser Zeit Kammerreferendar. Das Verhältnis der beiden kennen wir vor allem aus dem Briefwechsel mit Rahel, die für beide als Vertraute des Herzens fungiert.

Rahel Levin, deren Salon zu dieser Zeit ein besonders beliebter Ort der Berliner Geselligkeit ist, agiert als die Vertraute vieler kluger oder auch weniger kluger Männer von Stand (unter anderem „berät" sie Prinz Ferdinand und seine Geliebte Pauline Wiesel). Noch ist sie mit Karl Graf von Finckenstein verlobt oder doch so etwas Ähnliches wie verlobt, die Verlobung wird kurz vor ihrer Reise nach Paris im Sommer 1800 aufgelöst werden. Der Mann ist schwach, und die aristokratische Familie läßt – natürlich – nicht zu, daß er sich mit einer Jüdin verbindet. Graf von Finckenstein wiederum ist verwandt mit Carolines Herzensfreund Burgsdorff. Die beiden Frauen wechseln vertrauliche Briefe: *„Ich wünschte wir lebten eine längere Zeit zusammen. Habe ich unrecht zu glauben, daß wir beide recht eigentlich für einen längeren vertrauteren Umgang gemacht sind. [...] Es ist eine Probe die ich mit wenig Menschen*

113

die ich auch sonst liebe, machen möchte, aber mit Ihnen möchte ich sie gern machen und mich ihr gern unterwerfen", schreibt Caroline an Rahel. [18. Juli 1795] Rahel wiederum nennt Caroline *„Meine liebe Seele! Mein würdiges, geliebtes Geschöpf!"* [17. Dezember 1795] Sie besorgt Burgsdorff ein Weihnachtsgeschenk für Caroline und für Caroline eines, das diese Burgsdorff geben will. Caroline hält sich in Madlitz, dem Gut der Finckensteins, auf, wo Rahels Galan herkommt, sie schreiben einander über die Männer, die Kinder, über Krankheiten und ein tiefes Gefühl, das sie füreinander empfinden. Caroline an Rahel am 30. Oktober 1796: *„Nur zwei Worte, meine liebe Kleine, meine gute, trefliche, die ich überall vermisse und nach der ich mich herzlich sehne. Ich fühle daß es Sie freuen muß wenn ich Sie liebe, denn Sie müssen empfunden haben, daß ich viel zu lieben vermag und viel müssen Sie geliebt werden wenn es einem Wesen wie Sie sind wohl und behaglich dabei werden soll."*

Rahel Levin, von ihren Freunden „die Kleine" genannt, und Friedrich Wilhelm von Burgsdorff hatten kurz zuvor mehrere Wochen gemeinsam in Töplitz eine Kur gemacht und korrespondierten nun fleißig über Freunde, über deren und über ihr eigenes Befinden. Im Oktober 1796 schreibt Burgsdorff der Freundin, daß er nach Jena gehen werde. *„In Jena hoffe ich die glücklichsten Tage. Ich muß dahin, ich kann nicht lange mehr so alleine bleiben. Bilder sind doch nur Bilder und da ist das warme liebe Leben."* Er muß also Caroline sehen und möchte mit ihr in den Süden fahren, in der Hoffnung, daß die kränkliche Geliebte sich dort erholt. Von seiner Ankunft in Jena berichtet er Rahel, daß Caroline, die mit Wilhelm bei Schiller zu Besuch war, alleine zu ihm kam. Und sie war *„so lieblich, so hübsch. Sie wissen wie sich besonders des Abends, bei Licht, etwa wenn sie Thee eingießt und nichts sagt und so mit nichts beschäftigt zu sein scheint, ihr Gesicht mit so wunderbar schönen Farben* *beleben kann.*" Er liebt sie, sie liebt ihn, und die wenigen Andeutungen in hinterlassenen Briefen haben zu vielen Spekulationen Anlaß gegeben. Wie intensiv diese Liebe ausgelebt wurde, wissen wir nicht. Aber wir wissen, daß Burgsdorff mit der Familie Humboldt auf Reisen ging und Wilhelm diese innige Freundschaft nicht nur ertragen hat. Er las seiner Frau auch Burgsdorffs Briefe vor, als sie krank zu Bette lag, und bat Burgsdorff, aus Dresden nach Jena zu kommen, weil es seiner Frau schlechtging und er nach Berlin fahren mußte.

Anfang Dezember schreibt Caroline an Rahel über das Wiedersehen mit Burgsdorff: *„Sie waren unter uns, in den schönen Stunden der herzlichsten Vertraulichkeit waren Sie uns gegenwärtig. Sie liebes, zartes Wesen, die Sie allein verstehn und wissen wie man ihn lieben muß, und wie man wiedergeliebt wird von einem solchen reichen und hohen Geschöpf und von einem so menschlichen. […] Sie wissen auch […] wie es mir ist in seinem Anschaun, seiner Nähe, wie sein Wiedersehn eine Fülle von Glük und Leben für mich aufschloß. […] Meine liebe Kleine, bewahren Sie es tief in Ihrem Herzen, wie ich ihn liebe.*" Ebenso am 13. Januar 1797, kurz vor der Entbindung und in der Angst, diese nicht zu überleben: *„Sagen Sie ihm alles gute von mir … ach wenn ich ihm einmahl nichts mehr sagen könnte, sagen Sie's ihm noch wie ich ihn gekannt geliebt habe.*"

An Brinckmann berichtet sie zur selben Zeit: *„wir leben hier gar angenehm und still und miteinander. Die Morgen hat ein jeder seine kleinen Beschäftigungen und da es mein Wohlsein verlangt, so essen wir noch etwas später als in Berlin. Das Mittagessen vereinigt uns und wir bleiben bis 8 Uhr zusammen und Humboldt und Burgsdorff sind gütig genug mich zu nehmen wie ich eben bin. Um 8 ist mein Fieber gewöhnlich vorbei, und wir gehen regelmässig zu Schiller biß gegen 11, wo viel kluges geredet wird, aber auch viel gelacht.*" [Dezember 1796]

Carolines Konstitution war schwach, sie hatte seit ihrer Kindheit Schmerzen in der Brust, Fieber, Schwächeanfälle, Krampfhusten. Sie gewöhne sich an ihr ewiges Kränkeln, schreibt sie an den schwedischen Gesandten in Berlin: *„Sie wissen schon daß mich das allein wenn es nicht einen gewissen Grad übersteigt nicht stöhrt. Darum sehe ich auch einem recht angenehmen Winter entgegen und verliehre nicht den Muth."* [An Brinckmann, Jena, 10. November 1796] Die Schwächeanfälle und Brustschmerzen hören nie auf, zwingen sie zu längeren Kuren und zum Rückzug, was aber weder ihren Mann gehindert hat, sie zu schwängern, noch sie, an den zum Teil sehr anstrengenden Reisen teilzunehmen. Im Februar 1797, kurz nach der Geburt des zweiten Sohnes, Theodors, kommt zu den bekannten Beschwerden *„ein schrecklicher Krampf im Kopf, ein ganz neuer Schmerz in allen Gliedern und fast unaufhörliches heftiges Fieber, das mit einem starken Nervenzittern verbunden ist".* Sie stillt das Kind – auf Anweisung des Arztes – trotzdem, schreibt lange Briefe an Burgsdorff und wird, obwohl sie noch im April sehr krank war, im Juni die große Reise nach Paris antreten. Sie ist von einer *„unerschütterlichen Gefasstheit"*, schreibt der Freund über *„die Liebliche, die Hohe, die Zährtliche [...] die Unerreichte, die Gebende, die Aufopfernde".* [Burgsdorff an Rahel, Februar und Dezember 1796]

Man hat auch damals gewußt, daß Krankheiten psychisch bedingt sein können. Caroline hat die Verbindung zwischen Schmerz und Seele gesehen: *„Vielleicht wird es besser mit dem Entwöhnen, vielleicht auch nicht, denn ich kenne mich zu gut, um nicht zu wissen, daß alles, was mich in der Seele schmerzt und stört, einen unmittelbaren Einfluß auf meine Gesundheit hat."* [1. Mai 1797] Und Wilhelm wußte, daß *„moralische Stimmungen immer sehr mächtig auf Dich wirken".* [6. Mai 1797] Als es Caroline nach einem gemeinsamen Kuraufenthalt mit Burgsdorff besserging, konnte der Hausfreund an Rahel berichten: *„Kurz vorher war sie kräncker als je, das Fieber war schrecklich, und nicht 8 Tage waren wir zusammen in St. Cloud, ohne andere Menschen, ohne Kinderlerm und Zanck so war das Fieber ganz weg."* [Burgsdorff an Rahel, 4. August 1798]

Im November 1796 war Humboldts Mutter gestorben, die Söhne konnten das Erbe antreten und waren nun finanziell unabhängig. Wilhelm will, wie sein Bruder, endlich auf Reisen gehen. Er hat sich seiner Frau und ihrem Freund gegenüber offenbar sehr nobel und – wie gewohnt – sehr kontrolliert verhalten, die Übung im Umgang mit Konventionen könnten ihm geholfen haben, die Contenance zu wahren. Nur seinem Tagebuch hat er anvertraut, daß dieses Jahr für ihn kritisch war. In einem Resümee hat er die Zeit vom Sommer 1795 bis zum späten Herbst 1797 als *„eine schlechte und die schlimmste Periode meines Lebens"* bezeichnet – *„von der Zeit an, da wir zu meiner Mutter von Jena nach Tegel gingen"*.

Im gut vernetzten Freundeskreis evoziert die Liebesgeschichte schon Gerüchte über Scheidung. Es liegt nahe, den langen werbenden Brief an Caroline, den Wilhelm von einer kurzen Reise nach Erfurt schreibt (nachdem er geerbt hat und bevor sie nach Paris aufbrechen), mit seiner Unsicherheit über die Zukunft mit Caroline und Burgsdorff in Zusammenhang zu bringen: *„Deine frühe Jugend ist Dir unter unaufhörlichen Unannehmlichkeiten verflossen, und seit wir miteinander zusammen leben, bist Du zwar gewiß [...] recht glücklich gewesen, aber so viele Störungen haben doch den reinen und ungetrübten Genuß unterbrochen. Indes rechne ich sicher darauf, daß von jetzt an Dir das Leben noch heiterer und freier verfließen soll. Eine Menge zwar in sich immer süßer, aber doch beunruhigender Mühseligkeiten sind überstanden; [...] so nähert sich mit jedem Jahre die Zeit, wo man die Früchte der verwandten*

Sorgfalt erntet. "Im Unterschied zu früher, betont er, seien ihm jetzt *„das stille Zusammenleben, ungestörte häusliche Zufriedenheit, und vor allem das schöne Verhältnis zu den Kindern"* wichtig, er findet *„sein Glück mehr in dem Bestreben, sich aus der äußern Welt herauszureißen und sich über sie zu erheben. […] Dies Glück, das im höchsten Maße nur allein die Liebe gewährt, wer kann es höher und besser empfunden haben als wir?"* Sie sind nun beide um die Dreißig, und er beteuert, wie eng sie zusammengehören: *„Die Fülle meiner besten und liebsten Gedanken, alle wohltätige und fruchtbare Wärme der Empfindungen und die ganze Eigentümlichkeit meines Wesens fühle ich aus den Gefühlen hervorgegangen, die Dein schönes, liebevolles Wesen mir einflößte, und ich bin sicher, daß es Dir mit Dir selbst nicht anders erschien, da man so etwas nie anders empfängt, als indem man es wieder zurückgibt."* Jetzt komme eine neue Situation auf sie zu, der *„Moment, wo die Jugend und die Reife gleichsam noch miteinander streiten […] und wo alle Vorzüge der mannigfaltigen Stufen des Alters sich auf Einen Augenblick zugleich zusammendrängen. Gerade in diesen Moment, dünkt mich, fällt die jetzige Periode unseres Lebens und die verschiedenen Gefühle, die aus der Vergangenheit und der Zukunft entspringen, verschlingen sich unter uns um so schöner, da Du mir so offenbar mit schönerer und frischerer Jugend vorangehst. Darum sagte ich erst, daß ich dies den Augenblick nennen möchte, in dem wir uns einen neuen und vielleicht volleren und dauernderen Genuß als je bisher verschaffen können. […] Du hast bemerkt, daß Du selbständiger, weniger gleichsam eines fremden Wesens bedürftig bist als sonst, und […] daß Du jetzt freier reden kannst, daß es Dir gelingt, Dich noch klarer und bestimmter auszudrücken; in mir selbst ist wenigstens ein lebhafteres Streben zur Produktion entstanden, als ich mich je sonst erinnere; die Bildung und Entwicklung der Kinder stimmt damit so harmonisch überein, und ich kann Dir nicht sagen, wie unendlich sich mein ganzes*

Wesen in Dank und Liebe gegen Dich auflöst, wenn ich an das Glück unserer Vergangenheit diese frohe Aussicht in die Zukunft halte und nun in seiner ganzen Vollendung das unendlich schöne Dasein empfinde, das ich aus Deinen Händen empfangen habe." [5. April 1797]

Am nächsten Tag, er kommt eben von Goethe, setzt er das Gespräch mit der Frage fort: *„Denke nur recht darauf, liebe Li, wie Du Dir auch für die nächste Zukunft, für den Anfang unserer Reise das Leben recht froh und bequem machen willst. Sieh keinen Plan für so fest gemacht an, daß er nicht leicht geändert werden könnte. Überlege für Dich, mit Burgsdorff, mit wem du sonst willst, wie alles Dir am liebsten ist."* Er läßt ihr die Freiheit und entwirft eine Zukunft für die nun anstehende Zeit der Reife. Sie seien ja in der Lage *„jetzt ziemlich alles ausführen zu können"*, weil er nun über das Erbe verfügt, das ein sorgenloses Leben erlaubte.

Im Februar 1799 wird Caroline, nun schon aus Paris, an Rahel nach Berlin zum Thema Burgsdorff schreiben: *„Ich liebe ihn nicht mehr. Ich habe zu viel gelitten [...] der goldne Zauber ist vorüber der mich sein Wesen und das meine, sein und mein inneres Leben, trotz dem Zwang aller äußeren Verhältnisse, als Eins empfinden machte."*

Caroline berichtete Rahel, daß Burgsdorff versprochen hatte, Anfang November wieder in Paris zu sein, dann aber weiterfuhr nach Madrid. *„Ich hatte mich von ihm getrennt wie man sich auf eine LuftParthie scheidet die der eine nicht mitmachen kann [...] und er kam nicht wieder [...]."* Sie faßt, nachdem sie der Freundin ihre Enttäuschung geschildert hat, ihre – weibliche – Form des Reifens in Worte: *„Nein diese Liebe hat nicht die Kräfte meiner Seele gelähmt, sie hat mich die Tiefe meiner Natur ermessen machen und mich zu einer Höhe gehoben die mir ohne sie, ohne alles Leiden das sie über mein Dasein ausgegossen hat, ewig unbekannt geblieben wäre. [...] – fürchte auch nicht, daß ich Burgsdorff unrecht thue, ich weiß recht gut wie es ist, wie es mit den Männern*

*und Liebe überhaupt steht [...] er leidet nicht bei meinem
ganz umgeändertem Wesen, im Gegentheil er gewinnt, denn
ich mache ihm keine trübe Minute mehr – auch ahndet er
nicht, daß ich ihn nicht mehr liebe – ich bin jetzt grade so
gegen ihn wie er es begreifen, wie er es zu erwiedern vermag –
wir leben ein freundliches Alltagsleben und nur ich weiß daß
es nicht das Leben der Liebe ist. Aber ich bin darum nicht
ärmer geworden, in meinem Herzen bewahre ich die Flamme die vom Himmel stammt und ihre Gluth macht mich zu
einem höheren Wesen."* [26. März 1799] Und dann wird aus
Schillers „Don Carlos" zitiert. Zwischen Rahel und Caroline, Berlin und Paris werden danach noch einige Briefe gewechselt, bis Rahel nach langer Planung und nach vielen
drängenden Briefen Burgsdorffs im Sommer 1800 endlich
nach Paris kommt. Die Freundschaft der beiden Frauen
kühlt danach ab.

Der Aufenthalt in Berlin hat Caroline auch mit anderen
geselligen Kreisen bekannt gemacht, in denen Jüdinnen
den Ton angaben. Anders als bei Wilhelm, der eher spie-
lerisch die jüdische Herkunft von Bekannten erwähnt,
scheint das Thema Juden seine Frau zu okkupieren. Aus
Stralsund berichtete sie Brinckmann, man *„muß sich auf
der Reise in fremden Ländern schreklich viel gefallen lassen
[...]. Denken Sie nur, bei meinem Aussteigen aus dem Wagen
auf Jaßmund wurde ich troz meiner cendrée* [aschblonden]
*Haare und troz der göttlichen Blondheit des Kindes für eine
Jüdin gehalten"*, und von der Rügener Halbinsel Jasmund:
„Il suffit d'etre juif, pour avoir de l'esprit." Selbst Simon
Veit (der im Freundeskreis weitgehend verachtete erste
Ehemann von Dorothea Schlegel, einer Tochter Moses
Mendelssohns) werde für ein Genie gehalten. Aus Loitz
wiederum schreibt sie, daß Juden am Tor zurückgewie-
sen wurden mit dem Bedeuten, *„solch Judenpak werde
nicht eingelassen"*. [16. August 1796] Zurück in Jena lädt sie
Brinckmann ein, fürchtet aber, er, der Judenfreund, wür-

de nicht kommen, weil es hier keine Juden gibt. Ein paar Wochen später soll er Gentz ausrichten, *„bald werde es aus sein mit der Judenreinheit"*, es gebe einen Israeliten, den sie sich schon aufs Korn genommen hätten. *„Grüßen Sie Juden und Christen die sich meiner erinnern."* [2. Januar 1797] Sie schreibt von Sehnsucht nach der Kleinen (Rahel) und vermißt einige andere liebenswürdige Jüdinnen. Aus Paris berichtet sie Brinckmann, *„Berliner und Juden giebt es hier ohne Zahl"*. Einige Jahre später [30. Juli 1802] schreibt sie aus Tegel an den Freund: *„Es geht von Ihnen, lieber Brinck-mann, die Sage daß Sie sich mehr wie je verjudet hätten, und da ich nicht aufhören kann Antheil an Ihnen zu nehmen, so will ich Ihnen Gelegenheit geben diesem schädlichen Ruf Einhalt zu thun und einen öffentlichen Beweiß Ihrer christlichen Gesinnungen [...] abzulegen."* Sie lädt ihn ein, Pate ihrer dritten Tochter (Gabriele) zu werden.

Wilhelms Ton ist gelassener, aber auch er hat die Differenz stets im Kopf. Die meisten seiner Äußerungen zu diesem Sujet finden sich ebenfalls in Briefen an Karl Gustav von Brinckmann, den schwedischen Diplomaten, der problemlos in Kreisen der Aristokratie, mit Bürgern und mit Juden verkehrte und das Paar offenbar zu solchen Bemerkungen reizt. Wilhelms Formulierung [3. November 1794]: *„Grüßen Sie die Levi und was sonst beschnitten oder unbeschnitten an mich denkt"*; im Zusammenhang mit einer Medaille von Schiller, die ein Herr Abrahamson schneidet: *„Juden sehn Sie müssen überall dabei seyn"*; an David Veit, der sich taufen ließ, sah er *„die Beschneidung in jeder Fingerspitze. Aber wer hat auch mit so großer Gefahr [...] und so vieler Mühseligkeit sich solche Notion des Juden-thums verschaft, als wir? Hier ist auf der Welt Gottes nichts zu finden, lauter platte Christen, nichts Piquantes, kein schwarzes Haar"* [Jena, 9. September 1796], und aus Wien [25. Juli 1797]: *„Geben Sie der Veit die Inlage; daß man die Juden nie los wird!"* Am 15. Februar 1798, nachdem er erfahren hat, daß Brinckmann einen Posten in Paris annimmt: „*Wie alles Gute doch immer am Ende von den Beschnittnen kommt, so erfuhr auch ich zuerst Ihre Versetzung hieher durch die Fraenckel.*"

Zwanzig Jahre später ist das Thema sehr viel brisanter geworden. Karl August Varnhagen, den Rahel Levin 1814 geheiratet hat, nennt Caroline von Humboldt – mit gutem Grund – furios antisemitisch. Aber das ist schon ein Vorgriff auf die Zeit, in der Juden in Preußen – zumindest formal – gleichberechtigt waren und zum Beispiel Grundeigentum erwerben konnten, viele Deutsche, unter ihnen Caroline, in nationaler Begeisterung schwelgten und die Humboldts zur politischen Führungsschicht gehörten.

♦   **Hinaus in die Welt**

Wie der Held in Goethes Bildungsroman „Wilhelm Meisters Lehrjahre" zieht Humboldt, sobald er die Mittel dafür hat, hinaus in die Welt, um sich „*selbst, ganz wie ich da bin, auszubilden*" – ein Leben wie in einem Entwicklungsroman unter besonders günstigen Umständen. Er löst sich aus den Banden der Tanten, Cousinen und Onkel in Tegel, auch aus der allzu starken Bindung an Schiller und macht sich mit Frau, drei Kindern, einem Erzieher und einem Kindermädchen im Herbst 1797 auf die Reise in Richtung Süden. Erst im Sommer 1801 wird er mit der um eine Tochter vergrößerten Familie nach Deutschland zurückkommen, schon ein Jahr später mit der Familie nach Rom übersiedeln und mit Unterbrechungen bis zu seiner Berufung in das Kultusministerium 1809 fern der Heimat leben.

Caroline löst im Frühjahr 1797 den Haushalt in Jena auf und begibt sich Anfang Juni nach Dresden, wo Burgsdorff sie erwartet. Wilhelm ist mit dem Sichten und Verkaufen der mütterlichen Hinterlassenschaft beschäftigt. Die Mitglieder der Familie treffen sich – mit Alexander und dessen Reisegefährten Haeften sowie Kunth, der als Vermögensverwalter fungiert – in Dresden, um letzte Details der Erbteilung zu besprechen. Alexander bekommt Wertpapiere, Bargeld, Hypotheken im Wert von rund 90 000 Talern, die er in seine Forschungsreisen investiert. Wilhelm wird ebensoviel erhalten haben, zu seinem Erbteil gehört auch Schloß Tegel. Er möchte es, schreibt er Caroline, ihr schenken, weil er weiß, daß sie es gerne hat. Der Wert läßt sich schätzen, wenn man liest, daß er das Schloß samt Grundstück zum überhöhten Preis (um nicht verkaufen zu müssen) von 30 000 Talern anbietet. Nach 1809 kommt weiterer Grundbesitz dazu – ihr Erbe der Dacherödischen Güter in Auleben, Thalebra und Burgörner und sein Besitz Ottmachau in Schlesien, finanziert aus der Dotation *„für seine Verdienste in der Befreiungszeit"*, die zirka 5 000 Taler Einkünfte pro Jahr einbringt. Ein „Miethlakay" verdiente zu der Zeit einen Taler pro Tag.

Italien, das Land der Sehnsucht aller gebildeten Deutschen, Kunstkenner und Goetheverehrer, war den Reisenden verschlossen. Humboldt hatte sich gut darauf vorbereitet, mit Literatur, Empfehlungen und Aufträgen versorgt, aber in Italien führte Napoleon gerade Krieg. Er müsse einsehen, daß *„der Weg gefährlich, der Aufenthalt prekär, und der Genuss höchst gestört sein würde"*, schreibt er an Goethe, den sie unterwegs treffen wollten und der ebenfalls auf seine geplante Italien-Reise verzichten mußte. [5. September 1797]

Im Frieden von Campo Formio (Oktober 1797) fiel das linke Rheinufer an Frankreich. In Berlin bestieg im November der entschlußschwache, konservative Friedrich

Wilhelm III. den Thron. Zu seinen ersten Maßnahmen gehörte die Entlassung der Mätressen seines Vaters und die Verschärfung der Zensur.

Humboldt schrieb aus Wien an Brinckmann: *„Ich stehe jetzt wie Herkules am Scheidewege, nicht zwar zwischen Tugend und Wolllust – da wissen Sie, habe ich längst gewählt – aber zwischen Frankreich und Italien, Rom und Paris."* [25. Juli 1797] Wilhelm und Caroline entschieden sich, zunächst nach Paris zu gehen. Die Revolution war vorbei und Napoleon noch nicht an der Macht. In den Kämpfen zwischen Royalisten und Revolutionären war eine, wenn auch teuer erkaufte Ruhe eingetreten. Sowohl der Kommunismus eines Babeuf als auch die Rückkehr der Royalisten waren verhindert worden, der Staatsstreich vom 18. Fructidor (= 4. September 1797) war unblutig verlaufen, Gegner wurden nicht mehr geköpft, sondern „nur" deportiert. *„Die neuerlichen Bewegungen in Paris machen uns wenig besorgt, da sie in der Ruhe der Stadt [...] keine Veränderungen hervorgebracht zu haben scheinen".* Falls es doch Unruhen gäbe, würden sie in der Schweiz bleiben, erklärte Humboldt Anfang Oktober 1797 in einem Brief an den Hallenser Philologen Friedrich August Wolf.

Wilhelm und Caroline sind die meiste Zeit gemeinsam unterwegs, weshalb der Band, der die Briefe des Paars aus den Jahren 1791 bis 1808 enthält, besonders dünn ist. Über das private Leben informieren Briefe an Dritte und Korrespondenzen von Freunden. In Paris, in Spanien und vor allem im Baskenland hat Wilhelm ein ausführliches Reisetagebuch geführt, in dem jedoch Caroline und die Kinder selten erwähnt werden.

Gereist wurde in diesen Jahren bereits viel, aber nicht von Frauen und nicht mit drei Kindern. Wilhelm reist anders als sein Bruder: bequem im eigenen Wagen, den er in Wien neu anfertigen läßt (nach sechs Jahren Gebrauch des vorigen, das entsprach der gewöhnlichen Lebensdauer solcher Gefährte). Ein eigener Wagen gewährt größere Unabhängigkeit, ist allerdings auch die teuerste Art des Reisens – so steht es in der Vorlesungsmitschrift eines beliebten Kollegs, das der Historiker August Ludwig von Schlözer hielt und das Wilhelm in seiner Göttinger Studienzeit gehört haben könnte. Dort steht auch: *„Deutsche reisen besonders viel"*, sie *„schleppen einige hundertausend Rth* [Reichstaler] *aus Deutschland".* Die einfachsten Reisewagen – die meist aus England importiert wurden – kosteten etwa 100 Louisdor. [Schlözer, Land- und Seereisen, S. 12] Wilhelm interessiert sich zwar wie sein Bruder Alexander für Landwirtschaft und Bergbau, aber er studiert primär Charaktere und sammelt Material für seine vergleichende europäische Anthropologie.

Die Humboldts reisen gemächlich, mit kleineren Aufenthalten hie und da. Von Wien (wo es ihnen nicht gefällt) fahren sie über Salzburg und Bayern westwärts, erkunden unterwegs Schulen, Landwirtschaft, Menschen, Kunst und moderne Techniken, die für das weltoffene Paar den gleichen Stellenwert haben wie Galerien und Landschaften. Wir haben einen ausführlichen Bericht über die Besichtigung eines Salzbergwerks in Berchtesgaden [an Schiller, 24. Oktober 1797], aus dem hervorgeht, daß Caroline und Wilhelm vom Direktor des Bergwerks die Anlage vorgeführt bekamen. Er ließ die Stollen für die Besucher eigens ausleuchten und *„vor unseren Augen einige Schüsse tun* [...], *den Felsen zu sprengen".* Caroline ließ sich auf einem kleinen Wagen von den Bergleuten ziehen. Wobei das erleuchtete Bergwerk der Gegensatz zum raunenden Dunkel ist, das von Romantikern gerne in diese Unterwelt verlegt wird. Die Landschaft in Österreich und Bayern findet Wilhelm wunderbar, aber *„alles Politische, Religiöse und selbst Moralische ist* [...] *hier erstaunlich zurück".* Er wiederholt damit allerdings nur, was der Berliner Buchhändler und Aufklärer Friedrich Nicolai und andere protestantische Reisende vor ihm über die katholischen Gegenden geschrieben hatten.

Die Karawane (so Goethe) – Caroline, Wilhelm, drei Kinder, ein Erzieher, ein Kindermädchen, Alexander sowie dessen Freunde Herr und Frau Haeftens – trifft am 18. November in Paris ein. Burgsdorff hat den Troß in Basel verlassen und kommt später nach. Paris ist immer noch die Hauptstadt der Veränderungen, und Wilhelm fühlt sich wohl: *„Ich gestehe es gern, daß Paris einen unendlich vorteilhaften Eindruck auf mich gemacht hat."* Es herrsche Ruhe und *„ist auch mit Sicherheit abzusehen, daß dieser Zustand nun dauernd sein wird, und auf jeden Fall hat der Fremde, der nicht die Unklugheit begeht, sich in Händel zu mischen, die ihn nichts angehen, auf keine Weise etwas zu besorgen".* Wer sich wie er nur mit so harmlosen Dingen wie Literatur beschäftige, *„kann überhaupt ruhig sein, vorzüglich aber jetzt hier, wo die Polizei außerordentlich gut und doch weder durch Formalitäten noch durch Aufsicht lästig ist"* und wo ein *„wahres Interesse für Wissenschaft und Gelehrsamkeit herrscht".* Er ist begeistert von der Schönheit und Pracht der Stadt, den reichen Läden und Ausstellungen, den Tuilerien und Terrassen und dem ewigen Wechsel der Szenen. Schiller, der zum Ehrenbürger der französischen Republik ernannt wurde (und davon angeblich nichts wußte, weil die Urkunde an M. Gille ausgestellt war und ihn erst 1798 erreichte), teilt er mit: *„Ich muß hier die Gegenwart benutzen. Dies ist offenbar wichtiger, und es ist hinlänglich, wenn ich auch nur mit bereicherter Erfahrung, allenfalls mit Materialien für künftige Arbeiten zurückkomme."* Allerdings macht ihm die Einsamkeit in der großen Stadt zu schaffen, weil *„niemand weit und breit ist, der nur irgend Sinn, nur irgend Lust oder Fähigkeit hätte",* seine Ideen zu verstehen, finde er, klagt er dem Freund, keinen *„selbsttätig philosophischen Kopf".* [An Schiller, 7. Dezember 1797] Es dauert allerdings nicht lange, bis er auf hervorragende Köpfe des politischen und wissenschaftlichen Lebens trifft und die Ereignisse mit alten und neuen Bekannten diskutieren kann.

Den verwirrenden, lebendigen und vielfältigen Pariser Alltag hat Burgsdorff in Briefen an Rahel und an Brinckmann beschrieben. Berlin, erklärt er Brinckmann, könne man in einem halben Jahr kennenlernen, in Paris vergehen Monate, *„ehe man nur sieht wie man diese Unendlichkeit angreifen soll um sie zu fassen".* Zwar findet Burgsdorff es durchaus bedauerlich, daß *„das Alte vorher zum Chaos zerschlagen"* werden mußte, erkennt aber die *„günstigen und großen Veränderungen in der Kunst, in der Literatur, in den Sitten, im Nationalcharakter, in der Verfassung, selbst in der Sprache [...]. Denn wer kann sich leuchnen, daß alles, selbst die Sprache sich verändern muß, um das alles wieder ein kraftvolles Ganzes werde."* Besonders angetan haben es ihm die öffentlichen Einrichtungen. Die Stadt summt von all den Klubs und öffentlichen Orten für Erziehung und Debatten. Ganz Paris sei voll *„von Anstalten zur Instruction publique [...]. Es giebt hier tausend Anstalten wo sich die jungen Leute beider Geschlechter en passant instruiren. [...] Es giebt sehr viele Lycées, das heißt durch Abonnement geschlossene Cirkel (zu denen aber auch durch Billets zu dringen ist) und die meist in den schönsten Hôtels* [damit sind prächtige Privat- oder Amtsgebäude gemeint] *gehalten werden. Man lebt da zwischen Marmor [...] Säulen, ganzen Wänden von Spiegeln, Bronzen, Büsten, über sich die schönste Lampenerleuchtung, unter sich die schönste Täfeley. Den ganzen Tag über sind dort Zeitungen in Profusion zu finden und die Vorlesungen in den verschiedenen Wissenschaften haben ihre bestimmten Stunden."* Er sei auf eines dieser Lycées abonniert, zwinkernd fügt er hinzu, daß er in angenehmer Gesellschaft auch *„sehr hübsche Frauen und Mädchen in Men-*

ge findet. Den einen Abend wird Bothanik vorgetragen, den zweiten Physik, den dritten ist ein Concert, den vierten wird Englisch gelehrt, der fünfte z. B. heißt la veillée des Muses [...] und hier lesen die Dichter ihre Gedichte vor, nachdem sie vorher von einem Comitte gutgeheißen sind, und werden reichlich aplaudirt." Es gebe sechzehn oder mehr täglich geöffnete Theater, die französischen Komödien seien unübertroffen in ihrer Leichtigkeit, Feinheit und Präzision. Die Revolution habe die Häuser der alten Reichen dem öffentlichen Leben geöffnet. *„So ist ein großes Cafehaus großentheils mit den Meubeln der Königin meublirt, so wird ein großer Hurenball, der Mädchenmarkt, wo man Maitressen kauft, hier im Palais Royal in den Wohnzimmern der Herzogin von Orléans gehalten.* "[Burgsdorff an Brinckmann, 28. Januar 1798]

Die Klubs und Zirkel wurden allerdings im Mai 1798 wieder verboten, weil sie sehr schnell als „Paravents" von Royalisten und anderen Verschwörern benutzt worden waren. Neu gegründet oder umorganisiert wurden auch wissenschaftliche Einrichtungen wie zum Beispiel das Museum für Naturgeschichte, in dem Lehre, Forschung und Sammeln zusammengefaßt und die Sammlungen der Öffentlichkeit zugänglich gemacht wurden. Diese Einrichtungen könnten Humboldt durch den Kopf gegangen sein, als er für die Bildung in Preußen und erst recht als er für die Gründung des Neuen Museums in Berlin zuständig war.

Auch Caroline schreibt an Brinckmann, sie wolle diese *„zahllose Menschenmenge, dieß unbeschreibliche Treiben, dieß rastlose Leben"* mitgenießen, es wecke aber auch den Wunsch in ihr, *„sich zusammenzuhalten".* [29. November 1797] Der bevorzugte Ort dafür sind die Kunstgalerien, in denen sie all die von den Franzosen geraubten Schätze bewundern kann. In einem Brief an ihren Vater bringt sie die allgemeine Verurteilung und den individuellen Vorteil der napoleonischen Kunstraube auf den Punkt: *„In der Tat erschrickt man eigentlich vor der ungeheuren Menge* *von Kunstsachen, die sich hier häufen. Ich bin keineswegs mit dieser Plünderei der Franzosen in Italien zufrieden; da es aber darum doch nicht weniger geschieht [...] so freue ich mich wirklich, daß ich daraus Nutzen ziehen und die schönen Kunstsachen sehen kann."* [29. Mai 1800]

Den märkischen Junker Burgsdorff, der erstmals eine Metropole erlebt, befremdet der gesellschaftliche Umgang, den die Revolution hervorgebracht hat. Er klagt in seinen Briefen an Rahel über Einsamkeit: *„Die Revolution hat die Menschen sehr isoliert."* Es sei schwer, in Kontakt zu kommen: *„Großentheils ist man in einer Gesellschaft wie in einem gesitteten Cafehause zusammen, es fällt keinem ein daß er die andern kennenlernen möchte. Dabei ist nichts seltner als ein Parieser der einen andern anhört, und das ist eine Manier die mich nothwändig ruinirt, denn ich bin so deutsch daß man mich nothwändig nicht nur anhören sondern auch aushören muß."* [11. März 1798] Das habe jedoch den Vorteil, daß man hier Leute leichter loswerde als in Berlin und sie noch nicht einmal beleidigen muß. *„Wie sehr finde ich es bestätigt daß Paris die wahre Stadt für Sie wäre! Einen Deutschen Zirkel würden Sie immer sehr vermissen wenn er fehlte, – wie das jeder muß der je werth gewesen ist ein Deutscher zu sein, aber den würden Sie hier finden wie in Berlin und das nicht nur jetzt sondern fast immer"*, schreibt der Hausfreund der Humboldts seiner Berliner Vertrauten. Er erwähnt noch zwei Aspekte, die für den Besuch der Freundin wichtig sein könnten: *„Paris ist der einzige Ort den ich kenne und gewiß überhaupt der einzige wo eine Frau unverheirathet immerfort leben kann."* Es gebe hier Hunderte Arten, wie man seine Existenz führen könne, *„jeder der Genie für das Leben hat kann sich gewiß noch eine dazu erfinden"*. Als Vorwarnung und Gebrauchsanweisung setzt er hinzu: *„Die Juden sind hier weniger geachtet als bei uns"*, aber das *„kömt daher weil es keine andern als ganz gemeine giebt, weil es kei-*

nem ein mal einfällt daß ein cultivirter Mensch ein Jude sein könnte. Daher ist aber auch nichts leichter als das alle ignoriren zu lassen. Es kostet keine Mühe es zu verbergen, es würde im Gegentheil Mühe kosten es glauben zu machen, und doch würden sie es gleich wieder vergessen, denn sie haben gar zu dunckle und schwebende Ideen von alle dem." [Burgsdorff an Rahel, 18. März 1798]

Da Burgsdorff zu dieser Zeit in Geldverlegenheiten ist (er hat ein uneheliches Kind in Berlin, dessen Versorgung komplizierte Umwege erfordert, wofür er Rahels Hilfe in Anspruch nimmt), rechnet er der Seelenfreundin vor, was die Reise kosten würde. Von Mainz fahre man fünf Tage, mehr als ein Mädchen und einen Bedienten brauche sie nicht, „ich würde sagen gar kein Mädchen bis hieher", einen Paß könnte sie leicht in Frankfurt bekommen. Auch das ist revolutionär, denn für deutsche Länder brauchten Juden noch eine Sondergenehmigung, die selbstverständlich mit Sonderkosten verbunden war. „Die Herreise kostet etwa 400 Thlr [...]. Hier kostet Ihnen beiden [Rahel wollte mit einer Freundin reisen] jeder Monat nicht über 40 Louis, wenn Sie sehr gut leben und nicht sparen, sonst 30, – d. h. jeder 40 oder 30 Ducaten." Die unterschiedlichen Währungen und der wechselnde Wert der Münzen erschweren Vergleiche, Burgsdorff behauptet gegenüber Rahel, Humboldt brauche hier nicht mehr als in Jena: „Humboldt giebt mit seiner ganzen Familie, Hofmeister, Bedienten, Mädchen, monatlich zwischen 40 und 50 Louis aus", und das mache auf sieben Monate „höchstens für jede 280 Ducaten, mit Oekonomie 210 Ducaten, und die Hin- und Herreise für jede 134 Ducat. Also zusammen für jede 344 Ducaten, etwas über 1000 Thlr. In einer Zeit von mehr als 8 Monatten, kurz vielleicht elende 600 Thl. mehr als zu Hause." [Burgsdorff an Rahel, 10. September 1798]

Caroline äußert in ihrem Brief an Rahel im März 1798 wieder den Wunsch, „daß ich noch einst mit Ihnen leben *werde"*, und ein Jahr später, als des Freundes *„goldne*[r] *Zauber"* schon vorbei war und nun per Du: *„O könntest du kommen, könnten wir zusammen leben! Bedenke dich wohl, erprobe schnell die möglichen Mittel und laß mich bald deinen Entschluß wissen."* [2. März 1799]

Aus Burgsdorffs Briefen erfahren wir auch, daß Caroline mit ihm zusammen ein *„Collegio über die Optick"* besucht hat – es gab im postrevolutionären Paris auch für Frauen die Möglichkeit, naturwissenschaftliche Vorlesungen zu hören. Außerdem erfahren wir, daß Caroline seit Dezember unter Fieberanfällen litt. Im Sommer fuhren die beiden gemeinsam nach St. Cloud, das damals noch weit vor der Stadt lag. Dort erholte sich Caroline, während Wilhelm, wenn auch mit Hilfe von Personal, die Kinder hütete.

◆ Ein Sammelpunkt für Dichter und Politiker, Franzosen und Deutsche

Humboldts wohnen im Faubourg St. Germain des Prés, im Zentrum der Stadt, in der Nähe der Tuilerien. Caroline fühlt sich wohl, nach dem Sommerurlaub in St. Cloud ist das *„entsetzliche Nachmittagsfieber"* gänzlich gewichen, und Madame de Humboldt wächst in die Rolle einer vielbewunderten Gastgeberin hinein. Paris *„wäre der eigentliche Ort, an dem Sie leben müssten"*, schreibt sie an Rahel, *„an dem Sie, besonders wenn Sie auch einige Deutsche um sich hätten, sich gefallen würden wie an keinem andren. Paris ist sehr schön, es giebt vielleicht kaum noch eine Stadt die einen Anblick wie den darbietet den man genießt wenn man* *auf dem pont royal steht, zur rechten den pont neuf, zur linken den pont de la Revolution, unten den schönen breiten Strohm zu beiden Seiten die breiten Quais mit einer Reihe prächtiger Gebäude, das Schloß der tuillerien, der Garten und weiter die champs elisées".* Sie verbringe die Vormittage zu Hause mit den Kindern, gegessen werde gewöhnlich erst um 4 Uhr. *„Abends bin ich häufig in Gesellschaften oder im Theater, oft auch an meinem Teetisch, mit dem kleinen Zirkel meiner Bekannten zu Hause. Es sind viele Deutsche hier, denen mein Haus ein point de ralliement ist."* Der darauffolgende Nebensatz *„ich sehe aber auch viele Franzosen und sehe sie gern"* wurde in den Nacherzählungen meist weggelassen. [25. März 1798]

Auch in dem Brief an Charlotte Schiller ist vor allem von ihrer Begeisterung und nur noch wenig von der Kränklichkeit die Rede: *„[...] überall das regeste Leben, überall Tätigkeit und Industrie, Pracht und Fülle. – Wir existieren hier auf eine überaus angenehme Art. [...] Des Abends bin ich einige Mal die Woche im Schauspiel, denn bei der Menge, die es gibt, kostet es wirklich viel Zeit, sie kennenzulernen, oder ich bin in Gesellschaft. Bin ich zu Hause, so fehlt es mir fast nie einen kleinen Zirkel zu haben."* [16. Februar 1798]

Wilhelm formuliert es etwas lapidarer. Allabendlich versammle sich *„ein nicht großer, aber hinlänglicher Kreis teils interessanter, teils unterhaltender, teils wenigstens erträglicher Menschen".* [An Ch. G. Körner, 15. November 1798] Der Ausdruck *„point de ralliement",* den Caroline verwendet (und der in keiner Darstellung ihrer ebenbürtigen Rolle ausgelassen wird), ist durchaus so zu verstehen, wie ihn Germaine de Staël in ihrem Buch über Deutschland benutzt hat: als Ort, an dem sich die Truppen versammeln. Der Zirkel besteht nicht nur, aber vorwiegend aus Angehörigen der deutschen Kolonie. Diese Deutschen in Paris sind Ausnahmegestalten, nach denen in der Heimat keine Straßen und keine Schulen benannt wurden; Abweichler, zumal wenn sie auch nach der Schreckensherrschaft der Jakobiner in Frankreich blieben (oder zwangsweise zurückkamen, weil sie aus ihrer deutschen Heimat ausgewiesen oder dort verfolgt wurden). Unter ihnen „unstreitig der interessanteste"[An Friedrich Heinrich Jacobi, 26. Oktober 1798] sei Graf Gustav von Schlabrendorff, ein schlesischer Adeliger und brillanter Intellektueller, der alle deutschen Revolutionäre in Paris, auch wenn sie Handwerker waren, aus seinem Vermögen unterstützte und selbst sehr bescheiden lebte. Wilhelm beschreibt ihn nach einem Besuch: „ein halbes Glied langen Bart, keine Strümpfe, bloss ein Hemde und einen Überrock. Ob er Hosen hatte, konnte ich nicht sehn."[Tagebuch, 9. Mai 1798] Klug, belesen und hilfsbereit, war er auch ein Fürsprecher der Frauenemanzipation und mit der englischen Frauenrechtlerin Mary Godwin, geborene Wollstonecraft, eng befreundet.

Caroline hat Schlabrendorff geliebt, wie und wie sehr, wissen wir nicht, sie ist vor allem seinetwegen 1804 – ohne Wilhelm – von Rom nach Paris gefahren. Zum engeren Kreis gehörte auch Konrad Engelbert Oelsner, der, fasziniert von der Revolution, seit 1790 in Paris lebte, Mitglied des Jakobinerklubs war und danach mit den Girondisten sympathisierte, weshalb er 1793 verhaftet wurde und – wie auch Schlabrendorff – die Gefängnisse der Revolution von innen kennengelernt hat. Oelsner publizierte sehr genaue Berichte über die ersten Jahre der Revolution. Als er in seine schlesische Heimat fuhr, wurde er wegen seiner revolutionären Vergangenheit verhaftet und nur im Austausch gegen einen französischen Emigranten freigelassen – mit der Auflage, er dürfe Preußen nicht mehr betreten. Er kehrte nach Paris zurück und wurde Franzose. Erwähnenswert ist auch Carl Friedrich Graf von Reinhard, ein Theologe aus Tübingen und Schützling Talleyrands, der sich über alle politischen Wechsel hinweg in Paris unentbehrlich gemacht hatte. Er war während des Direktoriums für kurze Zeit – vom 19. Fructidor des Jahres VII, also dem 5. September 1799, bis zum Staatsstreich Napoleons am 18. Brumaire, also 9. November 1799 – sogar Außenminister der Republik. Johann Ulrich Metzger, ein Verehrer Carolines, der dem „Rat der Fünfhundert" (dem Parlament des Direktoriums) angehörte, wird ebenfalls als häufiger Gast im Hause Humboldt genannt. Zu dem Kreis gesellte sich bald auch Karl Gustav von Brinckmann, der zur großen Überraschung der Freunde im März 1798 als schwedischer Gesandter nach Paris versetzt wurde. Alexander von Humboldt kam im Mai 1798 nach Paris und blieb bis Oktober. Im Sommer 1800 kam endlich auch Rahel Levin in Gesellschaft der Gräfin Karoline von Schlabrendorff und blieb fast ein Dreivierteljahr. Häufig zu Gast waren auch Friedrich Tieck, der Bruder des Schriftstellers, und Gottlieb Schick sowie beider Lehrer, der französische Revolutionsmaler Jacques Louis David, der die einheitsstiftenden (oder auf Einheitsstiftung angelegten) Inszenierungen der jungen Nation leitete. David organisierte im Juni 1794 das „Fest des höchsten Wesens und der Natur" auf dem Marsfeld, jenen pseudoreligiösen Staatskult, mit dem die Jakobiner ein staatsbürgerliches Bewußtsein festigen wollten.

Unter den politisch bedeutenden Persönlichkeiten, mit denen sich Humboldt häufig traf, war der Abbé Emmanuel Joseph Sieyès. Er hatte im Juni 1789 jenen folgenschweren Antrag eingebracht, der aus den Abgeordneten des Dritten Standes die konstituierende Nationalversammlung machte und damit die Weichen für die Revolution gestellt. Sieyès war – damals Generalvikar des Bischofs von Chartres – bürgerlich-liberal, seine Schrift „Was ist der Dritte Stand?" gilt als intellektuelle Ouvertüre der Revolution. Er gehörte der Nationalversammlung und nun dem Direktorium an, unterstützte Napoleons Machtübernahme, schrieb eine neue Verfassung und wurde einer seiner drei Konsuln.

Biographen und ältere Geschichtsschreiber sagen Wilhelm von Humboldt auch für die Zeit in Paris nach, er habe „nur" beobachtet und sich nicht eingemischt. Aber was heißt das zu dieser Zeit an diesem Ort? Wenn er an Goethe schreibt: *„Um das Politische* [...] *bekümmere ich mich nicht"*, mag es bedeuten, daß er sich nicht einmischt, aber er diskutiert, informiert sich, denkt über Armut und Preise, Briefzensur und die Beseitigung des Unrats auf den Straßen nach. Auch der Politiker Sieyès hat seine Abneigung gegen die Politik betont. Wilhelm unterhält sich mit ihm über Philosophie, Außenpolitik und Staatstheorien (meist auf Spazierfahrten, um nicht abgehört zu werden). Mit Sophie de Condorcet, Witwe des Girondisten Antoine Marquis de Condorcet, spricht er über die Schriften ihres Mannes und damit über Politik. Wilhelm besucht ihren Salon, er speist des öfteren bei Madame de Staël, der hochgebildeten, emanzipierten Republikanerin, in deren Haus die neue und zum Teil auch alte Führungsschicht die Politik, die Literatur und die Weltkultur der Zukunft bespricht und große Politik macht. Wilhelm nennt sie *„eine schlechte Mutter und Frau aber sehr treue und eifrige Freundin"*. Von ihr stammt das Kompliment, Humboldt sei *„la plus grande capacité de l'Europe"*. Man sieht einander täglich, mit ihr und ihrem Freund Benjamin Constant de Rebeque (der noch 1815 dem zurückgekehrten Napoleon eine Verfassung entwerfen wird) bleiben Wilhelm und Caroline lange über die Pariser Zeit und über Germaine de Staëls Verbannung aus Paris hinaus befreundet. Unter den Wissenschaftlern gehören Graf Bernard de Laville von Lacépède, Professor für Naturgeschichte, und der Weltumsegler Louis Antoine Comte de Bougainville zu Wilhelms ersten Bekanntschaften. Er lernt durch seinen Bruder Zoologen, Astronomen und Orientalisten kennen, er verkehrt in den Salons von Madame Récamier und bei Angelique Vandeul, einer Tochter Diderots, und frequentiert diverse Treffpunkte der eleganten Welt. Er geht zu den Sitzungen des Institut national (der neu organisierten Nachfolgerin der Akademie, Versammlungsort für die geistige Elite) und knüpft dort Kontakte zu berühmten Wissenschaftlern. In dem Institut sieht er auch zum ersten Mal Bonaparte, der sich, wie Wilhelm in seinem Tagebuch notiert, *„schlecht und ungeläufig"* ausdrückt. [Tagebuch, 21. März 1798] Kurz danach begegnen die Familien einander im Zoo bei den Elefanten (und es ist merkwürdig, daß in diesem Tagebuch von 1798 eine Wahrsagerin zitiert wird, die Bonapartes Frau vorausgesagt haben soll, sie werde eines Tages Königin von Frankreich). Er sammelt Materialien für eine Physiognomie der Franzosen, analysiert und kommentiert die politischen Ereignisse, geht regelmäßig zu den Sitzungen des „Rats der Fünfhundert" und notiert in seinem Journal die Gesetze und Beschlüsse des Direktoriums. Sein Journal besteht zu großen Teilen aus Aufzählungen, wen er kennengelernt, wen er besucht, wer ihn besucht hat. Und am Ende jedes Monats notiert er, ob er fleißig oder müßig gewesen, was ihm gelungen und was ihm nicht gelungen ist.

Wilhelm von Humboldt hat in dieser Pariser Zeit die politischen Verhältnisse studiert, seine Erfahrungen und Bekanntschaften haben sich im nachhinein für den Gesandten, den Unterhändler auf allen wichtigen Kongressen, den Verfasser von Gutachten und den Sprachforscher als nützlich erwiesen.

◆ Vernunft und Kunst, Kritik und Begriff

Kurz nach seiner Ankunft in Paris entwirft Wilhelm in einem Brief an Gentz sein neues Programm: *„Vielleicht nie noch war ich so sehr zur Beobachtung und Tätigkeit gestimmt. [...] Alle meine Ideen finden hier Tatsachen und Erscheinungen, an denen ich sie zu prüfen imstande bin."* Er will herausfinden, *„inwiefern ich fähig bin, von dem konkreten Gegenstand, wie er in lebendiger Individualität vor mir steht, ein treues und doch so allgemeines Bild aufzufassen, als die Geschichte verlangt und als allemal notwendig ist, wenn eine eigentlich philosophische Würdigung möglich sein soll".* Er meint jedoch, zum Politiker sei er *„verdorben* [...]. *Auch liegt es doch tief in mir, nur in allen Dingen theoretische Wichtigkeit anzuerkennen und die praktische, selbst mehr als billig ist, gering zu schätzen."* Das Programm, das er sich vornimmt, ist wieder groß. Er möchte den *„französischen Nationalcharakter in seiner ganzen Ausdehnung und in seinen letzten Umwandlungen [...] studieren",* und er entwirft Pläne für die *„Schilderung des Jahrhunderts und die vergleichende Anthropologie".* Beides bleibt Stückwerk, aber die Tagebuchaufzeichnungen enthalten eine Menge noch unausgeschöpften Rohstoffs für das, was man viele Jahre später Europäische Ethnologie nennen wird. Immer geht es um beides – die Veränderungen außen, aber auch *„lieber Freund, meine eigene. Ich fühle sehr, daß ich [...] ein Mann geworden bin, und nicht gerade auf eine angenehme Weise."* Früher *„fiel es mir nicht ein, daß man etwas tun, etwas leisten müsse, es galt die große Lehre, daß der Mensch nur durch das zählt, was er ist, nicht durch das, was er tut, und das war genug. Jetzt ist es anders; jetzt fühle ich, daß es nur schon zu hohe Zeit ist, etwas hervorzubringen, einen*

Beweis zu hinterlassen, daß man verdiente, dagewesen zu sein."[29. November 1797]

Nach einem halben Jahr in Paris weiß er, was er will. Er habe, schreibt er Schiller, seinen Beruf gefunden, es sei *„der der Kritik"*, und *„wenn ich auf irgendeine Tugend Anspruch machen kann"*, ist es die Gerechtigkeit. Er hofft nichts weniger, als *„mit anhaltendem Nachdenken, mit ausgebreitetem Studium, mit emsigem Aufsuchen der verschiedensten Menschen, Länder und Sitten endlich den Schlüssel zu dem Geheimnis jeder menschlichen Größe zu finden, endlich die Formel zu entdecken, durch die man jeder Eigentümlichkeit ihr Urteil fällen und jeder ihre Richtung vorschreiben kann"*.

Für die Entdeckung dieses Geheimnisses ist zu dieser Zeit die Beschäftigung mit Kunst das wegweisende Instrument. „Kritik" ist ein Kampfbegriff und das Feld der Literaturrevolutionäre aus Jena, heute unter dem Namen „Romantiker" bekannt. 1798 hatten die Brüder Friedrich und August Wilhelm Schlegel das „Athenäum" gegründet, zu dessen Mitarbeitern unter anderen Brinckmann gehörte. Im selben Jahr erschien Friedrich Schlegels „Geschichte der Poesie der Griechen und Römer", und der Bruch mit Schiller erregte die poetischen Gemüter. Der erste *„konkrete Gegenstand"*, den sich Wilhelm in Paris vornimmt, ist „Hermann und Dorothea", Goethes bürgerliches Epos in Hexametern.

Nachdem er Ende 1797 noch wegen seiner Unproduktivität mit sich gehadert hatte, notiert er in den ersten beiden Monaten 1798 regelmäßig: *„an Hermann und Dorothea gearbeitet"*. Die erste Fassung dieses Essays hat er in zwei Monaten fertiggestellt, das Werk wurde 360 Seiten stark und ist Humboldts erstes Buch, das (1799) gedruckt wird. Es heißt „Ästhetische Versuche. Theil I. Über Göthes Hermann und Dorothea", wurde aber nie fortgesetzt. [GS II, S. 113–323]

Neben all den Zerstreuungen und Begegnungen war diese Arbeit sein Gegengewicht, das, was ihn am ehesten befriedigt, zumindest zufrieden macht. Er singt das Hohelied der unabhängigen Einbildungskraft als Ausdruck der Freiheit des schöpferischen Individuums und schwärmt von der Kraft, mit der es Goethe gelungen sei, griechische Verse in die deutsche Sprache zu übertragen. Die Beschäftigung mit Ästhetik ist, jedenfalls für ihn und zu diesem Zeitpunkt, keine Abwendung vom Zeitgeschehen und auch keine Weltflucht, sie ist noch nicht einmal apolitisch. Bereits das Sujet ist zeitgenössisch – „Hermann und Dorothea" handelt von der Flucht der linksrheinischen Deutschen nach der Besetzung ihrer Heimat durch die Franzosen. Humboldt prüft das Verhältnis der Gegenwart zur Antike und preist die *„Darstellung des ganzen Menschen"*, den sinnlichen Reichtum, den tiefen Empfindungsgehalt. Wie schon sein erster Biograph Rudolf Haym bemerkt hat, ist seine Kritik tautologisch. Er entwickelt anhand von Goethes Epos ein Ideal und stellt dann fest, Goethes Poem sei ideal. Er will *„in das Wesen der dichterischen Einbildungskraft eindringen"*, ihn treibt die *„Begierde, diesen geheimnisvollsten unter allen menschlichen Kräften mit Begriffen näher zu kommen"*.

Die Begierde einzudringen mündet bei Humboldt nicht in die Hingabe ans Unerklärliche, Irrationale – er sucht nach Begriffen, will begreifen. „Begriff" ist für ihn mehr als nur ein Wort. Viele Jahre später, als er sich hauptsächlich mit Sprachforschung beschäftigt, hat er den Begriff als Brücke zwischen Sprache und Welt beschrieben, der sinnliche Wahrnehmung, Formung, die Artikulation und Verwandlung des Gedankens zusammenschließe.

Ästhetik ist noch ein Versprechen auf Verbesserung der Menschen und damit der Verhältnisse, sie unterstützt die Ausbildung des Charakters. In den Ideen von der Sinnlichkeit als Mittel zur Veredlung des menschlichen Geschlechts wird die bildende Kraft des Weibes gepriesen. Er schickt seine Abhandlung an Schiller mit der Bemerkung, die Arbeit habe ihm große Freude bereitet, *„weil sie mir mitten in dem fremdartigen Zirkel, der mich umgibt und der mich nur darum anzieht, weil er mir fremd ist, jenes bessere und meinen innersten Neigungen angemessenere Dasein versinnlichten, weil mich [...] das Nachdenken über diese Gegenstände mein günstiges Geschick segnen lehrte, in unserer Heimat geboren zu sein, zugleich mit Ihnen und Goethe zu leben und Sie und Ihre Liebe zu besitzen. Lachen Sie nicht, mein teurer Freund, über diese Ekstase, in die mich meine Deutschheit versetzt!"* [19. April 1798] Vor dem Hintergrund der Literaturkämpfe in Jena und Weimar ist es eine Parteischrift pro Klassik. Doch Schiller und auch Goethe reagieren reserviert auf dieses ambitionierte – aus Goethes Sicht mißlungene – Werk.

Von seiner in der Fremde entdeckten „Deutschheit" spricht er auch in einem Brief an Friedrich August Wolf. Im Zusammenhang mit Carolines Lektüre einer Ovid-Übersetzung schreibt er dem Philologen: *„Sie Glücklicher, mitten in Deutschland und unter lauter Deutschen, können kaum fühlen, wie viel einem eine solche so kräftige, hohe und begeisterte Sprache gibt, was solche Bilder dem Sinn, solche Gedanken dem Geist und Herzen sind. Aber in dieser Öde, ,fern von dem Schalle germanischer Rede' schlagen deutsche Töne dieser Art ganz anders an ein deutsches Ohr. In der Tat wird man hier der Herz- und Kraftlosigkeit sehr müde."* Er habe durch den Kontrast ein *„lebendigeres Bewusstsein der volleren und kräftigeren deutschen Natur".* [22. Oktober 1798] Er sei *„mitten in Frankreich [...] ein noch viel eingefleischterer Deutscher als vorher geworden"*, bekennt er vier Tage später gegenüber Jacobi. [26. Oktober 1798] Diese Entdeckung seiner nationalen Zugehörigkeit – lange vor den patriotischen deutschen Kampfgesängen eines Ernst Moritz Arndt, Theodor Körner oder Achim von Arnim –

geschah in Abgrenzung von und durch Nachahmung der Franzosen: Er sah und notierte, wie das Gefühl der Zugehörigkeit dieser Nation neue Kräfte verlieh. Erst recht führten die napoleonischen Truppen vor, was es hieß, das Vaterland zu lieben. „Deutschland" gab es noch nicht, und so etwas wie ein deutscher Patriotismus wird erst nach 1806 erfunden, um im Kampf gegen Napoleon den Mut und die Herzen der Bewohner der verschiedenen deutschen Länder zu stählen.

In den Äußerungen der Freunde schwingen bereits jene Attribute mit, die bis weit ins 20. Jahrhundert zu den antifranzösischen und bald auch antidemokratischen Ressentiments gehören. Die Deutschen sind tief und gehaltvoll, die Franzosen oberflächlich und materialistisch, unpoetisch und phantasielos. Auch das problematische Verhältnis zwischen einer elitären und einer populären Kultur wurde in diesem Kreis thematisiert. In dem Bericht über die zahlreichen Anstalten für das Volk erklärt Burgsdorff gegenüber Brinckmann: *„Ich bin sehr entfernt es zu tadeln und finde es im Gegentheil hübsch, denn es bringt doch sicher mehr Menschen zu einer halben Cultur als es von einer ganzen abhält."* Was aber auch *„diese kleine oberflächliche, den Franzosen so natürliche Kultur"* erhalte. [28. Januar 1798] Tief und flach, ernste und „bloß" unterhaltende Kultur, das Edle oder eine anspruchslose Bildung für den Haufen bleibt, besonders für Deutsche, ein Thema, an dem sich die Geister noch lange scheiden: *„In dem Grade wie der Haufen das Uebergewicht über die Minorität der feinen Menschen bekömt, muß die platittude über den Verstand gewinnen, in dem Grade wie dieser verliert geht der Genuß und die Freude an der Form in den Kunstwercken und in allem verlohren."* [Burgsdorff an Rahel, 20. August 1799] Die Deutschen finden, sie seien tiefer, empfindsamer, tugendhafter und den hohen Idealen näher als alle anderen. Humboldt vermißt in französischen Publikationen die *„tiefen Blicke"*, erkennt *„was man bei mehreren Französinnen findet* [...] *etwas Maitressenartiges"* und hält Madame Condorcet überhaupt für *„sehr französisch und recht das Gegentheil vom Idealischen"*. [GS XIX, Materialien, 1789] Die Franzosen verstünden seinen Bruder nicht, weil sie *„keinen Begriff von eigentlicher Form"* hätten, es *„ist alles leere und blosse Mechanik in ihnen"*. Am Ende seines Parisaufenthalts meint er, den Franzosen fehle *„eine innere, immer rege Kraft, aus der sich* [...] *höhere Tätigkeit und* [...] *eigentümliches Dasein"* entwickeln kann, und er findet *„dies wahrhaft heilige Feuer, das allein die Menschheit zugleich läutert und nährt, mehr als irgendwo sonst in der deutschen Nation"*. [Scurla, Humboldt, S. 216] Burgsdorff nennt die Männer *„verpfilistert"*, sie sind, findet er, schlecht gekleidet, *„gehen mit abgeschnittenen Haren, tragen zu lange Röcke, zu farbige Westen. Aber wie hübsch kleiden sich die Weiber!"* Übrigens hat sich Humboldt in Paris offenbar die Haare schneiden lassen, er notiert es mit der Bemerkung, der „Perrukenmacher" habe den Grafen Artois (Bruder des Königs Louis XVI.) und andre Große zu Kunden gehabt. Und Emigrierte hätten ihm geschrieben, er solle *„ihnen Perruken bereit halten, weil sie nun bald hier seyn würden"*. Was vermuten läßt, daß Wilhelm von Humboldt sein Haar erst in preußischen Diensten wieder wachsen ließ. Er war dann, als er sich in seiner Funktion als Geheimer Staatsrat in Königsberg, dem Zufluchtsort des preußischen Hofes, aufhielt, stolz darauf, als letzter noch den Zopf zu tragen.

Spanien:
♦ Eine ganz
andere Étiquette

Ein besonders waghalsiges Unternehmen ist die sieben
Monate währende Reise über die Pyrenäen quer durch
Spanien mit der ganzen Familie. Man reist zwar in der
zweiten Hälfte des 18. Jahrhunderts schon sehr viel, es
gibt eine Fülle von Reiseberichten, Routenbüchern, Karten (von Rußland sogar Karten auf Taschentüchern), auch
wöchentlich erscheinende Nachrichten über das Reisen,
Ratgeber mit Informationen über Gasthöfe und den Zustand der Straßen, über Kosten und Posten, Sicherheit und
Sauberkeit. Man kennt schon allerlei praktische Gerät-
schaften, die eigens für das Reisen erfunden wurden, und
kann nachlesen, wo wie geprellt wird. Klugheitsregeln
oder die Aufzählung von Malheurs und „Incommoda" sind
fester Bestandteil der Apodemik, der Kunst des Reisens,
die seit der Renaissance Adelige und Gelehrte angeleitet
hatte und nun den Bedürfnissen bürgerlicher Reisender
angepaßt wurde. Aber Spanien war damals – anders als
Paris und Wien, Italien oder die Schweiz – weitgehend
touristisches Niemandsland. Wilhelm hat auch diese Reise
gut vorbereitet. Er ist – wie es die Reiseratgeber vorschla-
gen – mit Empfehlungsbriefen, Literatur und Geld aus-
gerüstet, er nutzt die Kontakte zu preußischen Gesandten,
die es an den erstaunlichsten Plätzen gibt, als Stützpunk-
te und kann schon zu Beginn der Reise Spanisch und ein
wenig Portugiesisch. Caroline lernt die Sprache während
der Reise, und die Kinder plappern bei der Rückkehr spanisch, französisch und deutsch durcheinander.

Wilhelm ist ganz Volkskundler, der in Südfrankreich
den Postillion bittet, ihm Lieder im regionalen Dialekt

vorzusingen, und als nationalen Unterschied festhält, daß die Postillione hier mehr mit ihren Pferden sprechen, *„als sonst geschieht".* Er notiert, was in den einzelnen Gegenden angebaut wird, was die Zimmer kosten, welche Physiognomien ihnen begegnen und was ihm an der Sprache der Bewohner auffällt.

Reisen war zu der Zeit ohnehin beschwerlich, zumal wenn man Postpferde benutzen mußte. Ihren eigenen Wagen stellten sie in Bayonne beim Gesandten unter, weil sich das luxuriöse Gefährt für die ungeebneten Wege nicht eignete. An der spanischen Grenze mieteten sie einen viersitzigen Wagen mit 6 Maultieren für 12 Tage und 20 Livres pro Tag. All das zeichnete Humboldt auf, er verglich auch die Preise mit den Angaben in seinem Reiseführer.

Nicht immer reisten alle gemeinsam; gelegentlich ritt Wilhelm ein Stück allein, manchmal in Begleitung von Führern. Nach seinem Urteil sind die Postpferde gut, man brauche aber einen eigenen Sattel, den er offenbar mit sich geführt hat.

Am Fuß der Pyrenäen ließen sie die Kinder für drei Tage bei Gastleuten und zogen mit kleinen Pferden tiefer in die Berge. Als am Lac de Gaube der Weg zu schwierig wurde, als daß man auf ihm hätte reiten können, ging Wilhelm zu Fuß, und Caroline ließ sich *„in einer Art Portechaise durch vier Menschen, abwechselnd durch zwei und zwei, tragen".* Sie hat, schreibt sie Charlotte Schiller, trotz der enormen Felsen und Abgründe keine Angst, weil die Träger sehr geschickt sind. Die Männer *„berühren kaum mit ihren Füßen die Erde und obgleich sie barfuß gehen, straucheln sie nie",* erklärt sie der Freundin, und Humboldt vermerkt in seinem Tagebuch, daß die Träger, *„weil sie meist barfuß gehen* [...] *besonders ausgearbeitete Zehen"* haben, die den ganzen Stein umfassen.

Caroline hat zumindest einen Ausflug ohne ihren Mann unternommen, nach „Biarits", also Biarritz, und Wilhelm hat seine Frau nicht überallhin mitgenommen oder auch mitnehmen können. Caroline an Brinckmann: *„Für Humboldt sind der Beschäftigungen viel und mancherlei, für mich schränken sie sich größtentheils auf gesellschaftliche Zerstreuungen und auf das Besehen von Kunstsachen ein."* [24. November 1799]

Die Maultiere sind langsam, die Wirtshäuser meist schlecht, und Caroline weiß am Anfang der Reise noch nicht, daß sie wieder schwanger ist. Die Kinder bekommen unterwegs die Windpocken, die spanische Zubereitung der Speisen ist *„ebenso unangenehm wie widrig"*, aber Emilie, das Kindermädchen (die Tochter des Dacherödischen Gärtners aus Auleben), kocht für die Schar, und Caroline berichtet: *„Wir leben mitten in Spanien auf eine sehr deutsche Weise."* Wilhelm beschreibt Gebirge, Täler, Wasserfälle und das Meer, vor allem aber Menschen, die ihn über Landessitten und historische Hintergründe aufklären. Caroline zeigt sich von der aufregenden Landschaft oberhalb der Baumgrenze besonders beeindruckt.

Sobald sie in die Nähe des königlichen Hofes kommen, wird Wilhelm zynisch. Auf der Chaussee zum Escorial begegnet ihnen eine Menge Kutschen, Bediente, *„alles in ungeheuer altmodischem Costüme und meist ziemlich schmutzig"*. Und er fügt hinzu: *„Dies hatte einige Aehnlichkeit mit den Dresdner Hofequipagen."* Caroline staunt über *„zwei Reihen Logen, wo alle Frauen mit Diamanten bedeckt waren"*, der Hof aber besuche nie ein Schauspiel. Unangenehm für die Gesandten sei die Verpflichtung, *„den Hof überall hin zu begleiten, und da er zwei bis dreimal im Jahre einen Monat hier ist und die übrige Zeit zwischen dem Escorial und St. Ildefonso und Aranjuez vertheilt, so sind diese Deplacements nicht allein sehr unangenehm, sondern auch sehr kostspielig"*.

Die Daten der Aufenthalte sind genau festgelegt, jeder Blick, jeder Schritt, jedes Wort einer strengen Regelung

unterworfen. [Volkmann, Spanien, S. 329f., Boehn, Spanien, S. 386] Ihr Mann konnte, erklärt sie dem Vater, nicht vermeiden, sich dem Kö-
nig und seiner Familie vorzustellen, *„da Alexander mit so*
außerordentlicher Distinction und Güte hier aufgenommen"
wurde und die Reiseerlaubnis für die spanischen Gebiete
in Südamerika bekommen hatte. [Caroline an den Vater,
11. November 1799] Wilhelm erzählt dem Schwiegervater
von der befremdlichen Zeremonie des Handkusses, die
„für einen, der nur deutsche Höfe gesehen hat, sehr wunder-
bar ist. Diese Ceremonie geschieht sechsmal im Jahr; nämlich
am Geburts- und Namenstage des Königs, der Königin und
des Prinzen von Asturien. Der König sitzt alsdann in einem
großen Saal an einem mit einer reichen Sammetdecke bedeck-
ten Tische. Auf der anderen Seite des Tisches sitzt die Königin,
gegenüber sind die Garden und Hofbedienten und zur Seite
hinter dem Könige die Gesandten und Fremden, von welchen
Letzteren ich jetzt wohl ziemlich der Einzige war. Der König
und die Königin sind mit Diamanten überdeckt. Alles, was
sonst an einer Mannskleidung von Stahl oder Metall zu sein
pflegt, Knöpfe, vier Sterne neben- und untereinander, die
Agraffe des Huts und des Ordensbandes auf den Schultern,
das Degengefäß, der Stockknopf, die Schnallen etc. alles ist
von Diamanten, und die Königin trägt ihrer so viel auf dem
Kopf, daß es ihr in der That sehr inkommodiren muß. So
werden die Thüren des Saales geöffnet, und nun kommen
diejenigen, welche dem Könige die Cour machen wollen, hin-
ein und küssen mit einer Kniebeugung dem Könige und der
Königin die Hand. Diesmal waren nur etwa 300 Personen
zum Handkuß gegenwärtig, sonst aber hat man bis 600 und
darüber gezählt. "[15. November 1799]

Ein Höhepunkt der Reise ist für Caroline die Gelegenheit, den für Frauen normalerweise nicht zugänglichen
Schatz an Gemälden im Escorial zu besichtigen (auch dafür werden die laut Humboldt unvermeidbaren Trinkgel-

der geflossen sein): vier große und einige kleinere Bilder von Raffael, *„Guidos, Tizians, Tintorettos in großer Menge"* [An den Vater, 11. November 1799] – Carolines Bericht über die Sujets und deren Ausführung ist, abgesehen von den Stücken, die Goethe veröffentlicht hat, verlorengegangen. Kurz nach ihrem Besuch wurden auch diese Schätze von den Franzosen geplündert oder zerstört.

Caroline von Humboldt hat die Einschränkungen für Frauen aufmerksam registriert. Um die Bilder sehen zu können, brauchte sie einen königlichen Einlaßbrief, *„da Frauen ohne diesen nicht in das Kloster* [...] *gehen dürfen"*. In der königlichen Gruft *„liegen nur die Königinnen, die dem König Kinder geboren haben"*, die anderen mit den Infanten und Infantinnen (!) räumlich getrennt. *„Fremde Frauen können nie am Hofe präsentirt werden und die Gesandtenfrauen nur* [...] *bei ihrer Ankunft und beim Abschied."* Nachdem sie einige Gemälde abgezeichnet und genaue Notizen angefertigt hat, versicherten die Mönche ihrem Mann, *„so eine Frau sei ihnen noch gar nicht vorgekommen"*. Der Freundin Lolo (Charlotte Schiller) schreibt sie über die Tracht spanischer Frauen: *„sie ist so durchgängig, daß sich ihr keine Frau entziehen kann, die zu Fuße geht."* Unterschiede würden sich nur in der Qualität der Stoffe bemerkbar machen. Sie hat sich eine solche Tracht schneidern lassen.

Carolines Briefe an den Vater vermitteln eine Ahnung von dem weiten Weg, den das Kind aus freiherrlichem Adel mental zurückgelegt hat. Sie spricht den Vater nicht nur – wie damals üblich – mit „Sie" an, sie schließt ihre Briefe mit der Formel: *„Ich küsse Ihnen die Hände, mein bester und theuerster Vater, Ihre unterthänig gehorsamste Tochter."* Das war zwar zu dieser Zeit üblich, aber ein paar Jahre später, als ihre Kinder groß waren, beschwerte sich Humboldt bei Caroline, daß seine Töchter derlei Formeln benutzten. Um so kühner und moderner erscheint Carolines Ritt mit dem zweijährigen Theodor vor und seinem dicken Bruder Wilhelm *en croupe* hinter sich – was einschließt, daß sie nicht im Damensitz, sondern wie ein Mann im Sattel saß. Gropius, der Erzieher, trug die größere Tochter Caroline auf seinem Rücken, das Kindermädchen Emilie *„musste sich, um fortzukommen, die Schuh ausziehen und barfuss gehen".* [Tagebuch GS XV, S. 237] Mutig und für eine Frau ihres Standes ungewöhnlich war auch ein Ausflug zu Zigeunern, die spanische Nationaltänze vorführten, wozu sie, obwohl ihre Schwangerschaft schon weit fortgeschritten war, in Mannskleider schlüpfte. [Tagebuch GS XV, S. 286]

Der Kontrast zwischen der Verschwendungssucht von Hof und Kirche und der Armut der Bevölkerung entgeht den Reisenden nicht. Wilhelm mokiert sich über die Sitten der oberen Stände und ist *„am liebsten mit der Mittelklasse (zu der denn auch die meisten Gelehrten gehören)"* [An Friedländer, 16. Dezember 1799], gibt aber auch Gespräche mit einfachen Leuten wieder und nennt Zahlen: Die Nationalschuld beziffert er mit 4 200 000 000 Reales (andere Quellen nennen noch höhere Summen).

Sie sind von der modernen, bürgerlich geprägten, in die alte, feudale Welt gereist. Spanien ist ausgeblutet, arm und zurückgeblieben. Das Land wird von dem einfältigen König Karl IV., seiner machtbewußten Frau Marie Luise und deren Liebhaber Manuel de Godoy beherrscht, der vom königlichen Gardisten aus niedrigerem Adel durch ihr Bett schnell aufgestiegen war: Generalleutnant, Sekretär der Königin, Generalsuperindendent, Staatsminister, Gardekapitän und nebenbei auch noch Vorstand der Kunstakademie, des Naturalienkabinetts, des botanischen Gartens, des chemischen Laboratoriums. Man sagt ihm nach, er habe auch die Wissenschaften gefördert.

Der Hof verbrauchte ein Sechstel aller Einkünfte, die Schulden der Staatskasse waren so enorm, daß alle Güter,

Einnahmen, Ländereien bereits verpfändet waren. Den zweitgrößten Etat verschlang das Militär, wobei der größte Anteil wiederum an höhere Offiziere gezahlt wurde, die ihrerseits Günstlinge des Hofs waren. Land besaßen fast nur Adel und Kirche, bei einer Bevölkerungszahl von etwa 10 Millionen Einwohnern gab es 100 000 Gutsbesitzer und (1797) über 3000 Klöster mit über 60 000 Mönchen und Nonnen. Spanien ist ein *„Paradies der Geistlichen. Sie sind reich, ihre Kirchen besitzen große Schätze, sie saugen das Land aus, und mästen sich vom Mark des armen Volkes"* steht in einer Reisebeschreibung von 1785, in der die Anzahl von Geistlichen auf 250 000 Personen geschätzt wird. [Volckmann, Spanien, S. 65] Forschen galt als Sünde, der Unterricht war in den Händen des Klerus, die Geistlichkeit war von Steuern befreit und das öffentliche Leben von den zahllosen Kirchenfesten beherrscht, die oft mehrere Tage dauerten. Johann Jacob Volckmann, der zu den meistgelesenen Reiseschriftstellern der Zeit gehört, schätzt die Zahl der Gehilfen und Unterbedienten der Inquisition, das sind Spione und Aufseher, auf 15 000 Leute. Die Macht der Kirche ist besonders auf dem Gebiet der Literatur spürbar. Schriftsteller und Staatsmänner werden als Ketzer verfolgt. Die letzte öffentliche Verbrennung einer „Hexe" hat 1781 in Sevilla stattgefunden.

Noch vor vier bis fünf Jahren, berichtet Wilhelm aus Granada, sei gefoltert worden, die Gefängnisse der Inquisition seien voll. *„Die Inquisition ist noch immer sehr thätig und der Aufklärung durch emsiges Hindern der literarischen Communication mit dem Auslande sehr schädlich. Sogar Hausvisitationen nach Büchern geschehen noch".* [Tagebuch GS XV, S. 161] Es gebe zwar aufgeklärte Leute, aber immer noch keine Freiheit, fast keinen Buchhandel, wenige Bücher. Bis vor wenigen Jahren sei es verboten gewesen, die Bibel zu lesen, aber für verbotene Bücher gebe es Sondererlaubnisse. [Ebd., S. 103] Seine Wirtin ist irritiert, weil er sonntags nicht zur Messe geht. Der König, so Humboldt, gebe zwar viel Geld für Wissenschaft aus, aber man *„kann als sicher annehmen, daß alle Spanischen Universitäten und Erziehungsanstalten, ohne alle Ausnahme, schlecht sind und nichts taugen. […] Physikalische und mathematische Wissenschaften werden so gut als gar nicht gelehrt."* Seines Erachtens haben jene, *„die Kenntnisse und Aufklärung haben, […] es nur durch sich selbst und eignes Studium".* [Ebd., S. 180] Manchmal urteilt der Anthropologe physiognomisch: Studenten, die er trifft, sehen *„knotig und ungebildet aus".*

Im Süden ist das Reisen auf den spanischen Straßen besonders mühsam, manche Wege haben Löcher, so groß *„daß die Maulthiere bis an den Bauch hineinfallen".* [Ebd., S. 341] Sie müssen immer wieder absteigen, Flüsse überqueren und übernachten in Wirtshäusern, die wider Erwarten oft gut, aber für Carolines Verhältnisse sicher nicht bequem sind. Die Gegend zwischen Córdoba und Sevilla ist wegen der Überfälle von bewaffneten Räubern berüchtigt. Andalusien gilt als besonders gefährlich, aber es gibt auch dafür Ratschläge in der Reiseliteratur. *„Diese Räuber thun den Personen nichts, sie nehmen sogar sehr selten Sachen, sondern begnügen sich meist mit dem Gelde, Uhren und was sie sonst von Kostbarkeiten finden."* Wilhelm bekommt Ähnliches auf seiner baskischen Reise ein knappes Jahr später zu hören, als er den Postillion nach der Gefahr fragt und der erklärt, die Räuber seien ehrliche Leute, *„sie nehmen nur, was ihnen zusteht".* [Wilhelm an Caroline, 24. April 1801] Man mietet zum Schutz Soldaten oder Bürger mit Flinten, die Katalanen gelten als die besten. Wilhelm engagiert für die Fahrt zwischen Córdoba und Sevilla zwei Soldaten, und auch er und Gropius, der Erzieher, bewaffnen sich mit Säbeln und Pistolen. Einmal bricht die Achse ihres Wagens, ein andermal stürzt der Wagen um. *„Meine Frau lag unten und ihr gegenüber Gropius, mir oben gegen-*

über Emilie mit Theodor. Niemand nahm nur den mindesten Schaden" – auch nicht die schwangere Caroline. [Tagebuch GS XV, S. 254]

Alleine und ungefähr zu der Zeit, als sein Bruder unterwegs nach Amerika den Pico de Teide auf Teneriffa bestieg, kletterte Humboldt auf den Berg Montserrat bei Barcelona. Er schickte einen ausführlichen Bericht an Goethe. Der folgenreichste Ertrag dieser Reise war seine Begegnung mit den Basken. Humboldt wird sich ein knappes Jahr nach dieser Reise, im April 1801, nochmals auf den Weg dorthin machen – mit den „Vasken", wie er sie nach alter Schreibweise nennt, beginnen seine Sprachforschungen.

In Madrid erfährt Humboldt vom Staatsstreich Napoleons am 18. Brumaire 1799, und er ist, wie er dem Schwiegervater schreibt, darob zufrieden. In dem Brief, den er Karl Friedrich von Dacheröden fünf Tage nach der Machtübergabe schickt, steht: *„Über die neuerliche Veränderung in Frankreich werden auch Sie, verehrungswürdigster Vater, sich gewundert haben."* Er könne es aus der Ferne nicht beurteilen, aber es freue ihn, *„daß mehrere mir persönlich bekannte Leute von unverkennbaren Talenten an die Spitze der Geschäfte gekommen sind"*. Die positiven Auswirkungen fallen ihm schon bei der Rückreise auf: Dieselben südfranzösischen Provinzen, durch die er auf dem Hinwege gekommen war, seien jetzt angenehmer, und *„auch die Bewohner [...] fand ich im eigentlichsten Verstande in Hoffnungen und Aussichten auf die Zukunft wie neugeboren"*. Es gebe weniger *„Terroristen"*, mehr Leben auf den Straßen, und die Industrie sei wieder aufgelebt. Möglicherweise wußte Humboldt sogar von den Umsturzplänen, bei denen Sieyès eine zentrale Rolle spielte.

Noch deutlicher ist seine Parteinahme in dem Brief aus Madrid an Brinckmann, der in Paris sitzt und von dem er sich Berichte von dieser *„merkwürdigsten Epoche der*

Französischen Revolution" wünscht. *„Einige Leute behaupten zwar hier, daß es mit der Freiheit dabei nicht gut stehe. Aber da mir die lebenden Menschen und ihre Ruhe immer lieber sind, als die bloß metaphysischen Wesen, so ist meine Parthei genommen. […] Es sind doch endlich Leute von Kopf und Talent in den Aemtern, man wird Ordnung und Ruhe wollen, und Macht haben, sie herzustellen."* [5. Dezember 1799]

Am 17. Mai 1800, vier Wochen nach der Rückkehr, wird in Paris die dritte Tochter, Adelheid, geboren. Die tapfere Mutter schreibt an ihre Tante: *„Das kleine Geschöpf ist außerordentlich groß und stark zur Welt gekommen, und obgleich ich viel gelitten habe, so bin ich doch so weit hergestellt, daß ich fast den ganzen Tag auf sein kann und mich mehr erhole"* [29. Mai 1800], während im Brief an den Vater vom selben Tag steht: *„Ich kann Ihnen versichern, daß ich noch nie eine so stille und geräuschlose Wochenstube wie dieses Mal gehabt habe."* Gegenüber Schweighäuser, einem der Erzieher und dann lebenslangen Freund der Humboldts, hatte sie vor der Geburt noch ihre Angst geäußert: *„Ich bin guter Hofnung, und denke in der ersten Hälfte Mais niederzukommen. […] Ich hoffe, wir sehen uns wieder, mein lieber Freund, doch komt man sich in einem Zustand wie der meinige oft so zweifelhaft vor daß ich wohl auch manchmal denke, wir könnten uns nicht wieder sehn."* Sie bittet ihn, falls ihr etwas passieren sollte, sich um die Kleinen zu kümmern.

Aus Wilhelms Briefen geht hervor, daß sie sehr krank war und er fürchtete, sie würde diese Geburt nicht überleben. Er spricht von dieser Angst noch ein Jahr später. [An Caroline, 16. Mai 1801] Verwandten und Freunden gegenüber hatte Caroline ihre Schwangerschaft gar nicht erwähnt, weil sie ihnen keine Sorgen machen wollte.

„Der Himmel war ♦ göttlich gestirnt und das Mondlicht zitterte auf schwarzen Wellen"

Caroline und Wilhelm sind Mitte Dreißig, sie haben viel von der (westeuropäischen) Welt gesehen, viele Bekanntschaften gemacht, fremde Sitten und Sprachen kennengelernt und ihre erste große Ehekrise überstanden. Wilhelm weiß inzwischen, wer er ist und was er kann. Er will nun wirken und Spuren hinterlassen.

Der ursprüngliche Plan, im Sommer 1800 zu Carolines Vater und den Freunden zurückzukehren, mußte immer wieder verschoben werden, erst wegen des neugeborenen Mädchens und seiner Pockenimpfung, dann wegen großer Hitze und politischer Turbulenzen. Schließlich wurde der Erzieher krank, und im Winter wollte man auch nicht fahren, so verzögerte sich die Rückreise bis zum Sommer 1801. Schon während ihrer Reise durch Spanien war Wilhelm von den Basken und deren Sprache fasziniert, er hatte entdeckt, daß die Sprache dieses Völkchens zwischen Frankreich und Spanien ganz anders gebaut ist als alle Sprachen, die er bis dahin kennengelernt hatte.

Im Frühjahr 1801 fährt er mit einem befreundeten Kaufmann, Georg Wilhelm von Bokelmann, einem Freund Rahels, den er bezahlt, in dessen Cabriolet nochmals nach Südfrankreich und über die Pyrenäen. Alle drei bis fünf Tage geht ein Brief an Caroline, der er mehrmals dafür dankt, daß sie ihm diese Reise ermöglicht hat. Offenbar hat sie ihm zugeredet, auf diese Exkursion zu gehen, und das heißt auch, sie wird ihm gesagt haben, daß sie mit den vier Kindern und dem Haushalt ohne ihn zurechtkomme. Seine Briefe enthalten lange Passagen über das Rollen des Meeres und die Wildheit der Landschaft. Er entdeckt eine *„innige Sehnsucht nach Natur"* und – auch wenn ihn Eichenwälder und die von Weinreben umrankten Häuser faszinieren – wieder seine „Deutschheit". Sein Blick ist politisch und romantisch.

Auch wenn dieser Berliner Intellektuelle im großen und ganzen nicht anfällig war für die antirationalistische Stilisierung des Mittelalters, klingt der Zeitgeist an, wenn Wilhelm in den südfranzösischen Schlössern *„ein lachendes Bild des Wohlstandes"* wahrnimmt und die Heimat dagegenstellt. Die südfranzösischen Adelssitze *„lassen die Einbildungskraft meist leer, die durch die Trümmer einer alten Ritterburg auf den Felsenufern der Saale und Elbe ganz anders ergriffen wird".*

Carolines Briefe fehlen, aber man erfährt aus seinen, daß sie die Kinder unterrichtet: *„Mit dem Griechischen quäle Dich ja nicht. Übersetze bloß mit den Kindern und frage sie die Wörter, die vorkommen und die sie wissen können. Alle Grammatik laß ja. Es ist genug, daß sie sich im Lesen üben, die Töne immerfort hören, ihre Wörter nicht vergessen und einige neue lernen."* Unmittelbar danach erzählt er von seinen Forschungen bei den Basken. *„Stell Dir nur vor. Ich habe ein Fragment eines alten Triumphliedes aufgefunden, das vermutlich gleich nach dem Cantabrischen Krieg also etwa 10 Jahre nach Christus, gedichtet ist"* [Mai 1801].

Die Begegnung mit der Fremde macht ihn sensibel. Spannende Entdeckungen, Naturerlebnisse, die Familie im Hintergrund und interessante Begegnungen lassen ihn bemerken, daß *„die Abwesenheit von allem, was ich liebe, mich an sich weicher und jedem tieferen Gefühl empfänglicher macht. Fast ist mir's manchmal, als wäre ich in die Fremde gegangen, um tiefer und inniger in mir zu leben. Ich freue mich meiner Reise, der Natur, die ich sehe, der Gefühle, denen ich mich überlasse, aber daß ich nicht mit meiner teuren, inniggeliebten Li bin, daß sie nicht mit mir ist, gerade*

da ich einen schönen und großen Genuß habe, das ist mir
schmerzlich, und diese Wehmut ist mir süßer darum, weil sie
aus dem einzigen Gefühl fließt, das mich durchs ganze Leben
beglückt."

Man stellt sich vor, wie er einsam oder auch mit Herrn
Bokelmann (in den nun Rahel Levin verliebt ist) diskutierend, am Mar Cantábrico den Strand entlangreitet. Die un-
ruhige Welt liegt jenseits der Pyrenäen. Napoleon erobert
den Kontinent, Fürsten werden entthront, und Wilhelm
hat aus nächster Nähe erlebt, wie die alten Regeln wegge-
fegt wurden. Aber er hat Caroline. Sie ist das Band, das *„in*
meiner Seele alle Empfindungen, woher sie auch stammen
mögen, verbindet". [2. Mai 1801] Hier, wo er fremd und
allein ist, spürt und formuliert er: *„Der Mensch muß etwas*
Festes haben, woran er sich halten kann, etwas, das ihm ein
Maß und ein Ziel ist, sonst hat er für sein eigenes Dasein
keinen Begriff, und es hat keine Art des Wertes für ihn. Im
ganzen Reich der Gedanken ist nichts, nichts, was das sein
kann." Es würden ihn *„Gedankenketten und die Menge ver-*
knüpfter Dinge" weder halten noch tragen. *„Wie dem phy-*
sisch Schwindelnden ist es mir oft moralisch. Nichts hilft mir
alsdann, wirklich nichts, liebe Li, als das Gefühl [...] daß Du
mich liebst, daß ich Dich liebe, und daß doch etwas ist, und
wäre auch alles andre nichts." [16. Mai 1801]

Das ist eine wunderschöne Liebeserklärung aus Bilbao,
es ist auch ein Dokument über den verlorenen Halt nach
dem Zusammenbruch der alten Ordnung und zugleich
eine Geschichte über die Rolle, die der Familie und den
Frauen zugewiesen wird.

Auch auf dieser Reise ist Humboldt wieder Volkskundler, der sich zum Beispiel bei einem Pfarrer einquartiert,
dessen Kenntnisse baskischer Sprache und Sitten abfragt
und von ihm ein Manuskript bekommt, das er ausbeu-
ten darf; der über die Felder geht, sich mit dem Volk unterhält und in seinem Tagebuch notiert, daß Frauen die

meiste Arbeit tun und hier auch den Amboß schlagen. Er beschreibt Werkzeuge und die Nahrung der Tagelöhner, außerdem trifft er Louis Bonaparte und geht mit ihm auf einen Ball. Nach zwei Monaten Abwesenheit beeilt er sich, zur Familie zurückzukehren, und weil er spart und deshalb mit der Postkutsche fährt, sind das zehn bis zwölf Tage Fahrt, jeden Tag neunzehn Stunden in einem unbequemen Wagen. Erst im August 1801 kommt die Familie via Erfurt und Weimar nach Tegel und verbringt den Winter 1801/02 in Berlin.

Sobald er von dieser Reise in das Baskenland zurückkommt, faßt der spätere Sprachforscher den „Definitiv-Entschluß", seine Erfahrungen zu Papier zu bringen. Er kündigt dem einstigen Lehrer und Reisegefährten Joachim Campe sein „Vaskenwerkchen" mit der Bemerkung an, „daß die baskische Sprache eine der ältesten bekannten Muttersprachen Europens ist, daß man noch gar keine gründliche in England, Frankreich oder Deutschland gangbare Schrift über sie, sondern nur eine seltene spanische und eine nicht häufigere französische (sehr mangelhafte) Grammatik und ein noch viel selteneres spanisches Wörterbuch hat." [An Campe, 28. Juni 1802] Auch dieser Plan wurde nicht realisiert. 1803 erschien ein kleiner Teil der Studien als „Reiseskizzen aus der Biscaya" in Bertuchs „Allgemeinen geographischen Ephemeriden", und erst ein Jahrhundert später wurden die Aufzeichnungen wiederentdeckt und publiziert. In der Begegnung mit den Basken hat Humboldt sein Feld gefunden – es ist der Beginn seiner Konzentration auf Sprachforschung, und diese Beschäftigung mit Sprache wird die Synthese, in die seine verschiedenen philosophischen, anthropologischen, ästhetischen und vielleicht nicht politischen, aber doch sozialen Interessen münden. Er, dem sein überragender Freund Schiller klargemacht hat, daß seine Sprache zu schwerfällig sei, und der einsehen muß, daß er zum Schriftsteller nicht tauge, wird seine intellektuelle analytische Begabung in die Beschäftigung mit Sprachen stecken. Wieder entwirft er ganz große Pläne – ihm schwebt eine *„allgemeine Enzyklopädie des gesamten Sprachstudiums und mithin aller Sprachen"* vor. Er werde sie, verspricht er kurz nach der Rückkehr in einem Brief an Schiller, mit Philosophie und Völkerstudium verbinden. Dazu *„ist es schlechterdings notwendig, daß ich mich nacheinander eine längere Zeit in verschiednen fremden Ländern aufhalte".* [11. Mai 1802] Beim Studium der baskischen Sprache hat Humboldt auch entdeckt, daß der andere Bau der Sprache mit einem anderen Gedanken- und Empfindungssystem zusammenhängt – ein Gedanke, der über ein Jahrhundert später der Sprachwissenschaft eine neue Richtung geben wird.

◆ **Auf der Suche nach einem Platz**

Im Archiv der Akademie der Wissenschaften, jetzt Berlin-Brandenburgische, zuvor AdW der DDR und davor eben Preußische, steht im digitalisierten Katalog unter Wilhelm von Humboldt, Kurzbeschreibung der Bestände der Nachlaßabteilung: *„1790 Referendar am Kammergericht in Berlin. In der Folgezeit mit hohen Funktionen im preußischen Staatsdienst betraut. 1809–1810 Leiter der geistlichen und Unterrichtsangelegenheiten im Ministerium des Inneren."*

Erst im Laufe des 19. und erst recht im 20. Jahrhundert wurde es rufschädigend, wenn ein bedeutender Mann zwölf Jahre lang nur studierte, die Welt erkundete, vom Vermögen seiner Mutter und dem seiner Frau lebte und mit fünfunddreißig Jahren seine erste bezahlte Stelle antrat. Noch ist es nicht anstößig, wenn wohlhabende Adelige oder auch Bürgerkinder von ererbten Einkünften leben – Burgsdorff bettelt seinen Vater an, Rahel lebt vom ererbten Vermögen, Schlabrendorff oder Karl Graf von Finckenstein (Rahels Beinaheverlobter) tun das ohnehin. Auch diese Selbstverständlichkeiten schwinden nun, und außerdem sind Vermögen und Grundstücke in Zeiten der französischen Eroberungen keine zuverlässige Basis mehr. *„Das Reisen auf meine eignen Kosten, mit meiner sehr starken Familie, wurde mir zu lästig, ich musste also von dieser Seite eine fremde Unterstützung suchen. Es kam noch dazu, daß doch auf die Länge bei uns das Herumreisen und Verzehren seines Vermögens außer Lande nicht gut geheißen wird. Auf der andern Seite konnte es mir auch nicht gleichgültig werden, auf eine Vermehrung meiner Einkünfte zu denken. Meine Kinder wachsen heran, ihre Erziehung kostet von nun an ungleich mehr als bisher, und selbst ihre künftige Versorgung macht es für mich ratsam, mir Verbindungen im Dienst zu verschaffen"*, erläutert Humboldt seinen Eintritt in preußische Dienste gegenüber Schiller. [11. Mai 1802] Zehn Jahre später hat er den Schritt anders gedeutet, in einem Brief an Charlotte Diede, die Adressatin der „Briefe an eine Freundin", heißt es: *„Ich nahm die Stelle nur des Landes wegen an."* [3. November 1814]

Humboldt hatte inzwischen einen Namen und mußte nur ein wenig in seinem ausgedehnten Bekanntenkreis streuen, daß er bereit sei, dem König zu dienen, und *„eine unerwartete Verbindung von Umständen und vorzüglich der Zufall"* [an Schiller, 11. Mai 1802] verschafften ihm, was man heute einen Traumjob nennt. Er wurde vom König zum Preußischen Residenten beim Päpstlichen Stuhl bestellt. Am 24. April hatte er sich beworben, schon am 7. Mai lag dem König der Vorschlag – mit Rekurs auf Herkunft und Besitz des Bewerbers – vor, und am 15. Mai wurde

Humboldt ernannt. Die Stelle war nicht sehr begehrt, aber das galt nur für ehrgeizige Diplomaten, die wichtig sein und wirken wollten.

Für Wilhelm war es die Chance, endlich seinen Italientraum zu realisieren, die Zeugnisse der Antike zu studieren und seinen Forschungen nachzugehen, ohne allzuviel von Geschäften belästigt zu werden. Auch Caroline freut sich, sie beteuert, schon seit ihrer frühesten Jugend hätten ihre ersten Gedanken Rom gegolten. Humboldt und sein Vorgänger Johann Daniel Uhden kannten einander aus der Studienzeit in Göttingen, Uhden wollte weg aus Rom, weil ihm seine Frau davongelaufen und zu dem Bildhauer Bertel Thorvaldsen gezogen war. Thorvaldsen wird in Rom einer der engsten Freunde der Familie Humboldt. Uhden und Wilhelm von Humboldt werden 1809 in der Kultus-Sektion eng zusammenarbeiten – der Kreis von Leuten, die einerseits Zugang zu Macht und Geld hatten und sich andererseits als Neuerer verstanden, war nicht so groß, daß sie einander nicht gekannt und geholfen hätten. Wilhelm war klug, sprach mehrere Sprachen, hatte etwas von der Welt gesehen – und er war adelig, wenn auch nur mit einem einfachen „von". Noch war Preußen in seinem Verhältnis zu Frankreich – notgedrungen – neutral, und so haben seine guten Beziehungen zu den Freunden des Konsuls und baldigen Kaisers Napoleon ihm in Berlin nicht geschadet. Er hatte noch aus den Zeiten seiner Beschäftigung am Kammergericht den Titel Legationsrat und wurde für seine neue Position zum Kammerherrn befördert – eine Ehre, die schon seinem Vater von Friedrich II. zuerkannt worden war.

1798 hatten die Franzosen Rom besetzt, die päpstlichen Paläste geplündert und den Papst vertrieben. 1802 war das Jahr, in dem Italien nach napoleonischen Vorgaben neu geordnet, der Kirchenstaat wiederhergestellt und die Versöhnung der Französischen Revolution mit der katholischen Kirche nach schwierigen Verhandlungen feierlich bekundet wurde.

Uhden war der erste Deutsche auf diesem zuvor unwichtigen Posten gewesen, davor hatten Italiener – zuletzt ein altersschwacher Abbate – die preußischen Interessen beim Vatikan vertreten. Bevor sie nach Rom fuhren, brachte Caroline im Mai 1802 in Berlin ihr fünftes Kind, die dritte Tochter, Gabriele, zur Welt.

Sie fahren über Halle und Weimar, werden von Friedrich August Wolf mit Informationen über Altertümer und Bibliotheken und von Goethe mit Hinweisen literarischer Art versorgt, machen in Mailand Station, das zehn Tage lang Hauptstadt der Italienischen Republik war, jetzt wieder österreichisch ist und die Anhänger Napoleons einsperrt. Der Weg führt sie über Parma, Florenz, Perugia und Terni. Wie in den deutschen Ländern untersteht jede Landschaft oder Stadt einer anderen Regierung, an jeder Grenze gibt es Kontrollen und Visitationen. Am 25. November 1802 kommen sie mit zwei Wagen in Rom an: Caroline und Wilhelm, fünf Kinder, drei Bediente, eine Amme für das Baby, der neue Hofmeister Friedrich Wilhelm Riemer, ein Diener namens Friedrich für Wilhelm und die bewährte Emilie aus Auleben, die seit 1793 zum Haushalt gehört und alle Reisen mitgemacht hat.

◆ Endlich Rom

Rom war mit etwa 160 000 Einwohnern nicht groß, eher mit Berlin als mit Paris zu vergleichen, viele Ruinen, viele – vor allem auch deutsche – Künstler, viele Bettler. Humboldt hat nun eine Position und, wenn auch nicht enorm viel, so doch zusätzlich zum privaten Vermögen ein Jahreseinkommen von vorerst 3400 Talern, für die Reisekosten bekommt er zusätzlich 2400 Taler. [Kaehler, Humboldt, S. 184 ff.] Noch von Tegel aus hat Humboldt im Juli 1802 ein Mémoire verfaßt, in dem er die Aufgaben eines preußischen Gesandten in Rom ausführlich beschreibt. Er bedient sich der höfischen Sprache (*„So stelle ich gehorsam anheim"*) und formuliert die Grundsätze für das Verhalten eines preußischen Gesandten so klug und lehrreich, als müßte er dem König oder dessen Beamten erklären, was Preußen wollen soll: kein Konkordat, das Kirchenvermögen unter staatlicher Aufsicht, keinerlei Einfluß des Papstes auf Landesrechte und dergleichen – wobei er sich auf das Preußische Landrecht beruft, das bekanntlich liberaler war als der Staat, der es verabschiedet hatte. Der zuständige Beamte setzte darunter die Bemerkung: *„zeugt von großer und tiefer Einsicht"* [Granier, Preußen, Bd. 8, S. 592], und als im August 1802 die Instruktionen formuliert werden, steht darin, Humboldt habe sich in den Akten des Geheimen Archivs bereits eine gründliche Kenntnis erworben. Wie abgestimmt solche Prozesse vor sich gingen, erhellt Humboldts Antwort: Er habe diese Instruktionen *„mit dem lebhaftesten Vergnügen durchgelesen"*, und Preußen werde, wie es Vorbild für das protestantische Deutschland war, es jetzt auch für das katholische werden *„und in der Verwaltung der neu erworbenen Provinzen zeigen, wie man zugleich die uneingeschränkteste Gewissensfreiheit gestatten und die landesherrlichen Rechte mit unerschütterlicher Festigkeit gegen fremde Eingriffe behaupten kann"*. Der Vorgang ist nicht frei von Koketterie. Anpassung an die Gepflogenheiten und Initiative mischen sich, und die Spekulation sei erlaubt, daß solche Papiere unter den Kammerherrn und Legationsräten abgesprochen wurden. Durch die Einverleibung oder, wie es in der Literatur heißt, den Hinzutritt katholischer Länder und die Säkularisierung kirchlicher

Güter hatte die römische Gesandtschaft an Bedeutung gewonnen. Die Stelle wurde aufgewertet, der neue Gesandte bekam mehr Geld als sein Vorgänger und bewachte gleichsam die preußischen Interessen in ganz Italien, da alle anderen Botschaften vorläufig unbesetzt blieben. 1806 wurde er zum „bevollmächtigten Minister" befördert, bekam eine Gehaltserhöhung und übernahm bald auch die Vertretung der Markgrafschaft Kurhessen und Hessen-Nassaus, so daß er seine Einkünfte in der teuren Stadt aufbessern konnte.

So wurden sie „hineingezogen in das große Leben der ersten Gesellschaft", wie es in einer der hagiographischen Darstellungen heißt. [Haarbeck, Familie, S. 82] Humboldt hat nun eine offizielle Funktion im preußischen Staatsdienst, im Abseits, am ruhigen Ort, von wo er so kluge, auffallend nützliche Berichte schreibt, daß er sich bald für weitere Posten empfiehlt. Er hat keinen Sekretär und keinen Schreiber, und sein Dienstweg geht über Wien, wo Karl Graf von Finckenstein die preußischen Belange vertritt. Caroline geht in die Museen und betrachtet dort antike Skulpturen und Renaissancegemälde. Er besichtigt im Freien Kunstdenkmäler, sie im Vatikanischen Museum – er außen, sie innen, und das gilt nach den Erkenntnissen der Genderforschung als geschlechtstypisch.

Als Rom 1798 von den Franzosen besetzt oder – je nach Lesart – in eine Republik verwandelt wird, werden die päpstlichen Paläste geplündert, die Kostbarkeiten nach Paris geschafft und Pius VI. gefangengesetzt. Kurz nach der Ankunft schreibt Humboldt an Schiller: *„Die päpstliche Regierung, deren Glanz und Größe immer mehr auf der Meinung anderer und eigenem Stolz beruhte, hat jetzt, da diese beiden Stützen wanken, ganz ihren Charakter verloren. Wenn man es sich hier auch nicht immer geradezu gesteht, so fühlt man doch, daß es nur eine erbettelte Existenz ist, die ihr noch verstattet wird."* [10. Dezember 1802]

Auch wenn der nächste Papst, Pius VII., seinen Hof unüblich bescheiden führt – Humboldt spricht von mönchi-
scher Bescheidenheit –, waren die Kontributionen, die
der Vatikan an Frankreich entrichten mußte (90 000 Taler
im Monat), kaum bezahlbar. In den unteren Klassen verbreiteten sich Seuchen, und wegen der schlechten Ernten
drohte eine Hungersnot.

Rombesucher beschreiben nicht mehr allein die „Pracht
der Trümmer", Kirchen und Kunstwerke, sondern auch
Schmutz, Schutt und Armut, die Abfälle auf den Straßen,
Bettler, Teuerung und Hungertote. *„Das Elend des Volks
übersteigt allen Glauben. Brod kann der ärmere Theil natürlich nicht essen. Sie nehmen also ihre Zuflucht zu den
ekelhaftesten Nahrungsmitteln, z.B. zu todtem Vieh, nicht
selten findet man am Morgen Bettler auf der Straße, die vor
Hunger umgekommen sind, und im Frühjahr fürchtet man
eine Epidemie. Die Regierung sieht dies alles mit einer Art
von Passivität an, und zieht indess ungeheure Auflagen ein."*
[An Kunth, 10. Oktober 1802]

Ihr erstes Quartier beziehen die Humboldts in der Villa Malta (wo auch Anna Amalia, die kunstsinnige Mutter
des Herzogs von Weimar, bei ihrem Rombesuch gewohnt
hatte) und werden dort von der Schriftstellerin Friederike Brun und deren Tochter in Empfang genommen. Die
Familie zieht, sobald Humboldts Vorgänger abgereist ist,
in dessen Wohnung im Palazzo Tomati in der Via Gregoriana – auf dem Pincischen Hügel gelegen, wo einst die
Gärten des Lucullus standen, *„in welchen Schwelgerei die
raffiniertesten Genüsse häufte",* wie Schinkel bemerkt, der
Rom zum ersten Mal 1803 besucht und die Aussicht zeich-
net. [Schinkel, Reisen nach Italien, S. 52] Caroline schwärmt in einem ihrer
ersten Briefe an den Vater: *„Alle Gärten sind grün und voller Blumen, im Winter hören hier die Veilchen und Hyazin-
then gar nicht auf zu blühen."* [Haarbeck, Familie, S. 82]

Sie kamen nicht in die Fremde. Schon Goethe hatte in seiner „Italienischen Reise" notiert, die Künstlerzirkel hätten etwas Kleinstädtisches. Wilhelms Studienkollege und Vorgänger Johann Daniel Uhden, der als junger Archäologe nach Rom gekommen war und sich in die Kammerzofe der Gattin des dänischen Altertumswissenschaftlers Georg Zoëga verliebt hatte, die Schriftstellerin Friederike Brun und der Kunsthistoriker Carl Ludwig Fernow führten sie in Rom ein. Alle drei werden Rom bald verlassen, Fernow geht als Bibliothekar Anna Amalias nach Weimar und verfällt dort, Friederike Brun zieht vorübergehend nach Neapel.

Das Haus der Humboldts wird schnell *„ein Heim für alle Deutschen, die wissenschaftlich, künstlerisch oder literarisch tätig waren, ohne die geringste kleinliche Rücksicht auf Geburt und äußere Stellung".* [Noack, Deutsche in Rom, S. 144] Caroline wird zum *„Schutzgeist deutscher Künstler".* Wilhelm zieht eher Wissenschaftler und kirchliche Würdenträger ins Gespräch, mit denen er sich – anders als die meisten Deutschen in Italien – in der Landessprache unterhalten kann. [Hettler, Lebensbild, S. 120 ff.] Caroline serviert Gefrorenes und Gebackenes und ist mehr als eine charmante Gastgeberin. Sie macht aus ihrer Begeisterung für die Kunst einen Beruf, fördert, unterstützt und vermittelt die Künstler, verschafft ihnen Aufträge in ihrem ausgedehnten wohlhabenden Bekanntenkreis, hegt und füttert arme Maler ohne Ansehen ihres Standes. Sie läßt die deutschen Künstler, die bei ihr verkehren, von Emilie bekochen und schickt ihnen im Winter Brennmaterial. Einige sind täglich zu Gast, sie danken ihrer Mäzenin in Wort und Bild, mit Gedichten und Zeichnungen, bekommen – wie Gottlieb Schick und Daniel Rauch – Aufträge, durch die sie berühmt werden.

Im Hinterhaus des Palazzo Tomati vermietet Witwe Buti Zimmer an Künstler, unter anderem an Bertel Thorvaldsen, der mit Uhdens Gattin liiert ist, und an den Maler Ferdinand Jagemann, der ein Verhältnis mit Laura Zoëga hat. Er ist der Bruder jener Schauspielerin, die als Geliebte Herzog Karl Augusts von Sachsen-Weimar-Eisenach bekannt wurde. Von Fernow, der mit einer Römerin verheiratet war, gibt es eine hübsche Beschreibung des Milieus:

„Die wenigen Berührungspunkte, die der Deutsche und Italiener für einander haben, und die Übereinstimmung jener in Sprache, Sitten und Zweck, machen dass die meisten der in Rom lebenden deutschen Künstler unter sich eine enggeschlossene Landsmannschaft bilden, und sich, der dortigen Lebensweise gemäs, täglich in einem eigenen Speise- und Kaffehause versammeln, also auch fast täglich einander sehen und sprechen. Nur wenige, meistens ältere Künstler, die schon viele Jahre in Rom gelebt, die dort eigene Familienverhältnisse, oder näheren Umgang mit Italienern, oder sonst eine Ursache haben sich anzusondern, machen davon eine Ausnahme.“

[Fernow 1806 in: Tintemann, Grammatikvermittlung, S. 30]

Die Anforderungen des diplomatischen Geschäfts waren nicht allzu hoch. Der protestantische Heide Wilhelm von Humboldt vertrat auch die Interessen der katholischen preußischen Untertanen und überwachte den Nachrichtenverkehr der katholischen Geistlichkeit in den preußischen Gebieten mit Rom. Er empfing preußische Besucher, führte Prinzen und Grafen herum, besuchte den Papst, besprach sich mit den Kardinälen und konnte dazwischen seinen „Agamemnon" übersetzen und Altertümer besichtigen. Zu seinen Geschäften gehört es, durchreisende Hoheiten und Exzellenzen zu betreuen. Das *„Präsentieren nimmt kein Ende. Ich verliere fast den ganzen Tag in dieser Woche mit diesem ewigen Herumfahren, und in der nächsten gehn die Osterfeierlichkeiten an"*. [An Caroline, 24. März 1804] Humboldt hat – wie das auch im „Wilhelm Meister" steht – ein *„zweckmäßiges Talent"* entdeckt, er nutzt seine Stellung dazu, um Freunde und Künstler dank seiner guten Beziehungen zum Hof zu fördern. In der ewigen Stadt, in der die antiken Götter gegenwärtig scheinen und viele deutsche Künstler eine idealisierte Heimat finden, kann er seine zwei Seelen miteinander vereinbaren: die Selbstverwirklichung und den Nutzen, die Entwicklung des Innen und ein Wirken nach außen.

Es ist in Rom nicht üblich, zu Tisch zu laden, die Zeit der üppigen Gastmahle ist vorbei, zum Teil wegen der Armut und zum Teil weil mit der Aufklärung das Feinere, Schlanke und Elegante sich in der Mode wie in der Nahrung durchgesetzt hat – Speisen, Kleider, Stoffe sind im Laufe des 18. Jahrhunderts leichter und eleganter geworden. Mittwochs und sonntags bleiben Humboldts zu Hause und empfangen, die anderen Tage sind mit *„conversazioni"* besetzt, *„oder es sind Posttage".* Ähnlich wie in den Berliner Salons und in den Kurorten war es in Rom leichter, Standesgrenzen zu ignorieren. Der Gesandtengattin obliegt die Führung eines groß gewordenen Hauswesens. Sie ist für die Aufsicht der Kinder und zum Teil auch für den Unterricht zuständig, weil es anfangs noch keinen Hauslehrer gibt. Sie kümmert sich um die Einrichtung und um die Geselligkeit. Die Möbel und den Bedienten hatten sie von Uhden übernommen, Caroline ließ, für 450 bis 480 Reichstaler, Matratzen anfertigen, einiges Küchengerät mußte neu angeschafft werden.

Auch wenn Frau von Humboldt nicht selbst Hand angelegt hat, so war es doch ihre Aufgabe, alles zu organisieren, Anweisungen zu geben und zu planen. Die Amme mußte sie zurückschicken, sie war unbrauchbar – unter anderem weil sie trank; für die Betreuung Gabrieles wurde ein italienisches Mädchen eingestellt. Der Erzieher Friedrich Wilhelm Riemer, *„der Mensch",* mußte entlassen werden, weil er Caroline auf unzumutbare Weise liebte. Er wurde an Goethe empfohlen, der ihn als Hauslehrer seines Sohnes anstellte. Auch Gropius, der die Familie durch Spanien begleitet hatte, dürfte ihr zu nahegekommen sein (ein *„glühend sinnlicher Mensch“*) und mußte gehen, und auch der Erzieher Friedrich Karl Ludwig Sickler konnte nicht lange bleiben.

Caroline wird später Theodors Entwicklung, die nicht war, wie die Eltern es wünschten, auf *„den ewigen Wechsel seiner Lehrer“* und den ungünstigen Einfluß Sicklers zurückführen, *„der nach seiner Ankunft in Rom ein Nervenfieber bekam, was ihn zu einem ganz andern, heftig aufgereizten, toll leidenschaftlichen Menschen machte“*. Auch der Arzt Heinrich Kohlrausch, der 1805 nach Rom kam und Caroline nach Paris begleitet hatte, wurde verstoßen, weil er sich gegenüber der Hausfrau zu anstößigem Verhalten hinreißen ließ. Solche Berichte lassen vermuten, daß Caroline nicht nur gefühlsreich und warmherzig war, sondern auch verführerisch. Sie hat offenbar nicht nur Wilhelm in Erregung versetzt – ihn vielleicht weniger als andere Männer, die sich nicht so gut kontrollieren konnten wie er.

Er lebe, schreibt Wilhelm an Brinckmann, mit den *„Meinigen und den Ruinen“* und sieht *nur „soviel Leute, als ich muß“*, abends haben *„wir, wie in Paris (und zum Theil dieselben) Deutschen um unsern Thétisch“. „Haus machen heißt hier* […] *Conversationen geben, bei denen nichts Kaltes, noch Warmes gereicht wird. Doch ist es theuer, da man dazu ein großes Haus, ein Heer schlechtgekleideter Bedienter und Kammerdiener, einen gentiluomo* […] *braucht.“* [An Brinckmann, Rom, 10. Oktober 1802]

Zu ihren Gästen zählen Schriftsteller, Prinzen, Diplomaten, auch hohe Chargen des Vatikans einschließlich des Bibliothekars und des Mannes, der die vatikanischen Ausgrabungen leitet. Die Freundschaften bewähren sich nicht nur diplomatisch, auch die Humboldtschen Sprachstudien und Carolines Kunstsammlung profitieren davon. Zu den Künstlern ist Caroline mütterlich, die Exzellenzen bekommen Tee. Das Haus ist ein Treffpunkt der Deutschen, aber um 1802 wäre es korrekter, zu sagen, es ist ein Treffpunkt von Schwaben, Tirolern, Bayern, Brandenburgern, Franken, Livländern, Dänen und anderen, vorzüglich Malern wie Gottlieb Schick aus Schwaben, der das hübscheste Bild Carolines gemalt hat und schon in Paris häufig Gast bei Humboldts war. Der Maler Friedrich und sein Dichterbruder Ludwig Tieck, Joseph Anton Koch, ein Landschaftsmaler aus Tirol, und Johann Christian Reinhart, ein Franke, der als Patriarch der deutschen Künstlerkolonie bezeichnet wird, sind Teil der Hausgemeinschaft. Auch Karl Gotthard Graß, Landschaftszeichner aus Livland, ist ein Freund aus Pariser Tagen, Johann Joachim Spalding, Prediger aus Berlin, ist der Vater jenes Altphilologen, der Wilhelm im Hebräischen unterrichtet hatte. Zu den wenigen Künstlerinnen, die man heute noch kennt, gehört die Malerin und Freundin Goethes Angelika Kauffmann. Karl Friedrich Schinkel trifft 1803 – krank und erschöpft – in Rom ein und bekommt von Humboldts, lange bevor er berühmt wird, erste Aufträge. Der Zeichner und Kupferstecher Wilhelm Friedrich Gmelin unterrichtet den Lieblingssohn Wilhelm im Zeichnen. Für Christian Daniel Rauch wird Humboldt eine Art Vaterfigur *(„indirekt schonend belehrend")*. [Briefwechsel Caroline und Rauch, S. 10f.] Er zieht, als Humboldt nach Berlin geht, als männlicher Schutz Carolines in den Palazzo Tomati ein und kümmert sich nach dem Weggang der Humboldts auch um die Habseligkeiten und dann den Transport der in Rom angesammelten Kunstwerke nach Tegel. Wie Gottlieb Schick hat auch Christian Daniel Rauch, Sohn eines Hoflakaien und selbst eine Zeitlang Kammerdiener, stets betont, daß die niedere Herkunft im Hause Humboldt keinerlei Einfluß auf den Umgang hatte, allerdings spricht er Caroline stets als gnädige Frau an und unterzeichnet seine Briefe an ihre Exzellenz als „gehorsamster D. R.".

Zu den alten Pariser Bekannten, die sich in Rom einfinden, gehören auch Madame de Staël, ihr Freund Benjamin Constant de Rebeque und in deren Schlepptau August Wilhelm Schlegel. Aus den höheren Ständen werden der dänische Graf Adam Wilhelm Graf Moltke mit Familie, Prinz Georg von Mecklenburg-Strelitz, ein Bruder der preußischen Königin Luise, Prinz Friedrich von Sachsen-Gotha, Kronprinz Ludwig von Bayern genannt. Antonio Canova, der berühmte Neoklassizist und Hauskünstler der Bonapartes, verkehrt bei Humboldts. Sein bekanntestes Werk, „Paolina Borghese" (Schwester Napoleons, die dem Bildhauer als Göttin der Liebe Modell stand), hat er 1805 in Rom fertiggestellt, auch Lucien Bonaparte, der Außenseiter des Clans, zählt zum nahen Bekanntenkreis.

Der römische Adel war verarmt, der Fremdenverkehr zurückgegangen, Mäzene waren aus der Stadt geflohen oder verhaftet worden, und damit waren auch die Aufträge für Künstler zurückgegangen. Viele hatten die Stadt verlassen, und viele, die blieben, darbten, aber der Palazzo Tomati stand in diesen Jahren der Kriege, Boykotte und wechselnden Koalitionen in gewisser Hinsicht über den Welthändeln.

Und noch einmal scheint Wilhelm von Humboldt dem von Goethe erdichteten Vorbild zu folgen. Wilhelm Meister findet seine Bestimmung, als er Felix, seinen Sohn, erzieht. Caroline verläßt Anfang 1804 mit dem kranken Sohn Theodor Rom für ein knappes Jahr. In der Zeit kümmert sich Wilhelm um die beiden kleineren Töchter. Wenn es seine Geschäfte erlauben, sitzt er an der Übersetzung des „Agamemnon" oder streift durch die Straßen auf der Suche nach Zeugnissen der Antike, besichtigt, wie es in einer langen Humboldtschen Ode an Rom heißt, die verbliebenen Trümmer der antiken römischen Republik. Lorenzo Hervás, Leiter der päpstlichen Bibliothek und „am Ende des 18. Jahrhunderts so etwas wie der Sprach-Archivar der Welt" [Trabant, Mithridates, S. 233], verschafft ihm Zugang zu seiner umfangreichen Sammlung. 1805 kommt Alexander zu Besuch und bringt dem Bruder Bücher über süd- und mittelamerikanische Sprachen mit.

Wilhelm schreibt kleine Aufsätze, gewinnt neue Erkenntnisse über das Ich und das Du, das Verhältnis des Individuums zur Gesellschaft, und ganz besonders fasziniert ihn der *„innere, geheimnisvoll wunderbare Zusammenhang aller Sprachen".* Zwar findet er: *„Rom ist eine Einöde* […] *aber die schönste, die erhabenste, die fesselndste, die ich je gesehen habe."* Er sei glücklich und *„erweckter zu Ideen"* als in den Jahren zuvor. [An Brinckmann, 22. Oktober 1803]

Alles wäre wunderbar gewesen, hätte nicht ein schreckliches Ereignis die Idylle zerstört. Rom war umgeben von Sümpfen, aus denen in der Sommerhitze Schwärme von krankheitserregenden Mücken aufstiegen. Rom, 27. August 1803. Humboldt an Schiller: *„Ich schreibe Ihnen, lieber Freund, mit wehmütigem Herzen. Ich kann Ihnen sagen, daß mich, seit ich lebe, jetzt das erste Unglück betroffen hat. Aber der erste Schlag ist auch fast der härteste, der mich je hätte treffen können. Unser ältester Knabe, Wilhelm, dessen Sie sich vielleicht dunkel erinnern, ist uns plötzlich an einem bösartigen Fieber gestorben."* Caroline, die bei ihm war (die Familie war in L'Ariccia in den Albanerbergen, drei Stunden vor Rom, wo sie die Sommer verbrachten, weil die Luft dort gesünder war als in der Stadt), hat nach ihrem Mann geschickt, aber er kam zu spät. Ihrem Vater berichtet sie: *„Am 15. August 1¼ Uhr nachmittags entriß mir der Tod meinen geliebten ältesten Sohn Wilhelm, und seitdem ist mein Leben ein Gewebe voller Leiden",* und nach der ausführlichen Schilderung des Todeskampfs klagt die Mutter: *„Nun ist mir der schönste, der zärtlichste, der stärkste und blühendste entrissen.* […] *Mein armer lieber Humboldt fand ihn nicht, und auch daß der Knabe nicht mehr die Freu-*

de gehabt hat, seinen Vater zu sehen, und der Vater sein Kind, ist vermehrte Bitterkeit in dem Kelch dieser Leiden. Wilhelm war sein liebstes Kind; seitdem wir hier sind, war er der Einzige, der ausnehmend um ihn war, und [...] Humboldt [gab] trotz seiner vielfachen Geschäfte dem Kleinen noch den Unterricht." [2. September 1803]

Umschläge, Aderlaß, Chinin und Opium – viel mehr gab es nicht, um ein Fieber zu bekämpfen, das Malaria oder ein anderer Infekt aus den römischen Sümpfen war. Der Knabe wurde unter der kurz vor Christi Geburt erbauten Cestius-Pyramide begraben, wo bis ins 17. Jahrhundert die Heiden, danach Ausländer und Protestanten (so auch Goethes Sohn) ihren letzten Platz fanden. Auch die älteste Tochter Caroline und die zweite, Adelheid, haben heftiges Fieber, das Hausmädchen Emilie und das italienische Kindermädchen sind krank, Theodor erholt sich den ganzen Winter über nicht. Die Ärzte raten zu einer Klimaveränderung. In Panik um den nun einzigen Sohn Theodor reist Caroline Anfang März 1804 aus Rom ab. Heinrich Kohlrausch, ein junger deutscher Arzt aus einfachen Verhältnissen, begleitet sie. Die älteste Tochter fährt mit ihr, die beiden jüngeren Mädchen bleiben in Rom beim Vater.

Caroline reist zuerst nach Erfurt zum Vater und von dort in Richtung Paris und: sie ist wieder schwanger. In Paris wird im Juli Luise geboren, sie stirbt im Oktober 1804 – eine Folge der Blatternimpfung, eine noch neue Errungenschaft, die von vielen abgelehnt, von Humboldt befürwortet wird. Der Vater hat dieses Kind nie gesehen.

Zurück in Rom, wird im Januar 1806 ihr siebtes Kind, Gustav, geboren, das knapp zweijährig im November 1807 stirbt. Grund war, nach Carolines Darstellung, das Zahnen, auch das war damals noch lebensgefährlich. Im Sommer 1808 schwängert Wilhelm sie wieder, im April 1809 kommt Hermann, der jüngste Sohn, in Rom zur Welt. Da hat Humboldt (am 20. Februar 1809) gerade erfahren, daß er Direktor der Sektion Kultus und öffentlicher Unterricht im Ministerium des Inneren werden soll. Aus Carolines Briefen wissen wir, daß diese letzte Schwangerschaft im Alter von dreiundvierzig Jahren sehr schwierig war.

Die Töchter Caroline, Adelheid und Gabriele sind durch viele überlieferte Briefe gegenwärtig. Die beiden jüngeren Schwestern werden mit Untergebenen Wilhelms gut verheiratet. Vor allem Gabriele hat die Familientradition gepflegt, sie hat die Papiere aufbewahrt, über das Leben der Humboldts geschrieben und sieben Kinder zur Welt gebracht (von denen zwei jung starben). Von den vier Söhnen haben zwei, Theodor und Hermann, überlebt. Von ihnen wissen wir wenig. Von Theodor heißt es, er habe die Erwartungen der Eltern nicht erfüllt. Das mag mit seiner schweren Erkrankung in Rom zusammenhängen, aber man darf auch vermuten, daß es für die Knaben kaum möglich war, die Erwartungen von Eltern zu erfüllen, die den Erstgeborenen und Liebling des Vaters durch seinen frühen Tod verloren hatten.

Die Briefe, die Caroline während ihrer Reise nach Erfurt und Paris schreibt, lassen eine tüchtige, selbstbewußte Frau erkennen, die alle Geschäfte – die Wahl der Posten, das Besorgen der Pässe und Gesundheitszeugnisse, Übernachtungsmöglichkeiten und Mahlzeiten – organisiert. Kohlrausch ist ihre männliche Begleitung, eher ihr Sekretär und natürlich der Arzt, der die Kinder und sie medizinisch betreut. Sogar nach dem Tod der kleinen Tochter Luise sucht sie Wilhelm zu beruhigen: *„O, fürchte nichts für meine Fassung. Ich habe deren genug und finde mich im zerreißendsten Schmerz noch immer so besonnen, daß ich mit Entsetzen oft denke, das Schicksal hat mir noch viel aufbewahrt.“* [30. Dezember 1804]

Nach Paris ist Caroline vor allem gefahren, um Schlabrendorff zu sehen, den sie auf ihre Weise liebt, *„ich brau-*

che es, brauche den Genuß mein innigstes Verlangen darin zu befriedigen, um weiter fortzuleben", und nebenher, um Geldgeschäfte für Humboldt zu erledigen. Weder Berlin noch Erfurt – das inzwischen preußisch ist – erscheinen ihr zu dem Zeitpunkt als angenehme Aufenthaltsorte. Sie hat außerdem den Auftrag, einen neuen Hofmeister und eine Köchin nach Rom mitzubringen. Sie kümmert sich in Burgörner um ihre Erbschaft und erstattet dem Gatten regelmäßig Bericht über ihre Ausgaben. Wilhelms Briefe sind melancholisch, er erzählt viel von den Kindern, von langen Spaziergängen oder Ausritten und seiner unendlichen Liebe zu ihr, er preist die *„Verachtung alles Irdischen"*[24. Juli 1804] und ist *„so zufrieden mit meinem Leben, daß ich nicht einen Tadel weiß"*. [19. Mai 1804] Er sehnt sich nach Stille und Schönheit und dem *„Genuß eines ganzen Lebens mit Dir, die sanfte Melancholie, die dieser Gegend so eigen ist, und die schmerzliche Erinnerung an Wilhelm [...], endlich die Überreste des Altertums, in dem ich immer am liebsten gelebt habe und noch lebe"*. [18. September 1804] Seit sie nicht mehr in Rom ist, bemerkt er, kommen zu den rituellen „Dienstagen" viel weniger Gäste, vor allem die Künstler bleiben weg.

Krankheiten, das Wetter, ein Sonett und eine neue Ode, der Abendstern und seine Speisen spielen in den Berichten eine größere Rolle als die Unruhen in Rom, die mit der Vorbereitung der Papstreise nach Paris zur Krönung Napoleons verbunden sind.

In Paris trifft Caroline ihren Schwager Alexander, der gerade ruhmbedeckt aus Amerika zurückgekommen ist. *„Er sieht sehr wohl aus [...] und ist viel fetter geworden"*[28. August 1804], sie erlebt am 2. Dezember noch die Krönung Napoleons zum Kaiser der Franzosen, die Wilhelm als interessantes Schauspiel, als eine Komödie, die sie noch abwarten sollte, erwähnt, aber nicht weiter kommentiert. Noch im Dezember fährt sie in Begleitung von

Kohlrausch mit der Tochter Caroline und Theodor nach Italien zurück und bewältigt den Weg bei Eis und Schnee einschließlich einer abenteuerlichen Fahrt im Schlitten über die Berge Savoyens. Als sie nach elf Monaten Trennung von Wilhelm in Rom eintrifft, kann sie dem Freund Schlabrendorff in Paris berichten, daß Wilhelm ihr ein Bad einrichten ließ, und er *„hat die Mädchen mit einer Sorgsamkeit gepflegt und bewacht, die ihn allein dem Herzen einer Mutter theurer machen müsste".* [28. Februar 1805]

Der Tod des Lieblingssohns und nun auch der Tochter Luise, die Wilhelm nie gesehen hat, bleibt den Eltern das ganze Leben hindurch gegenwärtig. Da wird nichts verdrängt, im Gegenteil, der Verlust wird in den Briefen immer wieder thematisiert, er stärkt und spornt sie an. Die Erinnerung wird jedes Jahr, an jedem Ort, der mit den Kindern verbunden ist, aufgefrischt. Das Unglück hat das Paar noch fester verbunden, der Ton der Briefe ändert sich, wird weniger pathetisch. In Rom, der Stadt voller Ruinen, Vergangenheit und Erinnerung, dem Ort, an dem zwei ihrer Söhne begraben liegen, haben Caroline und Wilhelm von Humboldt ihren Platz gefunden. Sie wären gerne dort geblieben, wenn die Weltereignisse – und ihre Vermögensverhältnisse – sie nicht daran gehindert hätten.

ZWEITER TEIL

EINTRITT IN DIE WELTGESCHICHTE

◆ Zwischen Politik und beschaulichem Leben

1805 war Humboldts Blick noch nach innen, mehr auf Ideen als Taten gerichtet. Damals schrieb er an Christian Gottfried Körner: *„Ich möchte etwas gemacht haben, in dem ich mich selbst eigentlich achten könnte, eine Reihe von Ideen entwickelt haben, durch welche die innere Ansicht der Menschheit weiterrückte. Solange ich hier bin, denke ich darauf. Nach und nach hat der rohe Entwurf in meinem Kopf einige Gestalt bekommen, da er eben begann, sich der Ausführung zu nähern, ist mir Schiller entrissen worden, auf den dabei alles berechnet war."* [8. Juni 1805]

Wäre Humboldt 1808 gestorben, wüßten wir nicht mehr von ihm als von Dutzenden anderen Zeitgenossen, die bestenfalls erwähnt werden, weil sie *„mit Schiller korrespondiert oder mit Goethe gesprochen"* haben, meinte sein Biograph Peter Berglar. [Berglar, Humboldt, S. 79]

1804 setzt sich Napoleon – selbst – die Kaiserkrone auf. Der Papst, den er gezwungen hat, für diese Krönung nach Paris zu kommen, schaut nur zu. Im selben Jahr wird erst in Frankreich und dann in den französisch besetzten Gebieten, also auch im Rheinland, der Code civil eingeführt, der zumindest formal die Gleichheit vor dem Gesetz, Freiheit für jeden, Schutz des Privateigentums, Trennung von Staat und Kirche und Gewerbefreiheit garantiert und die Voraussetzungen für eine bürgerliche Rechtsordnung schafft. Er heißt noch nicht Code Napoleon und repräsentiert noch das positive Erbe der Revolution – für all jene, die den Absolutismus, die Standesunterschiede, Privilegien und Ungleichheit vor den Gesetzen abschaffen wollen.

Preußen wird Ende 1805 in das napoleonische System eingegliedert und zum Beistand verpflichtet. Im Juli 1806 wird unter Napoleons Protektorat der Rheinbund gegründet (Kurmainz, Bayern, Württemberg, Baden, Hessen-Darmstadt und andere Fürstentümer). Karl Theodor von Dalberg wird Fürstprimas, Erzbischof von Mainz und Großherzog von Frankfurt.

Am 6. August 1806 verzichtet Franz II. auf die Kaiserkrone, womit auch formal das Ende des Heiligen Römischen Reiches Deutscher Nation besiegelt ist.

Schlecht beraten und sein Militär überschätzend, kündigt der zögerliche preußische König Friedrich Wilhelm III. den Neutralitätsvertrag mit Napoleon. Die Doppelschlacht bei Jena und Auerstädt [14. Oktober 1806] gilt als die große, entscheidende Niederlage des militärischen Preußens. Im Oktober 1806 marschiert Napoleon in Berlin ein, der Hof flieht, die Residenz wird nach Königsberg verlegt. Im Juli 1807, nach dem Frieden von Tilsit, verliert Preußen die Hälfte seines Territoriums und seiner Bewohner. Europa wird von Napoleon neu geordnet. Er gründet das Königreich Westphalen und das Herzogtum Warschau, besetzt Spanien, annektiert den Kirchenstaat, und Preußen verdankt seine weitere Existenz vor allem den Interessen des russischen Zaren, der es als Pufferstaat braucht.

Der Zusammenbruch Preußens wird zur Initialzündung für jene Reformen, die mit den Namen Karl Reichsfreiherr vom und zum Stein, Karl August (seit 1814 Freiherr) von Hardenberg, (seit 1814 Graf) August Neidhardt von Gneisenau, Gerhard Johann David von Scharnhorst [um nur die gerade noch bekannten zu nennen] verbunden sind – zumeist Nichtpreußen mit einem Blick von außen, die zum Teil sogar aus niedrigeren Ständen stammen, jedenfalls nicht, wie es bis dahin selbstverständlich war, aus altem Adel. Humboldt ist einer der wenigen geborenen Preußen in diesem Kreis.

Nachdem im Februar 1808 der Kirchenstaat von den Franzosen besetzt, die weltlichen und geistlichen Besitzungen des Vatikans enteignet worden sind, ist die Gesandtschaft in Rom ein Luxus, den sich Preußen nicht mehr leisten kann und will.

Der römische Gesandte bittet seine Vorgesetzten im September 1807 um Urlaub, um – wie es in den papierenen Zeugnissen so hübsch heißt – seine Verhältnisse zu ordnen. Die privaten Verhältnisse sind ungeordnet, weil Tegel verwüstet, der Schwiegervater auf seinen Gütern überfallen und ein Teil des Dacherödischen Besitzes dem von Napoleon kreierten Königreich Westphalen zugeschlagen wurde. 1806 war Carolines Bruder Ernst kinderlos gestorben, Caroline war die Alleinerbin. Wilhelm und Alexander haben ihr Vermögen in Polen angelegt, das aber gehört seit 1807 zu dem von Napoleon neugeschaffenen Herzogtum Warschau. Preußische Vermögen werden gesperrt, weil Preußen seinen Kontributionsverpflichtungen nicht nachkommt (und nicht nachkommen kann), Wilhelm kommt an sein Vermögen nicht heran. Er schreibt an den einstigen Erzieher und Vermögensverwalter Kunth: *„Ueberhaupt wankt und bebt ja alles. Wie soll Einer da glauben fest zu stehen? Ich bin mehr, wie je, auf jedes gefasst und bereit, und mehr, wie je, entschlossen zu dienen, solange man mich brauchen will. Es ist wirklich Pflicht, dünkt mich, in dieser Zeit, die ich nicht gerade für so schlimm, aber für sehr schwierig halte, und vorzüglich darum schwierig, weil so viele anfangen muthlos zu werden."* Und im selben Brief aus Rom: *„Kann ich [...] hier bleiben, so ziehe ich es in jeder Betrachtung vor."* [31. Mai 1806]

Ein Jahr lang, bis Oktober 1808, zögert Humboldt mit der Abreise, er liebt Rom und ist, vorerst jedenfalls, keineswegs von patriotischen Gefühlen getrieben, als er in Richtung Berlin fährt. Er eilt nicht zur Rettung Preußens, sondern zum Schwiegervater, der ihn zu kommen bittet, um die Erbschaftsangelegenheit zu regeln und weil der Freiherr seinen Enkel Theodor adoptieren will, um den Namen Dacheröden zu sichern. Wilhelm hält sich zwei Monate in Erfurt und auf den Dacherödischen Gütern auf, besucht unterwegs Goethe, der von seiner Begegnung mit Napoleon erzählt, und sieht die Freundinnen aus Jugendtagen, Lolo Schiller und Karoline von Wolzogen.

Schon in München hatte ihn die Nachricht erreicht, daß der Freiherr vom und zum Stein ihn als Minister oder doch nur Staatssekretär für das Ministerium für Kultus und Unterricht haben will. 1809 tritt der knapp 43jährige ins Rampenlicht der Weltgeschichte. Jetzt erst vollbringt er jene Taten, die als Inschrift für den Sockel seines Denkmals geeignet wären – falls man heute noch ein Denkmal mit einem alleinstehenden Mann errichten würde:

In nur 14 Monaten – von Ende Februar 1809 bis Ende April 1810 (mit zweimonatiger Unterbrechung nach dem Tod des Schwiegervaters) – hat Humboldt das gesamte Schulwesen von der Elementarschule über das humanistische Gymnasium bis zur Universitätsbildung, die Medizinal-Anstalten, die Kadettenausbildung und den Musikunterricht reorganisiert und die Gründung der Berliner Universität in die Wege geleitet. Auch sein Entwurf zu einer neuen Konstitution für die Juden entsteht in diesem Kontext.

Von April bis Dezember 1809 hält er sich in Königsberg auf, besucht Schulen, schreibt Memoranden und baut einen effizienten Apparat zur Reorganisation aller ihm unterstellten oder neu zu gründenden Institutionen auf.

Von Januar bis April 1810 ist er in Berlin, wo er unter anderem die Universitätsgründung vorbereitet. Ende April 1810 bittet er um seine Entlassung.

Im Juni 1810 wird er zum außerordentlichen Gesandten und Bevollmächtigten Minister in Wien ernannt.

Im Sommer 1813 ist er preußischer Bevollmächtigter beim Prager Kongreß. Es gelingt ihm, Österreich zum Kriegseintritt gegen Napoleon zu bewegen.

Von Oktober bis November 1813 ist er im Gefolge des österreichischen Kaisers in Frankfurt am Main und führt im Februar und März 1814 die Verhandlungen für Preußen beim Friedenskongreß in Châtillon.

Juni bis Juli 1814 begleitet er König Friedrich Wilhelm III. nach London. Im August 1814 nimmt er als zweiter Vertreter Preußens (neben Hardenberg) am Wiener Kongreß teil.

Von Juli bis November 1815 ist er bei den Verhandlungen der Großmächte England, Rußland, Österreich als preußischer Vertreter in Paris.

Ende November 1815 wird er preußischer Bevollmächtigter für die Territorialverhandlungen in Frankfurt, bei denen es um die Neuordnung der deutschen Länder geht.

Im Herbst 1817 wird er preußischer Gesandter in London, im November 1818 nimmt er als Beobachter am Aachener Kongreß teil.

Im Januar 1819 wird er zum Minister für Ständische Angelegenheiten ernannt und tritt seine Dienstgeschäfte in Berlin im August an.

Ende 1819 wird er aus dem Staatsdienst entlassen. Danach widmet er sich als Privatgelehrter vor allem seinen Sprachstudien.

1829 (nach Carolines Tod) wird er Vorsitzender der Kommission für die Einrichtung des Neuen Museums.

1830 erfolgt die neuerliche Berufung in den Staatsrat, Verleihung des Schwarzen Adlerordens.

Wilhelm von Humboldt war schon zu Lebzeiten eine Legende – als Gelehrter, als Humanist, als „Staatsmann von Perikleischer Hoheit des Sinnes" (Philipp August Boeckh), als Reformer der ersten Stunde. Es ist viel Tinte geflossen, um zu erklären, weshalb er nach vierzehn Monaten höchst effizienter Arbeit im Ministerium des Inneren seinen Abschied genommen hat.

Er hat als „Minister des Wissens", als ewig zweiter Mann hinter Hardenberg und (zu) geistreicher Berichterstatter alle produktiven Gedanken aufgenommen und zusammengefaßt, mit schneller Intelligenz analysiert, beurteilt und in Konzepte gegossen – Konzepte für Elementarschulen wie für Gymnasien, für die Ausbildung der Kadetten, den Musikunterricht und die volle Gleichstellung der Juden, für eine Verfassung Deutschlands oder für die Rheinschiffahrt. Für die Beamten, Höflinge, Minister und gelehrten Berater in seiner Umgebung hat er vor allem Spott übrig. Er ist gerne bei der königlichen Familie zu Besuch, und er ist gegenüber der zaudernden höchsten Autorität im Staate erstaunlich unironisch. Pflichtbewußt, effizient und fleißig schließt er, bevor er zurücktritt, alles ordentlich ab.

Humboldt ist von Anfang an von dem Fortgang der Reformen nicht sehr überzeugt, aber er ist tüchtig und kann sich offenbar in jedes Thema rasch einarbeiten – wie in das Unterrichtswesen, so auch in die komplexen Probleme, die mit der Neuordnung Europas und der deutschen Länder verbunden sind. Nach vielen Konflikten mit Hardenberg und nach Verabschiedung der Karlsbader Beschlüsse, die endgültig eine Restauration einleiten, kehrt er gezwungen und nicht unglücklich darüber mit zweiundfünfzig Jahren wieder ins Privatleben zurück.

Dafür, daß er ein großartiger Verhandler war, im Genre der Gutachten, Eingaben und Kongreßberichte vorbildlich, daß er mit Intrigen gelassen umgehen konnte und ohne ihn die Völkerschlacht bei Leipzig womöglich nicht geschlagen worden wäre, wurde ihm kein Denkmal gesetzt. Es bleibt erstaunlich, daß die kurze Zeit seiner Tätigkeit als untergeordneter Geheimer Staatssekretär einen Nimbus erzeugt hat, der seinen Namen als Universitätsgründer und oberste Instanz für humanistische Bildung in der ganzen europäischen und in der nordamerikanischen Welt berühmt gemacht hat. Sein Bild ist seither oft übermalt und geschönt worden.

◆ Bilder und Bildübermalungen

Es gibt kein Bild, auf dem Wilhelm und Caroline gemeinsam zu sehen sind. Die Porträts von ihr zeigen recht unterschiedliche Carolinen. 1804 malte Gottlieb Schick die damals 38jährige zusammen mit ihrem Sohn Theodor. Das Bild entstand kurz nach dem Tod des ältesten Sohnes, Wilhelms, und war ein Geschenk für den Arzt Heinrich Kohlrausch, der Caroline in diesen schweren Tagen unterstützt hatte. Es spielt auf die Gottesmutter an, die ihren Sohn verliert. Das berühmteste Bild Carolines ist jenes antikisierende Porträt mit dunklen Locken, großen Augen und locker drapiertem Schleier, ebenfalls von Gottlieb Schick, 1808 in Rom gemalt. Es gibt mehrere Zeichnungen von Caroline und von ihren Kindern, stets ohne Vater. Nach Carolines Tod zeichnete der Berliner Historienmaler Karl Wilhelm Wach 1829 in Wilhelms Auftrag die 63jährige, eher biedermeierlich, immer noch schön, immer noch mit dunklem Haar. Das melancholische Gesicht ist von Rüschen, Spitzen und Bändern eingerahmt. Wilhelm fand in diesem Bild eine „*große sprechende Ähnlichkeit*" und vor allem Carolines „*seelenvollen Ausdruck so tief und wahr aufgefaßt*".

Von Wilhelm gibt es mehrere Abbildungen, eine Zeichnung aus dem Jahre 1814 (von P. E. Stroehling) bildet, wie das Marmorrelief von 1796, einen durchaus schönen Mann im Profil ab; die Statuette von Johann Friedrich Drake (1834) zeigt einen gebeugten alten Gelehrten. Thomas Lawrence, englischer Hofmaler und Mitglied der britischen Akademie, der die gekrönten Häupter und berühmten Persönlichkeiten seiner Zeit repräsentativ inszeniert hat, hat 1828 den ehemaligen Minister und Gesandten vornehm und ernst gemalt. Eine Vorstellung vom würdigen Staatsmann vermittelt am ehesten die Zeichnung von Johann Joseph Schmeller, aus der Entschlossenheit und Ernst sprechen: Humboldt mit markanter, sehr gerader Nase, den leicht hervorquellenden Augen und kurzem (!) Haar. Es gibt einige Karikaturen und die Marmorbüste von Bertel Thorvaldsen, die 1808 entstand. Gern genommen (für Werkausgaben und Biographien) wird das Altersbild von Franz Krüger, auf dem Humboldt frontal, mit bereits schütterem Haar dargestellt ist, zwei Orden prangen prominent neben dem breiten Kragen: das „demokratische" Eiserne Kreuz, der einzige Orden, auf den er Wert gelegt hat, wie er Luise, Prinzessin von Preußen, erklärte, und der ganz selten vergebene Schwarze Adlerorden, den er 1830, lange nach seinem Rückzug aus der Politik, bekam. Ihre und seine Abbildungen lassen sich weder vom Material noch vom Stil her noch im Sinne der zeitlichen Ordnung nebeneinanderstellen.

Als Wilhelm 1808 mit dem elfjährigen Sohn Theodor nach Deutschland fährt, hat er ein Bild von Caroline bei sich, das er überall aufstellt – auf dem Schreibtisch, neben dem Bett, in seinen provisorischen Unterkünften in

Berlin, in Königsberg und in Memel. Er wird wohl nicht das Gemälde von Schick mit sich herumgetragen haben, eher war es das Jugendbildnis von Caroline als Rokokodame oder eine kleine Zeichnung, die später verlorenging. Daß alle Bilder idealisiert sind, versteht sich von selbst. Eine Vorstellung vom wahren Leben evoziert am ehesten das raffaelitisch inspirierte Tondo, auf dem Caroline mit dem fünfjährigen Theodor zu sehen ist. Sie wirkt zärtlich, warm, leicht melancholisch, ihr Körper erscheint stark – ohne Anzeichen der Kränklichkeit, unter der sie litt, aber in Rom, wo das Bild entstanden ist, am allerwenigsten litt. Nur die Altersbilder – sie in Rüschen und er mit Orden – könnten, nebeneinanderhängend, das Paar veranschaulichen, aber da sind beide schon ein bißchen wie Philemon und Baucis, jenseits der Unruhen, die ihr Leben bestimmten.

Im Jahr 2007 wurde in Erfurt, zur Erinnerung an die berühmten Bewohner der Stadt eine Plakette in Auftrag gegeben, welche die beiden als Verlobte zeigt – die Verlobung im Dezember 1789 fand bekanntlich im Geheimen statt, das abgebildete Paar ist keine Fälschung, es ist eine Reminiszenz aus heutiger Sicht.

Die Bilder, die der Briefwechsel überliefert, sind, wie die Gemälde und Zeichnungen, idealisiert. Sie wurden ausgewählt, beschnitten oder auch umgeschrieben, vieles ist verlorengegangen – als die Franzosen Tegel verwüsteten, im oder nach dem Zweiten Weltkrieg. Jeder der Biographen (ihrer und seiner) hat sich um Konsistenz bemüht und die Lebensgeschichten dabei geglättet. Die Originale sind nicht rekonstruierbar. Man muß diese Übermalungen mitdenken, um eine Ahnung davon zu bekommen, wie die beiden mit dem Chaos nach 1806 umgegangen sind: der Fernehe, der Umordnung Europas, den neuen Sitten und Werten und der notwendigen Flexibilität in Zeiten seiner staatsmännischen Tätigkeiten.

Gerade der private Humboldt, der Ehemann und Lie-
bende, ist nach dem jeweiligen Geschmack der Herausgeber – und Herausgeberinnen – zurechtgemacht worden. Immer noch sind viele Materialien, die ihn und auch
sie in ein anderes Licht rücken könnten, nicht veröffentlicht, vieles ist verschwunden, verbrannt oder verlorengegangen. Speziell die Briefe, die Caroline und Wilhelm
einander geschrieben haben, sind, soweit vorhanden,
„familienphilologischen Editionsprinzipien" unterworfen
worden, wie der Herausgeber der Gesammelten Werke,
Albert Leitzmann, es formuliert hat. Zu den Retuschen gehören auch jene, die Wilhelm vorgenommen haben mag,
als er sich nach Carolines Tod intensiv mit diesem Briefwechsel beschäftigte. Vor allem bei der Lektüre der Korrespondenz aus den Jahren vor, im und nach dem Krieg
der Preußen an der Seite Rußlands, Englands und Öster-
reichs, 1813 und danach, entsteht der Eindruck, daß er
schon beim Schreiben nicht nur an Caroline als Leserin
gedacht hat.

Neben dem Staatsmann und Gelehrten gibt es einen
Humboldt, der bei den „gewöhnlichen Bürgern" und vor
allem Bürgerinnen im 19. und Anfang des 20. Jahrhunderts noch berühmter war als der Gelehrte, den man heutzutage vor allem feiert. Das war der Mann, der einer vom
Schicksal nicht begünstigten Frau zwei Jahrzehnte hindurch belehrende, gütige, empfindsame Briefe schrieb,
die als „Briefe an eine Freundin" erstmals 1847 bei Brock-
haus erschienen sind und noch im selben Jahr sechsmal aufgelegt wurden. Sie wurden noch stärker mani-
puliert und gekürzt als der Briefwechsel mit Caroline,
der erst in den Jahren 1907 bis 1916 veröffentlicht wurde.
Die erste Ausgabe, knapp 700 Seiten stark, erschien in
rund 30 Auflagen, die letzte 1986, vom Verlag der Nation,
DDR, herausgegeben. Die Kolorierung dieses Humboldt-

Bilds stammt von Charlotte Hildebrand, verheiratete Diede, einer Pfarrerstochter. Sie hatte den Studenten Wilhelm 1788 bei einem Kuraufenthalt kennengelernt. Als es ihr sehr schlechtging und sie von dem mittlerweile berühmten Staatsmann hörte, erinnerte sie ihn an diese Begegnung. Der preußische Gesandte, obwohl sonst sparsam, beinahe geizig, finanzierte dieser Frau ein Jahr, sie solle, schrieb er ihr, erst einmal genesen. Als Gegenleistung wollte er Berichte über ihr Leben, womit vor allem das „innere Leben" gemeint war. Er schrieb zurück, anfangs sporadisch, nach 1822 regelmäßig, und sie bewahrte die Briefe wie ein Heiligtum auf und gab sie nach seinem Tod – hier gekürzt und dort ergänzt – als Buch heraus, obwohl er ihr geschrieben hatte, daß er das Aufheben alter Briefe nicht mochte.

Wilhelm von Humboldts Porträt ist in diesem Fall aus dem Geist des Biedermeiers überpinselt worden. Die Briefe enthalten rührende Ermahnungen und Bekenntnisse, die als eine Art Tagebuch mit voyeuristischem Nebeneffekt und, wie ein großer Teil seiner Korrespondenz, als Arbeit an seinem Image gelesen werden können. Für die Leser – und man muß wohl annehmen: vor allem für Leserinnen – waren die Briefe bis weit ins 20. Jahrhundert Lebenshilfe. Das Frauenbild, das darin sichtbar wird, samt Humboldts Lust an weiblichem Gehorsam und der Betulichkeit seiner Ratschläge, haben wenig mit dem Bill aus Carolines Briefen gemein. Man muß das Unglück der braven gescheiterten Kleinbürgerin und das biedere Pathos in Gedanken mitlesen. Albert Leitzmann konnte das Bild zum Teil restaurieren. Erst als er 1909 die ursprüngliche Fassung wiederherstellte, wurden auch Humboldts „Unterwerfungslust" und „sublimierter Psychosadismus" sichtbar.

Noch irritierender ist Humboldts Briefwechsel mit Johanna Motherby, die er in Königsberg kennen- und liebengelernt hat, wo er sehr allein war. Diese Affäre hat die Phantasie der Biographen besonders beflügelt – ein Seitensprung, eine Erregung, die in jeder Hinsicht mit dem Bild des liebevollen Ehemanns kontrastiert. Nach der Abreise aus Königsberg und nachdem er mit Caroline in Wien wiedervereint ist, schreibt er der Freundin im preußischen Norden: Es *„hat nie ein Mensch solch eine unendliche Gewalt über mich besessen“.* [1. Mai 1813] Zusammen mit seinen Gedichten über „Weibertreue“ und die „Griechensklavin“ – von denen noch die Rede sein wird –, den Bordellbesuchen und seiner Schilderung wollüstiger Begierden werfen diese Zeugnisse irritierende Schatten auf das Bild des Helden.

Was Caroline mit Wilhelm verbunden hat, wissen wir nur aus den Briefen und das heißt aus Zeiten, in denen sie getrennt waren. Das Bild, das diese Briefe vermitteln, wurde von der Urenkelin eingefärbt, deren siebenbändige Prachtausgabe mittlerweile die einzige Quelle ist, weil die Originale (weitgehend) verloren sind. Anna von Sydows Retuschen, vor allem die Auslassungen, wurden um 1900 ins Werk gesetzt, als Deutschland eine Großmacht war, wilhelminisch-preußisch, puritanisch und nationalistisch. Vielleicht enthält die Korrespondenz deshalb so viel Politik und so wenig Erotik?

Die Farben, die das Humboldt-Bild am stärksten leuchten lassen und bis heute alles andere überstrahlen, wurden auf das Bild des Staatssekretärs für Kultus und Unterricht aufgetragen. Die Farben leuchten immer noch, obwohl sich die Fachleute einig sind, daß weder das, was aus dem Gymnasium, noch das, was aus der Universität wurde, Humboldts Intentionen entspricht. Das Bild bezieht seine Leuchtkraft weniger aus der realen Geschichte als aus der Legende. Die Legende wiederum fußt auf Ideen, die offenbar mehr Kraft haben als die Wirklichkeit. Es sind die Ideen von Freiheit, Unabhängigkeit, Individualismus und Vielfalt, die immer wieder neu interpretiert wurden, um das Schul- und Universitätssystem zu verändern. Das Leuchten wird verstärkt durch die nationalen Farben, in die Humboldt als Freund Schillers getaucht wurde. 1830 erschien sein Briefwechsel mit dem Freund aus Jenaer Tagen, da war Schiller bereits eine Ikone der nationalen Studentenbewegung. Daß Wilhelm von Humboldt nach den Karlsbader Beschlüssen entlassen worden war, hat dieses Profil geschärft. Und das wiederum ist kein Gegensatz zu seiner Heroisierung als großer Deutscher. Dieses Schicksal teilt er mit anderen Gegnern des Ständestaats, die später mit ganz anderen Vorzeichen vereinnahmt wurden. Kaum zu sehen sind auf diesen Bildern von Wilhelm und Caroline das Chaos, die Ambiguität und die Widersprüche.

Wenn Wilhelm von Burgörner aus nach Berlin oder Weimar ritt oder von Paris aus ins Baskenland fuhr, war er jeweils nur für kurze Zeit fern von Caroline. Deren Flucht 1804 von Rom nach Erfurt und Paris dauerte zehn Monate. So lange waren sie zuvor noch nie getrennt gewesen. Er lebte in dieser Zeit mit zwei Töchtern – und ausreichendem Personal – in der vertrauten Umgebung in Rom, sie schrieb ihm auf ihren Wegen von Orten und Menschen, die er kannte.

Als Wilhelm mit Theodor im Oktober 1808 nach Erfurt und Berlin abreist, wissen beide noch nicht, daß die Trennung diesmal zwei Jahre dauern wird. Zudem fährt er in Gegenden und verkehrt mit Menschen, die sie nicht kennt. Caroline ist wieder schwanger, und beide rechnen fest damit, Wilhelm werde spätestens zur Geburt dieses achten und letzten Kindes zurück sein. Sie bringt Hermann am 23. April 1809 – 43jährig – in Rom zur Welt. Gebären war auch für die Oberschicht noch mit hohem Risiko behaftet.

Historiker haben errechnet, daß jede siebte oder – je nach Art der Berechnung – jede zehnte Frau bei der Geburt starb und 30 von 100 Kindern das zweite Lebensjahr nicht erreichten. Caroline hat diese letzte von acht Geburten gut überstanden. Da Wilhelm nicht bei ihr ist, stillt sie dieses Kind länger, als er es für gut befindet (auch das war Thema der Korrespondenz). Er rät zum Abstillen, sie bittet ihn um Verzeihung, daß sie es nicht tut, und hat dann Hermann bis zu seinem zweiten Lebensjahr gesäugt, da war sie über fünfundvierzig Jahre alt.

Sie sehen einander erst in Wien im Oktober 1810 wieder. Sie ahnen erst recht nicht, daß die Weltbegebenheiten und seine Arbeit (Humboldt hätte gesagt, das Schicksal) sie in den nächsten zehn Jahren immer wieder für längere Zeit auseinandertreiben würden. Er geht als preußischer Gesandter ins Hauptquartier der Alliierten nach Ratiborzitz, Prag, Teplitz, Komotau und Leipzig, nimmt in Châtillon, Paris, London, Frankfurt am Main und Wien an Verhandlungen zur Ordnung des nachnapoleonischen Europas teil. Sie hält sich mit allen oder einigen Kindern in Wien, Berlin, Rom, in der Schweiz und an verschiedenen Kurorten auf.

◆ **Entweder – oder
und sowohl – als auch**

Humboldt war sich keinesfalls, wie die Herausgeberin des Briefwechsels in ihrer Einleitung schreibt, *„sofort klar, daß in der tiefen Erniedrigung"* auch für ihn die Arbeit an der Wiedergeburt Preußens beginnen müßte. Er geht nach Berlin *„wie zur Entscheidung eines schweren Schicksals"*

[7. Januar 1809], ficht *„einen inneren Kampf"*, würde gerne dem Vaterland dienen, aber nur, wenn er sicher wäre, *„wirklich etwas Eigenes leisten zu können".* [7. November 1808] Er bliebe auch gerne in Rom, denn nur da finde er *„die Ruhe, nur da das Element […], in dem sich jedes höchste und tiefste Gefühl rein und befriedigend bewegt".* [22. November 1808] Die größte Schwierigkeit bei der Entscheidung für oder gegen ein Engagement im Ministerium sieht er darin, *„die Ehre zu retten, d. h. die Meinung zu entfernen, daß ich keinen tätigen Posten haben wolle und gegen das Wohl des Vaterlands gleichgültig sei".* [12. November 1808]

Noch Anfang 1809 schlägt er den Posten aus, den Stein für ihn vorgesehen hat, zu einer Zeit, in der alle anderen um ihre Stellen bangen, und obwohl er schreibt, alle wollten ihn und wichtige Männer drohten abzureisen, wenn er nicht das Ressort für Kultus und Unterricht übernähme. Immer noch schreiben die Eheleute einander, daß sie das Leben dort, in Rom, nie aufgeben würden und zur Not auch in Italien blieben, wenn die Mission in Rom geschlossen werden sollte. Sie sind sich einig, daß sie auch mit weniger Personal auskommen können. Aber Humboldt läßt sich von dem staatsmännisch versierten Wilhelm von Wolzogen belehren, was es unter den gegebenen Umständen hieße, nach Rom zurückzugehen, *„sich expatriieren, was auch für die Kinder nicht ratsam sei".* [9. Januar 1809] Berlin, berichtet Wilhelm nach seiner Ankunft, sei ein Dorf, arm und ausgeblutet, man geht zu Fuß, weil es keine Wagen gibt, und verwendet Talg anstelle von Kerzen. *„Man muß hier sein, um die Torheit zu fühlen, die es ist, von Rom wegzugehen"*, und er nennt, auf Dantes Höllenbeschreibung anspielend, Berlin eine traurige Stadt mit langweiligen Leuten.

Erst nach vielem Hin und Her und auf den dezidierten „Wunsch" des Königs, übernimmt er die Organisation des

Erziehungswesens – nur kommissionsweise, wie er sagt. Dann stürzt er sich, so energisch und umfassend wie bei allem, was er anfaßt, auf dieses Projekt (und wird es, wie so viele andere Projekte, nicht zu Ende führen).

Am Eingang zu einem Ausstellungsraum über Humboldt als Staatsmann könnte eine Tafel mit Redewendungen über sein Schwanken zwischen Selbstbewußtsein und Bestätigungsbedürfnis, Zweifeln und Stolz hängen. Seine Briefe an Caroline sind eine Fundgrube dafür: *„Kann man Gutes zu wirken hoffen in dieser Lage? Opfert man nicht blos sich ohne reellen, viel weniger ohne großen Nutzen?"* Er will seine Entscheidung, ob er bleibt oder geht, davon abhängig machen, *„ob dem König, seiner Umgebung an meinem Bleiben gelegen ist"*. Wenn ja, nimmt er an, wenn nicht, reißt er sich, *„sei es auch mit einiger Gewalt"*, los. [28. Dezember 1808] Sobald er sich für ein Annehmen entschlossen hat (obwohl noch immer nicht klar ist, ob er als Minister oder Untergebener seines ihm unterlegenen Studienfreundes Friedrich Ferdinand Alexander Graf zu Dohna-Schlobitten berufen wird), stellt er sich über die Dinge: *„ich werde auf einem sonderbaren Theater auftreten"*, und rühmt sich: *„Bedeutende Talente stehen weder neben noch über mir* [...] *man wird ohne Not hervorragen können."* [1. Januar 1809] Er schreibt seiner Frau, *„ich bin fähiger, als die meisten"*, und es sei keiner außer ihm da [4. Februar 1809], damit hat er wohl auch recht. Schon zu Beginn glaubt er nicht, daß er lange *„in Tätigkeit hier"* bleiben werde, und im September 1809 meint er, daß er gerne aus der Stelle wieder herauskäme. Alle halten ihn für ehrgeizig und unterstellen, er wolle Minister werden, er aber leidet unter der Mittelmäßigkeit und den Intrigen und möchte – schreibt er zumindest an Caroline – am liebsten ruhig mit ihr und den Kindern leben.

In den Briefen an seine Frau spricht er ständig von seiner Hoffnung, erst Königsberg, dann Berlin und letztlich auch Preußen bald wieder verlassen zu können. Dem Freund und Lehrer Friedrich August Wolf hingegen erzählt er, daß er die Arbeit gerne mache, ihm gegenüber rühmt er sich seines Fleißes und seiner Kompetenz: *„Je mehr ich hineinkomme, desto mehr sehe ich ein, daß meine Vorgänger eigentlich von dem Umfang des ihnen anvertrauten Geschäfts keinen Begriff hatten."* [31. Juli 1809] In dieser Korrespondenz mit Wolf berichtet Humboldt, worin seine Arbeit besteht: Wenn er nicht beim König vorspricht oder – worauf er durchaus stolz ist – an einem Ausflug der königlichen Familie teilnehmen darf, besucht er viele Schulen, mittags ißt er gewöhnlich bei Friedrich Ferdinand Alexander Graf zu Dohna-Schlobitten, der offiziell sein Vorgesetzter ist, ihn aber schalten und walten läßt. Seine Haupttätigkeit sei: die Direktion und Abfertigung aller einzelnen Angelegenheiten, Vorträge lesen, Konzepte revidieren, Aufsicht über Registratur und Kanzlei, die zweckmäßige Einleitung aller Hauptsachen, besonders neuer Reformen, das Verfassen von Aufsätzen, in denen er die Grundsätze angeben müsse, weil sonst nichts gehe, und im übrigen verbringe er seine Zeit *„mit dem Wichtigsten von allem, mit dem Nachsinnen über das, was geschehen muß, ohne daß es durch einzelne Eingaben hervorgelockt wird, dem Zusammenhalten und Fortbringen des Ganzen und endlich, was das Beschwerlichste und Zeitraubendste ist, mit dem Erhalten der persönlichen Verhältnisse, mit dem, was eigentlich die Politik der Geschäfte ist."* Dazu gehören *„der Hof, gehören Kabalen, Intrigen, denen jeder, ich nicht am wenigsten, ausgesetzt ist."*

Im April 1809 war Humboldt, wenn auch ungern, nach Königsberg übersiedelt, wo der König residiert, und hat seinen ersten Eindruck in dem Brief an Caroline festgehalten: *„welche horreur […]! Welche Wirtshäuser! welch Essen!"* Die Stadt ist häßlich, kleinstädtisch, geschmacklos, aber hier sind alle maßgeblichen Leute. Sie *„essen schlecht* *und lachen gar nicht"*, es sind im April minus 15 Grad, aber die Pflichten gehen vor. Er sei unendlich froh, Caroline *"jenseits der Alpen zu wissen"*. [4. April 1809] Anders als in Berlin und Potsdam, wo die Bürger in der Stadt, der Hof in Sanssouci und der Adel auf seinen Landgütern weitgehend getrennt voneinander leben, hat sich in dem bürgerlichen Königsberg schnell eine Höflingskultur entwikkelt, die Humboldt gar nicht gefällt. *"Bei viel anscheinender Einigkeit arbeitet nur einer gegen den andern"*.

Er weiß noch immer nicht, was mit ihm und mit seinem Departement geschehen wird, er klagt über die Gesellschaft, das Wetter und die Landschaft, das einzige Haus, in dem er sich wohl fühlt, ist das der Johanna Motherby. Falls er – wofür zumindest seine Briefe an sie und Gedichte aus dieser Zeit sprechen – in diese Frau verliebt war, so hat er das vor Caroline nicht, zumindest nicht ganz geheimgehalten, er hat ihr gegenüber mit dieser Affäre zumindest kokettiert, er deutet an, daß er verehrt wird ... ein Spiel in der Gewißheit der gut fundierten Beziehung zu seiner Frau, der er schreibt, Frau Motherby sei klug und gut, aber häßlich, er sei seit langem keiner Frau so gut gewesen, wie dieser kleinen häßlichen Motherby. Er schreibt auch, er habe Motherby von ihrer, Carolines, Schönheit erzählt und ihr – als er nach Memel fahren mußte – Carolines Bild ausgeliehen. Sie liebe, fügt er hinzu, ihren Mann leidenschaftlich – was wohl nicht stimmte, die beiden ließen sich bald scheiden. Die Angebetete brach den Briefverkehr bald ab, weil sie sich in Ernst Moritz Arndt verliebte. In Rom wiederum gibt es Jakob Alexander von Rennenkampff, einen empfindsamen Livländer auf Bildungsreise. Wilhelm neckt Caroline mit Andeutungen auf diese Freundschaft und bemerkt kokett, er finde es sehr hübsch, daß sie nicht eifersüchtig sei. *"Du hättest auch gewiß Unrecht. Was ich in Dir finde und an Dir liebe, ist einzig, wie Du selbst, und wer für Dich ein Gefühl hätte, das er zwischen Dir und einer anderen teilen könnte, der hätte Dich nie gekannt.*" [14. November 1809]

Der sonst so kontrollierte kühle Denker wird von Johanna Motherby „physisch überwältigt". In seiner Korrespondenz mit der Arztgattin aus Königsberg besingt er *„der Liebe Wunderkraft"*, entwirft Bilder von sich, inszeniert *„niegefühlten Schmerz und neue Freuden"* und dichtet, falls die Datierung stimmt, noch im November 1809 in Königsberg: *„Nie wird mein Blick im Blick entzückt mehr lesen! Auf ewig ist der Liebe Glück verschwunden, und einsam fortan meine Tage rollen!"* („Der Herbstmorgen"). [GS IX, S. 68 ff.] Im nachhinein, zurück in Burgörner, schreibt er Johanna Motherby, daß in ihr *„ein unergründlicher Schatz der eigensten, tiefsten und zartesten Empfindung verborgen ist."* Sie sei, heißt es in einem späteren Brief [7. März 1810] so weich und zart und leicht erregbar und habe in ihm Gefühle geweckt, die er für tot und abgestorben hielt.

Wir wissen nicht, was im nebligen Norden geschah, aber wie schon in den Briefen an Henriette Herz und Therese Forster lassen die Bekenntnisse vermuten, er wollte (sich selbst) erzählen, wie einfühlsam und lebendig er sei.

Im April 1810 steht fest, daß der Staatsrat, das Ersatzparlament, von dem in Zeiten großer Reformhoffnungen viel geredet wurde, nicht eingerichtet wird. Das bedeutet auch, daß Humboldt keine entscheidende, nur eine beratende Stimme bekommt und alle Informationen und Entscheidungen über den allmächtigen Staatskanzler Hardenberg laufen. Eine solche Abhängigkeit widerspricht sowohl seinem Stolz wie seinen politischen Vorstellungen von unabhängigen Ministern. Wenn sich die Gerüchte bewahrheiten, schreibt er Caroline, *„fordere* [ich] *augenblicklich meinen Abschied"*. Aus diesem Brief vom 14. April 1810 läßt sich ersehen, daß Caroline damals gegen einen solchen Schritt war, *„aber wenn Du hier wärest, würdest Du es selbst billigen, davon bin ich überzeugt"*, und täte sie es nicht, *„so könnte ich mir hierin nicht helfen, sondern müsste, so ungern ich es täte, gegen Deinen Willen handeln. Es widerspricht geradezu meinem Ehrgefühl, mir eine solche Zurücksetzung gefallen zu lassen".* Neben dem gekränkten Ehrgefühl bewegt ihn die Sorge, daß er seine Arbeit in einer solchen untergeordneten Position nicht sinnvoll fortführen könnte – schon weil die Untergebenen ihn nicht mehr ernst nähmen.

Hat er gepokert oder hat ihn Eitelkeit getrieben? War er ehrgeizig und ist gegangen, weil er nicht Minister werden konnte oder weil er keine Chance auf Erfolg gesehen hat? Hat er einen Vorwand gesucht, um auszusteigen, oder waren ihm die Trauben zu sauer? Humboldt hat immer wieder betont, daß er sich für das politische Geschäft nicht geeignet fühle, es brauche mehr Eigensinn und Einseitigkeit, als er habe. Er beschreibt sich als jemanden, der alles, *„auch das Heterogenste"* kennen will, sich gerne an allem versucht und, was er sich vorgenommen hat, perfekt machen will. Ihn ziehe jede neue Tätigkeit unwiderstehlich an, auf die Resultate und ihr Gelingen lege er wenig Wert, er forme lieber Vorhandenes um, als Neues zu schaffen, und gehe gern *„durch sehr verschiedene Lagen".* Zu einem bedeutenden Amt eigne er sich ebensowenig wie zu wirklicher Gelehrsamkeit. [An Caroline, 7. November 1813; an F. A. Wolf, 13. Oktober 1809]

Wilhelm von Humboldt zeigt sich hier als Musterbeispiel für Ambivalenz, vielleicht aber hat er es nur geliebt, sich zögerlich, hin- und her gerissen darzustellen. Sein Bruder Alexander nannte ihn unausgeglichen, ihm fehle die Harmonie. Wie immer es gewesen sein mag, er scheint eine mentale und psychische Ausstattung gehabt zu haben, die sich für den Umgang mit ständigem Wechsel besser eignete als für den langen Marsch durch die immer noch höfischen Institutionen. Auch drei Jahre später, als er im Gefolge der Herrscher dem Schlachtgetümmel nachreist und wieder die Frage auftaucht, ob er Minister werden könne und wolle, schreibt er Caroline: *„folgte ich meiner Neigung, lebte ich lieber im verborgensten Winkel mit denen, die ich liebe"*, er habe nicht wirklich die Ambition auf ein großes Amt. [7. November 1813]

Ambivalent oder zumindest unentschieden sind allerdings auch die Verhältnisse. Die Geheimen Staatsräte *„hängen vom Minister ab und sind auch unabhängig, und ihre Existenz in ihrer Unabhängigkeit beruht sehr auf dem Staatsrat. Dieser ist aber nicht eingeführt bis jetzt, und die Minister [...] scheuen sich, ihn einzuführen."* Nun soll ein Teil seiner Aufgaben – das geistliche Departement, das Humboldts Gegner ohnehin in den Händen eines Heiden nicht gut aufgehoben finden – in ein anderes Ministerium überwiesen werden. Er hat nichts dagegen, *„weil ich auf der einen Seite gewiß für Gedeihen dessen, was mir anvertraut ist, eifrig besorgt bin, auf der andern Seite aber aus meiner jetzigen Stelle gern heraustreten würde".* [Königsberg, 22. September 1809]

Er ist Mitte September immer noch in Königsberg, erzählt von Gräfinnen und Prinzen, Intrigen und Wirrnissen und seinem guten Verhältnis zum König, in dessen Gesellschaft er sich wohl fühle, weil man auch dort *„in Widerspruch mit den meisten Menschen ist".* [31. Januar 1809] Er kann noch immer nicht entscheiden, ob Caroline die Wohnung in Rom aufgeben und mit den Kindern zu ihm kommen soll: *„Wie könnte ich dich herabziehen wollen in die hiesigen Umgebungen."* [19. September 1809] Zwei- bis dreimal in der Woche, zum Teil auch täglich, teilt er ihr seine Überlegungen mit, schreibt seine Briefe zum Teil während langweiliger Konferenzen, er fragt sie um Rat, und meist antwortet sie, er würde es schon richtig machen.

Auch sie hat in dem großen Haushalt mit Kindern, Bedienten, Wagen, Pferden und Kunstschätzen allerlei Entscheidungen zu treffen, und er läßt ihr im Vertrauen auf ihre Tüchtigkeit und ihr Gefühl freie Hand. Humboldts Motiv ist, sofern man diesen Briefen traut, nicht Vaterlandsliebe oder Ruhm (der ihn angeblich nicht interessierte). Er will Großes leisten, um sich ihrer würdig zu erweisen, will vor ihr und *„vor den Menschen [...] rechtfertigen, daß sie ihn liebte".* Seine eigentliche Bestimmung sei, beteuert er inmitten dieser schwierigen Geschäfte in Königsberg, *„Dir zu leben und Dich zu besitzen".* [12. September 1809]

Selbst wenn man berücksichtigt, daß die Briefe von der Herausgeberin unter vaterländischen Vorzeichen ausgewählt und gekürzt wurden und es nicht nur die Wahrheit gibt, die er der fernen Gattin erzählt, bleibt diese Spannung zwischen Karriere und Muße, Stolz und politischer Überzeugung eines Liberalen, der absolutistische Gepflogenheiten verabscheut. Wilhelm von Humboldt ist, auch wenn er viel von seiner Empfindsamkeit und Ehre spricht, kein leidenschaftlicher Mensch, der den Bettel einfach hinschmeißt. Wenn es nicht Vaterlandsliebe war, so hatte er doch ein starkes Pflichtgefühl, das ihn lange hielt. Die Widersprüche stecken in der von Zögern, Kabalen und tradierten Sitten geprägten Politik, die bei aller Einsicht in die Notwendigkeit von Reformen den mühseligen Alltag dominieren. Hardenberg wollte ständische Rücksichten und durchgreifende Reformen vereinbaren und sorgte sich im Zweifelsfall um seine eigene Macht. Humboldt wurde zu einem solchen Zweifelsfall.

Caroline hat ihm durchaus zugeredet, im Dienst des Königs zu bleiben. Sie hat ihn allerdings auch in seiner Ehrpusseligkeit bestärkt. Sie wünschte ihn in Muße studierend daheim und hätte ihn auch gerne als Minister gesehen. Sie hat beide Seelen in seiner Brust unterstützt: Vita activa und Vita contemplativa. In seinen Worten: *„Ich trage eigentlich einen zwiefachen Menschen in mir, einen, der* *immer von der Welt ab nach Einsamkeit gerichtet ist, und einen, der sich durch die Umstände und manchmal zu leicht auch durch die Lust, sich in einer Lage zu versuchen, nach der Welt hinstoßen läßt"*, wie er kurz vor dem Ende seiner Karriere schreibt. [An Caroline, 16. Juni 1818]

Nach zweihundert Jahren läßt sich Carolines Einfluß nicht an einzelnen überlieferten Sätzen ablesen, die mit allerlei Rücksichten formuliert worden sind. Die Tatsache, daß es sie und die Kinder gab, einen Platz, eine Aufgabe und immerwährende Bestätigung für sein unsicheres Innen, hat ihn sicher beeinflußt und blieb sein Gegengewicht zu den Aufgaben, die ihm der König und der Staatskanzler – stets mit Vorbehalt gegen den allzu selbstbewußten Jünger der Aufklärung – antrugen. Humboldts wechselnde Erklärungen, unter welchen Bedingungen er nach Rom kommen oder doch die angebotene Position in der Heimat annehmen würde, sind Berichte über Pflicht, Sehnsucht nach seiner Frau und den Kindern, nach Muße und nach der Gestaltungsmöglichkeit, die ihm erst ein Ministeramt gewähren würde.

Es sind in Königsberg offenkundig auch unterschiedliche Ehrgefühle aufeinandergestoßen. Er verspricht seiner Frau, nichts zu tun, was ihrer nicht würdig wäre. Er wird wohl recht gehabt haben, als er sagte, er sei anders als die meisten. Die Vorstellungen, die er aus Paris und Rom – und aus seiner Antike – mitgebracht hat, paßten nicht in das immer noch sehr ständische Preußen. Als endgültig klar ist, daß er nicht Minister wird, gehen ihm *„Grundsätze und Ehre über alles"*, und er erwägt [im Oktober 1809], *„diesem Lande auf ewig Lebewohl"* zu sagen. Vier Monate später klagt er: *„Es geht hier alles schief und vieles rückwärts"*, und er überlegt, *„daß ich meinen Abschied nehmen und gehen sollte. Aber Pflicht und Vernunft gebieten zu bleiben [...]"*. [16. Februar 1810]

Sein Rückzug läßt sich nicht oder nicht nur mit Starrsinn erklären. Eher schon mit der Verpflichtung gegenüber der Familie, sprich: Geld. Noch Anfang Dezember schreibt Caroline von Rom aus an Schlabrendorff: *„Unser Vermögen hat so durch die Zeitumstände gelitten, daß wir gar nichts zu leben gehabt hätten, wenn H nicht gedient hätte; denn sein ganzes Vermögen ist in Polen placirt u. seit langer Zeit bekommt er von dort keine Zinsen u. selbst das Kapital ist bedroht. Tegel ist ein unbedeutendes Gut u. hat seit dem Kriege mehr gekostet als eingebracht, auch nicht verkauft werden können u. mein Vater hat uns keine Unterstützung geben können, im Gegentheil H hat ihm noch Geld geschickt, um die Contributionen leisten zu können. Jetzt sind die Verhältnisse in B so, daß H noch nicht weiß, ob er bleiben wird oder nicht, oder ob er sich wieder auswärtig verschicken lassen wird. Nähme er seinen Abschied, so zögen wir ruhig auf's Land. Ich lasse ihm darin ganz freien Willen; denn an einem äußern Titel liegt mir gar nichts, u. um alles möchte ich nicht, daß er sich in Verhältnisse schmiegte, die dem inneren Gefühle von Ehre u. Recht u. Pflicht nicht entsprechend wären.“* [4. Dezember 1809]

Sie versucht in Rom sparsam zu leben, er schickt ihr Geld, und wie schon auf der Reise nach Paris rechnet sie genau ab. Das hindert sie nicht daran, Kunst zu kaufen. Die Preise sind, dank der Besetzung Roms, günstig, und Humboldts haben beschlossen, für ein eigenes Museum zu sammeln. Ebenso erstaunlich wie Wilhelms Effizienz in den 14 Monaten seiner Tätigkeit als Geheimer Staatsrat für Kultus und Unterricht im Ministerium des Inneren ist ihre Tüchtigkeit. Sie meistert ihr Leben in Rom mit drei und dann vier Kindern selbstbewußt und klug. Christian Daniel Rauch zieht vom Hinterhaus in die Humboldtsche Wohnung und beschützt sie – oder sie ihn. Sie sieht die Freunde, unterrichtet die Mädchen. Die Jüngeren sprechen nur Italienisch und lernen von ihr Deutsch, Französisch und Latein, die Ältere beschäftigt sich mit Dänisch, wahrscheinlich wegen der vielen dänischen Römer, den Bildhauern, Malern und Schriftstellern, die im Hause Humboldt verkehren. Caroline erwirbt ein antikes Relief und läßt es von Rauch ergänzen, holt für Kunstwerke, die sie kaufen will, Gutachten in Rom oder Paris ein, schließt Kontrakte, läßt restaurieren und verfaßt sogar *(„wie ein Staatssekretär")* eine diplomatische Note, als die Gesandtschaften von den französischen Besatzern gezwungen werden, das päpstliche Signet von den Häusern zu entfernen. [16. August 1809]

Sie reist mit Christian Daniel Rauch und den Kindern nach Neapel und besteigt den Vesuv, das heißt, sie läßt sich tragen oder reitet auf einem Esel. Sie kümmert sich um geeignete Hauslehrer, sammelt, kauft, beurteilt den Kunstmarkt, und dabei helfen die guten Beziehungen zu Sachverständigen und Angestellten des Vatikans. Ihre Anschaffungen sind eine Investition nicht nur in die Schönheit, sondern auch eine Kapitalanlage in schwierigen Zeiten, und Caroline rechnet ihrem Mann die möglichen Gewinnspannen genau vor.

Nach dem plötzlichen Tod der allseits geliebten Königin Luise (am 19. Juli 1810) kauft sie auf eigenes Risiko zwei antike Sarkophage, einen davon, wünscht sie, solle der König für das Monument der Königin wählen. *„Ich musste sie mir entgehen lassen oder kaufen."* Wilhelm solle nicht böse sein und die Sache so schnell und geschickt wie möglich dem Könige vorstellen (der ihnen die Sarkophage 1816 abkaufen wird). Mit den dafür veranschlagten Restaurierungskosten belaufen sich die Kosten auf rund 3000 Scudi, eine Summe, von der ein Künstler in Rom, wenn er das Glück hatte, ein Stipendium zu bekommen, gute sieben Jahre leben konnte. [v. Heinz, Künstlerrepublik, S. 77 f.]

Wilhelm und Caroline ziehen gemeinsam die Strippen, damit der später für Berlin so bedeutende Christian Daniel Rauch seinen ersten großen Auftrag – die Gestaltung des Grabmals der Königin – bekommt. Caroline sorgt dafür, daß Rauch die halbfertige Büste der Königin vollendet und nach Berlin schickt. Sie soll, schreibt Wilhelm ihr, dank ihrer guten Verbindungen veranlassen, daß die Kiste unterwegs nicht geöffnet wird.

Die Sarkophage werden letztlich im Berliner Museum landen, aber der Geheime Staatsrat, dem auch die Kunst untersteht, hat aufgrund seiner guten Beziehungen zum König auch sonst in Zeiten sehr knapper Kassen die erstaunlichsten Dinge durchgesetzt. Sowohl Rauch wie seinem ehemaliger Erzieher Kunth und dem Prediger Schleiermacher wurden dank seiner Intervention die Bezüge erhöht. Er hat diese Pflege alter Freundschaften auch nach dem Wiener Kongreß beibehalten, sich um eine Pension für Lolo Schiller ebenso gekümmert wie um die Belange der Fürstin von Rudolstadt und sogar um die Versorgung Theodor von Dalbergs, der nach dem Sieg der Alliierten über Napoleon auch für die ehemaligen Freunde aus Erfurter Tagen als „Verräter" galt. Humboldt hat sich, nicht zuletzt auf Carolines Drängen, nach dem Sieg über Napoleon für die Rückgabe geraubter Kunstgüter – wozu auch die Quadriga vom Brandenburger Tor zählte – eingesetzt.

Rom hat sich durch die französische Besetzung stark verändert. Mit der gewaltsamen Entführung des Papstes nach Frankreich zur Krönung Napoleons ist die Stadt verödet. Viele der Freunde sind abgereist, die Stadt hat auch für Caroline an Attraktivität verloren. Sie reist aus Rom ab, kurz bevor sich die romantischen Maler, die unter dem Namen Nazarener bekannt wurden, dort etablieren. Bei ihrem zweiten Romaufenthalt hat sie dann auch diese religiös inspirierten Künstler bewirtet und gefördert. Aus Jena zogen Humboldts fort, bevor die romantische Wohngemeinschaft von Schlegel, Tieck, Novalis et al. dort Quartier nahm; aus Paris gingen sie weg, bevor Dorothea Veit, geborene Mendelssohn, spätere Schlegel sich mit ihrem Mann dort niederließ und ihr Haus zum Treffpunkt der Deutschen in Paris wurde, das manchen Gast der Humboldts, unter anderen Germaine de Staël, aufnahm. Wollte man diese Zufälle beim symbolischen Schopf packen, ließe sich darüber spekulieren, ob die Romantiker den Aufklärern folgten oder die Aufklärer und Klassikerfreunde vor den Romantikern flüchteten. Humboldts bewegen sich zwischen Kant und Novalis, Goethe und Kleist, Licht und Wärme, Aufklärung und Traumwelten, Weltbürgerlichkeit und Weltflucht – wobei er eher die Nüchternheit und sie – zunehmend mehr – das Pathos vertritt.

Als Rom aufgegeben werden muß, verkauft Caroline den Wagen und auch die Pferde, die zu behalten Wilhelm lange gebeten hat. Zu dem Zeitpunkt fürchtet sie sich noch, *„daß ich es grade heraus sage vor Deutschland u. diesem überhand genommenen Mysticismus".* [An Schlabrendorff, 4. Dezember 1809]

Im April 1810 reicht Humboldt sein Entlassungsgesuch ein. Wie das Leben so spielt, ist kurz zuvor das Vermögen in Warschau freigegeben worden. Der in Paris hochangesehene Bruder Alexander hatte dank seiner guten Beziehungen zum Kaiser der Franzosen durchgesetzt, daß für die Humboldts eine Ausnahme gemacht wurde. Im Dezember 1809 hat Wilhelm nach dem Tod des alten Dacheröden auch Carolines Güter übernommen und seiner Li geschrieben: *„daß mein Kind nun so reich und so selbständig ist, macht mich sehr glücklich. [...] Eine Pracht, eine Größe, eine Schönheit überall, eine Submission der Vasallen, daß ich mich gar nicht zu lassen weiß. Ich verspreche lauter Gnade in Deinem Namen, versichere, daß Du alle mit Huld behandeln wirst und mache Dir wirklich einen sehr schönen Namen."* [Burgörner, 16. Dezember 1809]

Zwei Monate nach seiner Bitte um Entlassung wird Humboldt zum Außerordentlichen Gesandten und Bevollmächtigten Minister in Wien im Rang eines Geheimen Staatsministers bestellt. Der Staatskanzler Hardenberg ist ihn los, und Wilhelm ist froh, aus Berlin und Königsberg wegzukommen. Er rückt langsam gen Wien vor, bleibt einige Tage auf Carolines Gütern, schwelgt dort in Erinnerungen und formuliert für sie seine Lebensaufgabe: *„Dein Glück ist immer das einzige Ziel meines Lebens gewesen. […] Jedes menschliche Leben hat ein Ziel. […] Ich bringe schwerlich irgend etwas hervor, was mich überlebt. Meine Tätigkeit im Dienst sehe ich, obgleich ich gewiß alles tun werde, was der Moment erlaubt, […] nur für ein Fortvegetieren an. Aber eine Sache glaube ich getan zu haben, Dich durchs Leben begleitet zu haben, wie es wenigstens Deiner nicht unwert war, gemacht zu haben, daß Du in Freiheit und Schönheit walten, das Leben tief und rein empfinden konntest im Glück und im Unglück, was das Einzige ist, was der Mensch, der sich und sein Schicksal versteht, wünschen muß, und das Wirken, das Beschäftigt sein um einen Menschen, dies ausschließliche Leben für einen ist mir immer das Höchste und Beste gewesen und wird es bleiben.“* [Thalebra, 2. September 1810]

Das ist keine Rhetorik, und es ist mehr als Literatur. Humboldt konnte seine Ambivalenzen und sein Faible für das Ungewisse ausleben, weil er Caroline und die Familie im Hintergrund hatte. Wenn man ihn am Zeitgeist messen will: Er hat das Zuhause, nach dem sich die Romantiker verzehren. Einige von den reaktionär und romantisch gewordenen Freunden (Friedrich Schlegel, Adam Müller, Friedrich Gentz, Zacharias Werner) trifft er in Wien, wo sie unter den Fittichen von Metternich ein heiles deutsches Reich erwarten.

◆ Gemütlichkeit und Kriegsvorbereitung

Wilhelm von Humboldt tritt sein neues Amt im September 1810 an und besorgt fürs erste ein Quartier im „Haus zum schmeckenden Wurm" in der Wollzeile, gegenüber dem erzbischöflichen Palais, nahe dem Stephansdom. Danach wohnt die Familie am Minoritenplatz, nahe der Hofburg. Im Oktober 1810 kommen Caroline, die drei Töchter und der kleine Hermann, der seinen Vater noch nicht kennt, nach zwei Jahren Trennung nach Wien. Der 13jährige Theodor, den Wilhelm bei dem Jugendfreund Karl von La Roche in Pension gegeben hatte, reist aus Berlin an.

Auch wenn Caroline und Wilhelm Wien 1797 bei der Durchfahrt auf dem Weg nach Paris nicht gemocht hatten, war es jetzt der richtige Ort. Es liegt, wie Humboldt konstatiert, viel näher an Italien als Berlin und hat schöne Kunstsammlungen. Als Gesandter bekommt er ein besseres Gehalt und hat mehr Muße als in Königsberg. Außerdem, so steht es in einer zeitgenössischen Chronik, spricht man hier „neben dem Deutschen, so vielerley fremde Sprachen" wie kaum sonstwo: *„neben dem Französischen die italiänische Sprache, dann das Englische, Neugriechisch und illyrisch unter den vielen Griechen und Raizen* [zur griechisch-orthodoxen Kirche gehörende Serben]*, ungarisch, polnisch, böhmisch und kroatisch".* [Johann Pezzl, Skizze von Wien, 1805]

Wilhelm hat vorerst als Gesandter nicht allzuviel zu tun. Im November 1811 kommt Alexander zu Besuch und schlägt dem Bruder vor, er soll eine Abhandlung über die amerikanischen Sprachen schreiben. Er lernt Ungarisch und Tschechisch und beschäftigt sich mit den Büchern, die ihm Alexander von seiner großen Reise mitgebracht hat.

Noch vor Antritt seines Wiener Gesandtenpostens besuchte Humboldt in Prag den Freiherrn vom und zum Stein, der auf Verlangen Napoleons Ende November 1808 (nach vierzehn Monaten im Amt des leitenden Ministers) entlassen werden mußte. Angeblich wurde bei diesem Besuch Humboldts Eifer für den Dienst am Vaterland geweckt. Anfang 1812 bringt er sich bei Stein mit der hübschen Formulierung in Erinnerung: *„Ew. Exzellenz wissen, daß man bei uns nicht die Gewohnheit hat, über Dinge zu unterrichten, die nicht gerade den Ort angehen, an dem man sich aufhält."* Eine Anspielung darauf, daß Steins Nachfolger, der Staatskanzler von Hardenberg, hinter dem Rücken seines Gesandten mit dem österreichischen Staatskanzler Metternich direkt verhandelt. Humboldt hoffte damals noch auf einen Kurswechsel innerhalb der preußischen Regierung – unter dem ihm (vorerst) näherstehenden Stein.

Als Humboldt nach Wien kommt, ist Preußen so gut wie von der Landkarte verschwunden. Im Februar 1812 schließt Preußen, im März Österreich ein Friedensbündnis mit Frankreich, im Juli ist „La Grande Armée" auf dem Weg nach Rußland, und zu dieser Armee unter Napoleons Führung gehören auch 20000 preußische und 30000 österreichische Soldaten. Österreich hat sich mit der Heirat zwischen Napoleon und Marie Louise, der Tochter des österreichischen Kaisers (der ja seit 1806 nicht mehr Kaiser des Deutschen Reiches ist), ein paar Friedensjahre erkauft, und der österreichische Staats- und Konferenzminister Clemens Wenzel von Metternich ist an einem Waffengang mit Frankreich nicht interessiert. Während Metternich als Mann der alten diplomatischen Schule Verträge schließt und unterläuft und schon wegen des Vielvölkergemischs der Monarchie eine dynastische, aber keine nationale Politik vertritt, verficht Preußen eine Politik, die an Staaten und Völkern orientiert ist. Metternich verdächtigt den preußischen Gesandten Humboldt, zum „Tugendbund" der patriotischen Partei zu gehören, und läßt ihn überwachen. Soweit wir wissen, gehörte er nicht zu dieser dezidiert antifranzösischen Gruppe, die Krieg gegen Napoleon führen will. Er verhält sich vorerst abwartend. Die Konstellation ändert sich, als im November 1812 die Gerüchte über den chaotischen Rückzug der Truppen Napoleons aus Rußland eintreffen. Im Juni 1813 wird Humboldt von Hardenberg nach Prag gerufen, um die Verhandlungen zur Vorbereitung eines Kriegs zu führen.

Die Aufgabe, Österreich für den Waffengang gegen den – mit dem Hause Habsburg durch die Ehe zwischen Napoleon und der Kaisertochter verbundenen – neuen Kaiser zu gewinnen, ist mit vielen Kabalen und langweiligen Diners verbunden. Zur Beschreibung der chaotischen Verhältnisse rund um diese Verhandlungen gehört, daß Hardenberg in dieser für Preußen so entscheidenden Zeit mit seiner Geliebten durchs Gebirge spaziert, während sein Untergebener Depeschen verfaßt, die der Kanzler nicht öffnet.

Am 10. August 1813 konnte Humboldt den Erfolg melden. Österreich war bereit, sich an dem Krieg gegen Napoleon zu beteiligen. Nach vielen Gesprächen des preußischen Gesandten mit Metternich, Hardenberg, dem russischen Gesandten und dem preußischen König gab Humboldt, wie es in den Geschichtsbüchern heißt, vom Hradschin *„in jener entscheidungsvollen Nacht das Zeichen, die Feuerflammen loderten auf den Spitzen des Riesengebirges empor und brachten nach Schlesien die Nachricht, daß die Zeit des Waffenstillstandes und der diplomatischen Verhandlungen vorbei sei, daß in wenigen Tagen der frische, fröhliche Krieg wieder beginne.* "[Gebhardt, Staatsmann, S. 487] An Caroline schreibt Humboldt am Tag nach diesem Erfolg, auch andere hätten an dieser Allianz gearbeitet, aber niemand so konsequent wie er. *„Ich stehe auf dem Punkt, den ich zu erreichen wünschte. Ich habe jetzt eine wichtige Sache im Leben durchgesetzt.* "[11. August 1813] Vieles spricht allerdings dafür, daß Humboldt nur erreicht hat, was der taktisch versiertere Metternich geplant hatte.

Nach dem Sieg der Alliierten in der Völkerschlacht zu Leipzig zieht der preußische Gesandte im Troß der Generale und Könige via Süddeutschland in Richtung Frankreich, um die Bedingungen des Friedens auszuhandeln, und schreibt an Caroline: *„Mein Zenith im politischen Wirken [...] wird immer der Kongreß zu Prag bleiben."* [Aus Freiburg, 12. Januar 1814]

Der preußische Staatskanzler Karl August Freiherr von Hardenberg war zum Zeitpunkt der Verhandlungen, in denen Europa neu aufgeteilt wurde, mit seinen dreiundsechzig Jahren für damalige Verhältnisse alt, und er war ein wenig schwerhörig. Angeblich hat er sich vor dem um siebzehn Jahre jüngeren Humboldt gefürchtet, brauchte ihn aber an seiner Seite, wenn es um Verhandlungen mit Rußland, Österreich, Frankreich oder England ging, die keiner so klug und auch gerissen führen konnte wie dieser weltmännische Europäer – erst in Prag, dann in Châtillon, in Wien, in Paris, Frankfurt am Main und auch in London. Der preußische Gesandte hat bald viele Feinde – nicht nur weil er politisch verdächtig ist, sondern auch weil man seinen beißenden Spott fürchtet. Humboldt wird nicht nur von Metternich, sondern auch von Hardenberg argwöhnisch betrachtet, das Verhältnis zu seinem Vorgesetzten verschlechtert sich zunehmend.

Glaubt man Humboldts Selbstdarstellungen, so war eine seiner Stärken, daß er politische Differenzen, die er mit Metternich oder auch Hardenberg hatte, durch interessante Gespräche über kulturelle Themen überdecken, auch mildern konnte, daß er mit allen Menschen gut auskam und stets gelassen blieb. Seine ausführlichen Erzählungen aus dieser Zeit strotzen vor Eigenlob, er betont seine wichtige Rolle bei den Verhandlungen und das gute

Einvernehmen mit allen wichtigen Mitspielern, berichtet wiederholt, wie zufrieden der König, wie unentbehrlich er Metternich und wie zugewandt ihm selbst Hardenberg sei. Außerdem ist Humboldt ein politischer Kopf und weiß, daß Metternich seine Briefe liest und lesen läßt. Es ist deshalb nicht abwegig, zu vermuten, daß manche der ausführlichen politischen Passagen in den Briefen an Caroline mit einem Seitenblick auf die Nachwelt, wenn nicht gar für Metternich geschrieben wurden, gleichsam als seine private Pressepolitik.

Humboldts Presse- und Imagepolitik hat funktioniert: Die meisten Biographen haben ihre Einschätzungen aus seinen Selbstdarstellungen in den Briefen an Caroline bezogen. Caroline wird klug genug gewesen sein, um das Doppelbödige seiner Berichte zu verstehen. So schreibt er ihr während des Wiener Kongresses: *„Der Kanzler ist gar nicht wohl.* […] *Du glaubst nicht, welche Angst ich habe, daß er so krank werden könnte, daß er die Unterhandlungen nicht zum Ende führte oder gar erläge. Es bliebe dann niemand wie ich* […].*"*

Ob man diese Sätze bei einem Mann mit Humboldts Begabung zur Ironie, vor dem Hintergrund der lang währenden Rivalität, wörtlich nehmen darf? In Zeiten der ärgsten Konflikte mit dem Staatskanzler wählt er Formulierungen wie die: *„Ich bin überzeugt, daß der Kanzler die Dinge sehr gut führt und* […] *bin überzeugt, daß ich gar nicht imstande wäre, den Geschäften auf diese Art vorzustehen."* [16. November 1814] Als ihm Caroline von den Gerüchten über seine Berufung zum Minister der auswärtigen Angelegenheiten berichtet, reagiert er darauf mit der Bemerkung, das sei unmöglich, *„solange der Staatskanzler in Tätigkeit bleibt, und es wäre ein großes Unglück, wenn er es nicht mehr wäre"* und ein paar Zeilen später: *„Nur eine Möglichkeit wäre. Ich stehe* […] *nicht gut mit Talleyrand und Frankreich",* und wenn man ihn in Paris als Gesandten nicht wolle, würde er keinen anderen Posten annehmen, *„den Londoner nicht wegen der Teuerung, den Petersburger wegen der Kälte, den Wiener wegen der Langeweile, einen anderen wegen der Kleinheit, dann würde ich meinen Abschied fordern, aber dem König anbieten, wenn er mich in Berlin brauchen könnte, ihm da zu dienen. Vermutlich würde man mich dann auch nicht gehen lassen und so könnte ich Minister in Berlin werden!"* Spätestens hier wird die kluge Vertraute gelacht haben.

◆ Die Verwandlung

Die Verwandlung der Weltbürger in Patrioten kam mit dem Befreiungs- und Freiheitskampf, in dem sich der Kampf gegen die Franzosen und der Kampf um Freiheit und Rechte für das Volk noch verschwisterten. Wilhelms erste Begegnung mit dem „Volkssinn" ist in einer Szene eingefangen, über die er im April 1810 von Theodors Spiel mit Kürschner-, Schneider- und Krämerkindern berichtet. Der damals 13jährige Sohn wohnt bei der Familie des Jugendfreundes Karl von La Roche und besucht das Friedrich-Werdersche Gymnasium. Im Unterschied zu den drei Töchtern, die von Hofmeistern unterrichtet wurden, wurden beide Knaben auf öffentliche Schulen geschickt. Aus seiner Schule bringt Theodor patriotische Reden mit, Wilhelm erzählt seiner Frau amüsiert davon. Drei Jahre später, 1813, finden es die Eltern zwar etwas früh, aber nach einigen Bedenken doch verständlich, daß der erst 16jährige in den Krieg zieht. Sie unterstützen ihn und sind stolz, als er Offizier wird. Die Mutter wünscht sich am Ende dieses Kriegs noch, daß er das Eiserne Kreuz bekomme. [Caroline an Wilhelm, 20. Februar 1814]

Als im Dezember 1812 der preußische General Johann David Ludwig Graf Yorck von Wartenberg mit der Konvention von Tauroggen das Signal für eine Erhebung gegen Napoleon gab, wurde Humboldts Wiener Wohnung von Landsleuten umlagert. Die Preußen in Wien waren – anders als die Einheimischen – im Fieber, die Wiener aber hatten wenig übrig für die „Ideale einer ungeduldigen Generation", wie Henry Kissinger in seinem Essay über Metternich schreibt. [Kissinger, Metternich, S. 65] Auch Caroline vermißt diesen „nationalen Trieb" bei den Österreichern. Einer der in Wien lebenden Preußen war Theodor Körner, Sohn Christian Gottfried Körners, des nahen Freundes aus Jenaer Tagen. Er fühlte sich in der Kaiserstadt wohl, war frisch verlobt und k. k. Hoftheaterdichter. Nun wurde er zum enthusiastischen Kämpfer und Sänger im berühmten Lützowschen Freikorps, das als Dichterregiment in die Geschichte einging. Humboldt gab ihm ein Empfehlungsschreiben an Gneisenau mit. Körner habe, schreibt der preußische Gesandte an den Militär, *„eine entschiedene Lust, jetzt in unserem Vaterlande zu dienen (er ist ein Sachse), und ich bin überzeugt, daß er Mut und Entschlossenheit besitzt. Sie wissen aber selbst, verehrungswürdigster Herr Obrist, welch übles Vorurteil die Dichtkunst oft bei unseren Armeen erweckt"*, und weil er bemerkt habe, *„daß Sie innig fühlen, daß alles Gute und Erhebende eng verwandt ist, so erbitte ich mir vorzugsweise gern Ihren Schutz für einen jungen Menschen, den ich wirklich schätze und liebe und dem ich von Herzen die Erfüllung seines lebhaften Verlangens, gleich im tätigen Kriegsdienst angestellt zu werden, wünsche."* [An Gneisenau, 14. März 1813]

Im März 1813 zog der 22jährige enthusiastisch ins Feld, im August starb er schon den Heldentod. Von ihm stammen Lieder wie: *„Frisch auf, mein Volk! Die Flammenzeichen rauchen, / Hell aus dem Norden bricht der Freiheit Licht. / Du sollst den Stahl in Feindesherzen tauchen; Frisch auf, mein*

Volk! – Die Flammenzeichen rauchen,/Die Saat ist reif; ihr Schnitter, zaudert nicht!/Das höchste Heil, das letzte, liegt im Schwerte!/Drück dir den Speer in's treue Herz hinein:/Der Freiheit eine Gasse! – Wasch die Erde,/Dein deutsches Land, mit deinem Blute rein!" Körner wurde als Nationaldichter nicht zuletzt deshalb berühmt, weil seine Kampflieder „zum eisernen Bestand deutschnationaler Liederbücher" gehörten, die noch von den Nationalsozialisten in die Tornister der Soldaten gesteckt wurden. [H. Spiel, Arnstein, S. 400]

Gedichte wurden auf neue Art wichtig. Sie initiierten und begleiteten die moralische Aufrüstung der Untertanen verschiedener deutscher Fürsten. Kriegslyrik hob die Kampfmoral und wurde für die Entwicklung einer deutschen Identität, die damals noch nicht so hieß, von den Reformern durchaus in diesem Sinne eingesetzt, gefördert und auch in Auftrag gegeben. Auch in Carolines Nachlaß fanden sich einige Gedichte; eines, genannt „Das Jahr 1813 und 1814", singt das Lob von Fürstenmut und Völkertreue, Humboldt fand es *„echt poetisch in Gedanken und Ausdruck"*. Das Poem wurde Caroline zugeschrieben, es stammt aber von Max von Schenkendorf, einem patriotischen und dezidiert antifranzösischen Dichter.

In diesem ersten „deutschen" Krieg wurde intensiv Informationspolitik betrieben, auch das hatten die preußischen Reformer von Napoleon gelernt, der seine Feldzüge wie zuvor seine Machtergreifung erfolgreich mit Propaganda begleitet hatte. Feldherren wie Gneisenau, Scharnhorst, Blücher protegierten wortmächtige Schriftsteller und ließen, bei Bedarf auch unter Umgehung der Zensur, Lyrik in der Feldbuchdruckerei vervielfältigen. Reichsfreiherr vom und zum Stein ließ ein Gedicht von Ernst Moritz Arndt auf Scharnhorsts Tod in 10 000 Exemplaren nachdrucken und unter den Soldaten verteilen. Diese Lyrik wollte nicht Meinungen, sie sollte vor allem Gefühle befördern. Während die Männer kämpften oder verhandelten, kümmerten sich Frauenvereine in Wien, Berlin, Prag und anderswo um Verbandszeug und emotionale Mobilisierung. Zwischen 1813 und 1815 wurden rund 600 patriotische Frauenvereine gegründet, sie spielten eine wichtige Rolle für die Entwicklung eines Patriotismus, der das Volk an ein deutsches Vaterland – nicht mehr an das Reich oder den jeweiligen Fürsten – band.

Nachdem sich die Völker Europas bei Leipzig *„die größte Schlacht geliefert"* hatten, die je auf Erden stattgefunden – *„600 000 Mann kämpften miteinander"*[Blücher in Hermann, Hardenberg, S. 322] –, zieht Humboldt mit Metternichs Entourage durch die jeweiligen Hauptquartiere im Feld. Er hat zehn Leute und zehn Pferde, erwähnt beim Vormarsch auf Paris einen Feldjäger, ein andermal einen Kosaken, die ihm zur Verfügung stehen. Er ist unterwegs zu Kongressen und Friedensverhandlungen, wird fast jede Nacht in einem anderen Haus einquartiert und trägt Uniform. Er watet auf den Schlachtfeldern durch Dreck und Blut, Theodor *„steht im Feld"*, Caroline näht mit ihren Töchtern Hemden für die Verletzten.

Der Krieg und wohl auch der Frieden danach haben Caroline mehr als Wilhelm verwandelt, er hat aus der thüringischen Landadeligen eine glühende Patriotin gemacht, die „wir" sagt, wenn sie Preußen meint. Sie möchte den Sieg *„mit ihrem Herzblut erkaufen"*[19. Juni 1813], ihr *„Blut kocht"*[3. Juli 1813], und ihr *„Herz pocht. […] Gott gebe uns Glück und Gelingen des heiligsten und gerechtesten Krieges"*[17. August 1813], ihr *„Herz ist bei vielen in diesem heißen Kampfe und ist bei jedem ganz"*. Sie ist so begeistert von Preußen, daß sie meint, Wilhelm sollte dem Vaterland noch einige Jahre weihen: *„Bis zu Deinem fünfzigsten Jahre Dich wenigstens Preußen zu geben, halte ich doch für eine unerlässliche Pflicht, zumal in so gewaltiger und ernster Zeit"*, schreibt sie ihm im Juli 1813.

Ihr ist Preußen *„unbeschreiblich lieb"* geworden, *„um der Masse von schönen, wahren und heiligen Gefühlen und Empfindungen des Rechten, mit dem Tausende seiner Bürger in den Tod gegangen sind oder ihr Liebstes dem Schicksal dargebracht haben"*. Wie es sich für eine Patriotin schickt, sammelt auch Caroline von Humboldt, nicht zuletzt nach Aufforderung ihrer Freundin Rahel Levin, Geld und Wäsche für die Verwundeten. Ihre Rhetorik ist pathetischer als seine, ihre Briefe bekommen einen lyrischen Ton: *„Wenn die Anstrengungen der Lebenden Geistesfreiheit, Gesetzmäßigkeit, Ordnung und Menschlichkeit zurückbringen dem künftigen Geschlecht, so muß man glücklich preisen die, die mit ihrem Blut so Hohes und Schönes erringen."* [9. August 1813] Sie wird enthusiastisch, er bleibt immer ein bißchen im Abseits, bei seinen antiken Vorbildern, idealistisch, manchmal konservativ in seinen Ansichten, aber habituell so modern, daß es gelegentlich schon postmodern wirkt, weil er alles relativiert und dekonstruiert und sich von Heroen, Tatmenschen, von den Mächtigen wie den Ohnmächtigen abgrenzt. *„Das Altertum ist das einzige, was mich eigentlich ganz lebendig ergreift, und ich bin im reinsten und eigentlichsten Verstande ein echter Heide, ein vollständiger Gegensatz gegen alles Moderne, das Mittelalter mit eingeschlossen."* [Prag, 31. Juli 1813] Seine Stärken lägen im Betrachten, Urteilen und Würdigen, er sei *„nicht gemacht zum eigentlichen Hervorbringen und Wirken"*, fügt er vier Monate später hinzu.

Der immer ein wenig zynische, distanzierte Gesandte war auf wenige seiner Leistungen so stolz wie auf seinen Anteil am Zustandekommen des Kriegs gegen Napoleon. Er schreibt aus seinen verschiedenen mehr und weniger kargen Feldquartieren zuerst aus Prag, dann von den Kriegsschauplätzen dieses Befreiungs- oder auch Freiheitskrieges fast täglich an Caroline, die mit den drei Mädchen und dem kleinen Hermann in Wien lebt. Er berichtet eher kühl von abgeschnittenen Beinen und Leichen, *„am meisten parfümieren die Pferde und Spaziergänge im Garten sind wegen des Gestankes inpraktikabel".* [September 1813] Und auch mitten im Krieg widmet er sich der Arbeit am „Agamemnon".

Im Kontext der Debatte, ob einer, der Talent hat, sein Leben in der Schlacht riskieren oder lieber als Gelehrter, Künstler oder auch Politiker wirken solle, erklärt Humboldt, wäre er nicht Gesandter geworden, hätte er auf jeden Fall irgend etwas für das Vaterland getan, wahrscheinlich wäre er zur Landwehr gegangen, und fügt relativierend hinzu: obwohl er sich nicht gerne in die Welthändel mische. Womit er sich zugleich zur Allgemeinen Wehrpflicht bekennt, der tragenden Säule preußischer Reformen und dem wichtigsten Instrument der Gleichstellung, gegen das die privilegierten Stände, die bislang alle Offiziere und Generäle gestellt hatten, opponieren. Seine Einsatzbereitschaft unterstreicht er unter Berufung auf Vorbilder aus der Antike: *„Aeschylos würde es sehr sonderbar gefunden haben, wenn man ihn hätte hindern wollen bei Marathon zu kämpfen."* Wilhelm findet es höchst unpassend, daß sein Bruder Alexander in Zeiten wie diesen in Paris lebt, und er empört sich auch über Goethes Mangel an Begeisterung: *„die Befreiung Deutschlands hat noch bei ihm keine tiefe Wurzel geschlagen."* Die Humboldt-Kinder sind offenbar sehr patriotisch, weil Humboldt anfügt: *„Alles dies wird den kleinen Mädchen [...] ein Greuel sein und ist auch sehr arg",* und dann ergänzt er versöhnlich: *„Sonst aber ist Goethe eine wunderschöne Natur, mit der ich immer unendlich gern bin."* [26. Oktober 1813]

Caroline will weg aus Wien, das ihr wegen der nationalen Gleichgültigkeit der Bevölkerung widerlich geworden ist. [An Welcker, 27. Oktober 1813] Als wieder einmal erörtert werden muß, wo sie leben sollen und wollen, beteuert Caroline, sie werde *„überall glücklich sein, wo ich*

mit Dir bin", und verbindet die Frage der Ortswahl mit
dem Wunsch, *„daß in dem Lande, zu dem Du gehörst, ein
Denkmal Deiner Gesinnung, Deines Herzens und Verstandes
bleibe"*. [1. August 1813]

Caroline, Wilhelm und den Kindern wird in diesen Jahren eine hohe Flexibilität abverlangt. Erst zog Wilhelm
von Wien nach Prag und von dort über Leipzig, den Truppen folgend, nach Paris. Er wird Bevollmächtigter auf dem
Kongreß in Châtillon, begleitet zwischendurch, vom 11.
bis 30. Juni 1814, den König nach London, wird zum zweiten Bevollmächtigten beim Wiener Kongreß bestellt, wo
er im August 1814 eintrifft. Nach der Rückkehr Napoleons
und dem Sieg der Alliierten bei Belle Alliance im Juni 1815
wirkt er – wieder als zweiter preußischer Bevollmächtigter neben Hardenberg – bei den Friedensverhandlungen
in Paris mit. Er sollte als preußischer Gesandter dort bleiben, wird aber kurzfristig zu den Territorialverhandlungen der deutschen Staaten nach Frankfurt am Main geschickt.

Caroline löst den Haushalt in Wien auf und zieht im
November 1814 nach Berlin. Von dort reist sie mit den drei
Mädchen, dem kleinen Hermann und einem Hauslehrer –
der zugleich als männlicher Schutz dient – in die Schweiz,
um Wilhelm zu treffen und der unter nervösen Zuckun-
gen leidenden Tochter Caroline Linderung zu verschaffen.
Die Schweiz war so etwas wie das Paradiesgärtlein im
damaligen Europa – wegen ihrer Landschaft, der republi-
kanischen Verfassung, der Sauberkeit und speziell für Caroline wegen der Nähe sowohl zu Italien wie auch zum
potentiellen nächsten Wohnort, Paris. Das Paar hatte auf
mehrere Wochen gemeinsamer Muße gehofft, aber seine
beziehungsweise seiner Vorgesetzten Pläne änderten sich
von Tag zu Tag, Humboldt konnte seine Li nur zwei Tage
sehen. Hätten sie geahnt, daß Wilhelm nun doch auf län-

gere Zeit nach Wien mußte, hätte Caroline den Haushalt dort nicht aufgelöst.

Caroline und Wilhelm numerieren ihre Briefe wieder, sie wissen wieder nicht, wo sie ihre Zelte aufschlagen werden, und überlegen, wann sie einander wiedersehen und wo sie wohnen könnten. Wilhelm hatte in Paris gerade einen Koch angeworben, die Pferde nach Berlin geschickt (nur fünf behalten), sich nach Lüstern und Porzellan (fünf Dutzend Teller ohne Schüsseln und Terrinen) umgeschaut, als Hardenberg ihn nach Frankfurt beorderte. Kaum angekommen, schreibt er der Gattin, Frankfurt sei als möglicher Wohnort besser als Paris oder Wien: *„Für uns, unsere Familienlage und selbst unser Vergnügen wäre vielleicht Frankfurt und der Bundesgesandtenposten keine üble Sache. Wien gefällt uns allen nicht. An Petersburg wird keiner von uns je denken. London ist zu teuer. Paris hat mit den Kunstwerken* [den von Napoleon geraubten und nun zurückgegeben] *seinen höchsten Reiz verloren und hat sonst viel Unangenehmes. Frankfurt ist gewiß an sich nicht angenehm, aber wir bilden uns leicht einen eigenen Kreis. Und rund herum ist die Gegend hübsch, und Reisen für Dich überallhin im Sommer leicht. Du wirst sagen, daß das alles nur meine Manier ist, den Ort für den besten zu halten, an den ich gehen muß, und das mag auch sein.“* [14. Oktober 1815]

Humboldt behauptet, er sei eine glückliche Natur, die sich leicht in „neue Lagen" fügen könne, er liebe es, sich immer wieder neu zu orientieren, und schätze Schwierigkeiten höher als die Zugehörigkeit zu einer Gesellschaft, deren Diners und Gespräche ihn langweilen. Caroline und die Kinder haben dieses Wanderleben mit einer erstaunlichen Selbstverständlichkeit bis zu Wilhelms Entlassung aus dem Staatsdienst mitgetragen. (Gegen seine Bestellung als preußischer Gesandter in Paris hatte vor allem Talleyrand, der ehemalige Außenminister Napoleons und jetzige Außenminister des bourbonischen Frankreich interveniert.) Caroline hatte ohnehin Bedenken, weil die älteste Tochter von Haß gegen Frankreich gebeutelt wird, weshalb schon ihretwegen Paris als Wohnort nicht in Frage kommt.

Bei aller Liebe zu Frankreich sind die Franzosen auch für Wilhelm die „anderen", an denen deutsche Tugenden profiliert werden: *„Das Streben nach dem Göttlichen fehlt allerdings den Franzosen als Nation und man kann fast ohne Ausnahme hinzusetzen, auch im einzelnen. Denn es ist das Streben nach dem Idealischen, schlicht und einfach genommen, und das gerade ist ihnen ganz fremd. Sie sind befangen im gewöhnlichen Leben oder künstlich und maniriert in dem, was darüber hinausgeht. Man kann darum keine sonderliche Achtung für sie haben."* [27. Januar 1814]

Caroline ist radikaler, bei ihr heißt es: *„Es gibt kein hässlicheres und gemeineres Land als Frankreich"*, sie findet es jetzt *„grundgarstig"*, nennt die Bewohner unpoetisch oder spricht von *„der verruchten Herrschaft Napoleons"*. Als Wilhelm ihr die Wahl des Wohnortes überläßt, entscheidet sie sich für Berlin, *„aus Interesse, das man an einem Lande, das sich so herrlich wie das unsere gezeigt hat, dem gönnt man das Beste, und folglich gönnt man diesem Lande Dich"*. [21. Februar 1814]

Während Humboldt in Wien ist und angeblich die Geselligkeit meidet, wird Caroline in Berlin jeden Abend woanders eingeladen oder empfängt Bekannte zum Tee. Sie schickt ihm aus der preußischen Hauptstadt detaillierte Stimmungsberichte in seine verschiedenen Quartiere und fungiert als seine Zeitung, indem sie ihm berichtet, was getratscht und wie beurteilt wird. Er teilt ihr mit, worüber sie schweigen und was sie im Berliner Bekanntenkreis verbreiten soll.

Humboldt repräsentiert das moderne, postdynastische Europa, auch wenn er kein enthusiastischer Patriot und nur begrenzt ein Diener seines Herrn ist. Er gilt wegen seiner Unnachgiebigkeit hinsichtlich der Forderungen an den einstigen Gegner bald als Franzosenfeind; sein Jugendfreund Gentz denunziert ihn als Sprachrohr der Jakobiner. Mit seinen im diplomatischen Dienst unüblich klaren Worten, mit seinem Spott und seinen dezidierten Meinungen machte er sich nach und nach alle Verhandlungsteilnehmer zu Feinden – Talleyrand ohnehin, aber auch Metternich, die russischen und englischen Diplomaten und schließlich auch seinen König, der ihn „zu forsch" fand –, weil er sich für bürgerliche Freiheiten einsetzte. Humboldt überwarf sich sogar mit dem von ihm so bewunderten Freiherrn vom und zum Stein. Nicht nur sein scharfer Verstand und die liberale Gesinnung, auch die Wahl der Frauen, die er sich ins Bett holte oder zu seinem Vergnügen tanzen ließ, sollen Ärger hervorgerufen haben. [Sweet, Humboldt, Band II, S.151]

◆ **Gesinnung, Patriotismus, Enthusiasmus**

Patriotischer Enthusiasmus gehörte von Anfang an zu den tragenden Säulen der preußischen Reformen. Schon Steins Initiativen für ein repräsentatives System wollten den Gemeinsinn und die Liebe zum Vaterland befördern. Der bankrotte und militärisch vernichtete Staat brauchte Menschen, die fähig waren, selbständig zu handeln und Verantwortung zu übernehmen. Deshalb wurde

Bildung zu einem zentralen Anliegen innerhalb der Reformen, eine Bildung, die von den Lehren der Aufklärung und dem französischen Vorbild geprägt war. Deutscher Sinn wurde auch in der Philosophie und Geselligkeit programmatisch. Mit Fichtes „Reden an die deutsche Nation", mit vaterländischer Literatur oder der Gründung einer „deutschen Tischgesellschaft" kündigte sich die Entdeckung von Volk und Scholle an – Undeutsches mehr und weniger ausgrenzend, sei es französisch oder jüdisch.

Erst nach der gewonnenen Schlacht bei Leipzig schwappten die Wogen der Begeisterung auch ins Gemüt einer so zurückhaltenden Persönlichkeit wie Humboldt. Das Wort Gesinnung spielt im allgemeinen und in dem Briefwechsel des Ehepaars eine zunehmend wichtigere Rolle. Es ist einer dieser Begriffe, die sich erst im 18. Jahrhundert durchgesetzt haben. Lessing, Kant, Goethe, Schiller haben von Gesinnung als sittlichem Wert gesprochen, der die besonderen mit den allgemeinen Interessen verbindet. Mit der Entdeckung eines Vaterlands der Deutschen ändert das Wort seine Bedeutung. Es wird emotional stark aufgeladen und ins Gegenteil von Vernunft und Charakter verkehrt. Die Mutation von Gesinnung als Tugend vernünftiger Wesen zur Parole des wahrhaft vaterländisch Empfindenden zeigt sich auch in der Kommunikation zwischen Wilhelm und Caroline.

Da Caroline in dieser Ehe die Fachfrau für Gefühle ist, fängt die Wechselrede der beiden die allmähliche Umdeutung ein. Ab 1813 häufen sich die Briefstellen, in denen sich auch der kühle Intellektuelle enthusiastisch gibt. Gelegentlich erwidert er Carolines Pathos zart, manchmal biegt er es auch in eine andere Richtung.

Am 19. Oktober 1813, nach der siegreichen Völkerschlacht, schildert er ihr die Aufregung in Leipzig, als die drei Monarchen in die Stadt einreiten: *„Wieviel gäbe ich darum, wenn Du auf einige Stunden hier sein könntest, teure,* *liebe Seele. Das Schauspiel würde Deine Seele unglaublich ergreifen und erfüllen. […] So eine Bewegung, Empfindungen, Leidenschaften in Masse kommen einem im gewöhnlichen Leben nicht vor."*

Am 20. November 1813 schreibt er, es ist ein *„sehr schöner Ausdruck Deines Briefes über Deutschland ‚ein teures Vaterland, die Wiege alles Großen und Guten, was in der Welt ist"*, das sei *„unendlich wahr".* Auch er findet, *„daß in Rücksicht Deutschlands etwas geschehen sollte, das den Glauben und den Mut höbe, ist sehr richtig. Allein es ist leichter gesagt als getan."* [29. November 1813] Dann aber betont er die widersprüchlichen Interessen, die nötigen oder auch nur kleinkarierten Rücksichten und die Komplexität der Probleme. Er resümiert: *„Der wahre Sinn […] wäre nun freilich der, jetzt an nichts anderes, als an die Beendigung des Krieges und die Erzwingung eines guten Friedens zu denken"*, um nach differenzierenden Ausführungen über die verschiedenen Optionen zu schließen: *„Aus allen diesen Gründen sind alle Fragen, die Deutschland betreffen, jetzt so unendlich schwierig zu behandeln."* Wo sie in einem *„Zustand der ununterbrochensten Rührung"* ist [An Welcker, 27. Oktober 1813], wägt er ab – zu differenziert, um sich in die Gesänge einzuschwingen. Besonders hübsch werden seine mehrfachen Loyalitäten deutlich, als er eine Schrift von Ernst Moritz Arndt, dem patriotischsten der patriotischen Barden, bespricht (über den „Rhein, Deutschlands Strom, nicht aber Deutschlands Grenze"). Inhaltlich stimme er zu, aber der Ton mache ihn skeptisch. *„So vollkommen die Idee die meinige ist"*, so ist sie, moniert er, *„ganz Parteischrift, nirgends eine ruhige Untersuchung".* [6. Januar 1814] Aus Châtillon schreibt er ihr: *„Wohl hast Du recht, daß die Gesinnung die vor- und vielleicht alleinherrschende Kraft ist"*, und spricht auch von der Kraft der Andacht und der *„Zusammenstimmung mit allem Wohltätigen auf Erden".* [14. Februar 1814]

Für Caroline und alle Enthusiasten ist die richtige Gesinnung eine Voraussetzung (für Siege, Glück und Größe), für Wilhelm von Humboldt ist sie als Folge interessant: Was *„unabhängig von allem Resultat immer gleich herrlich und glanzvoll bleiben wird, ist die so vielfach, so heldenmütig verherrlichte Gesinnung, und die muß man eigentlich überall nur suchen".* [23. Februar 1814] Hier argumentiert er noch im Sinne der Aufklärungsphilosophie, für die Gesinnung eine Tugend ist, die das vernünftige Individuum mit einem allgemeinen Gesetz verbindet. Aber dann, findet er, war nur der *„Krieg* [...] *das eigentlich Große und Schöne, und er ist wie ein junger und kräftiger Baum plötzlich ins Welken gekommen. Der Pariser Friede verderbte ihn zuerst, der Kongreß nachher."* [9. Juni 1815]

Im Laufe der Verhandlungen in Wien, Paris und Frankfurt stellte sich heraus, daß die versprochenen Liberalisierungen, derentwegen das Volk begeistert in den Krieg gezogen war, leere Versprechungen blieben. Schon im Februar 1814 hatte Humboldt eingesehen, daß die *„wahren Triebfedern der Weltbegebenheiten"* nicht das Wahre und Schöne sind und eher die schlichtesten Gefühle den Ausschlag geben, *„und damit geht dann alle Kraft und aller Gehalt in einigen Kombinationen auf, die ihre Erfinder wahrlich wenig Kopfzerbrechen gekostet haben".* [14. Februar 1814] Das Unharmonische, Kleinlichkeit und Mittelmäßigkeit haben verdorben, *„was der Krieg schön und groß gemacht hatte"*, schreibt Caroline ein Jahr später, nachdem England, Österreich und Frankreich die sächsische und polnische Frage ohne Preußen und ohne Rußland ausgehandelt haben. [11. April 1815]

Wilhelm von Humboldt räsoniert zu dieser Zeit viel über Deutsches, über die Liebe zu dem Konglomerat, das kein Reich mehr und noch keine Nation ist: Die Liebe zu Deutschland, doziert er, werde *„durch etwas Unsichtbares* *zusammengehalten und ist viel freier von Bedürfnis und Ge-wohnheit. Sie ist nicht sowohl Anhänglichkeit an die Erd-scholle, sie ist mehr Sehnsucht nach deutschem Geist und Gefühl, die sich in allen Zonen empfinden und in alle ver-pflanzen lassen."* Die Liebe erfasse eher die Idee als den Leib, und *„der Deutsche hat unter allen Nationen am wenig-sten eine zerstörende und am meisten eine immer in sich zu-rückwirkende Kraft".* Nach einem Sieg werde *„Deutschland sicher sehr bald in jeder Art der Bildung und der Gesinnung hervorragen".* Ruhm und Ehre einer Nation seien *„viel-leicht nur Geburten der Phantasie",* für ihn ist *„das Höchste und unvergänglich"* nur das, was *„in Geistesentwicklung und Gemütskraft Wurzel schlägt".* [8. November 1813]

Er liebt die Tiefe des deutschen Geistes, auch die Eigen-heit, daß es *„in unserem Vaterland"* gebildete Frauen und Mädchen gibt, *„in denen die Natur weit über die Bildung ragt, und die eine eigene Zartheit mit Stärke verbinden",* und er ist besorgt, ob *„diese schönen, deutschen Eigentümlichkei-ten"* sich auch erhalten werden, wenn Deutschland nicht mehr zersplittert und bedroht sein wird, ob *„der Schwung, den das Handeln genommen hat, auch ins Denken übergehen wird".* [19. Januar 1814]

Mit vielen seiner Vorstellungen, so auch mit seinen Ideen für eine Neuorganisation Deutschlands nach dem Krieg (Verfassung oder Verein, Kabinettsregierung oder parlamentsähnliche Vertretung, Staatenbund oder Bun-desstaat), steht er bereits zwischen den Parteiungen. Er plädiert für *„Schonung der Eigentümlichkeiten und Erhal-tung der Mannigfaltigkeiten"* [15. November 1813] und will die gewachsene Vielfalt durch geregelte Rechtsbeziehun-gen stützen.

Wilhelm liebt Caroline, er liebt sein Vaterland und setzt seine ganze Kraft ein, um für Preußen gute Verhandlungs-ergebnisse zu erzielen, vor allem aber liebt er die Widersprüche, und er widerspricht gerne. *„Daß die Menschen nur an mir das Paradoxseiende auffassen, ist sehr wahr. "* Er ist stolz darauf, daß Metternich sich auf seine Lust an Paradoxien eingelassen hat. Das *„Hauptthema war, daß ich nur paradox aussähe, aber es eigentlich nicht wäre"*, und er amüsiert sich königlich über eine Karikatur, die Fürst Anton von Radziwill von ihm gezeichnet hat – sie zeigt ihn auf einem Paradeochsen *(„Paradoxen, begreifst Du es nur?"*), wie er auf einen „harten Berg" (Hardenberg) zureitet. [An Caroline, 2. Januar 1814]

Im Herbst 1808 hat das Paar über eine Bemerkung Goethes korrespondiert, in der der Dichterfürst geäußert hatte, daß auch aus großen Talenten in Zeiten wie diesen nichts werden könne. Goethe meinte damals, *„der beste Rat, der zu geben sei, sei die Deutschen, wie die Juden, in alle Welt zu zerstreuen, nur auswärts seien sie noch erträglich"*. Wilhelm hat geantwortet, daß er für sich *„das schon angefangen habe"*, Goethe müsse nur zu ihnen kommen, um es *„auch an seinem Teil zu vollenden"*. Das war, als Humboldts noch dachten, sie würden ewig in Rom leben, und Napoleon sich auf dem Höhepunkt seiner Erfolge befand. Zu der Zeit fand Humboldt die Deutschen noch *„hässlich und formlos"*, mit ungeheuer dicken Armen und klotzigen Waden, *„ohne Kunst"*. [11. März 1809] Die Bemerkung war noch ein Scherz. Fünf Jahre später greifen sie den Gedanken auf. Am liebsten, schreibt Caroline im März 1814 an Wilhelm, würde sie mit *„Deutschen jenes eine, schmale, meerumflossene Land bewohnen"*. Es ist nicht immer eindeutig auszumachen, was Pathos und was Ironie ist. Gern, meint Caroline, würde sie auf einer Insel leben, er solle doch den englischen Gesandten um eine Insel bitten. *„Schaff mir eine Insel. Ich will auch Tribut zahlen an England."* [24. Februar 1814]

Liebe zum Vaterland sei für Deutsche etwas anderes als für andere Völker. Die Sehnsucht strebt, wenn man Humboldt folgt, nicht nach der Scholle, sondern nach Geist und Gefühl. Menschen, die *„weder Grundsätze, noch Gemüt, noch Empfindung"* haben, wurden in diese Liebe nicht eingeschlossen. Als ihn beim Wiener Kongreß die Schlittenpartien und Feuerwerke, die Bälle und der Unernst stören, spricht er von *„der undeutschen Art der höchsten Klassen".*

Bill und Li lieben die deutsche Gesinnung und die deutsche Sprache, die Ideen und Ideale, sie sind gerne unter Deutschen – aber das muß nicht in Deutschland sein.

Als ihr Mann im Herbst 1817 die Gesandtschaft in London übernahm, zog Caroline noch einmal in die ewige Stadt, in der so viele deutsche Künstler ihre Heimat gefunden hatten. Carl Ludwig Fernow brachte die Stimmung auf den Punkt: *„Dort und nicht hier ist das Klima der Kunst. […] in Italien lebe und strebe und schaffe der deutsche Künstler."* Caroline fühlte sich – trotz ihres gesteigerten Nationalgefühls – in der deutschen Künstlerkolonie Roms mehr zu Hause als nördlich der Alpen. Und Wilhelm kokettierte noch 1818 mit der Idee, sich – zur Not auch ohne Stelle – in Rom niederzulassen. Man könnte diese Haltung als Kulturpatriotismus bezeichnen.

♦ **Judaeophobie –
eine deutsche Affäre**

Im Berlin der Nachkriegszeit fühlt sich Frau von Humboldt deutlich wohler als in Wien, der Hauptstadt der Vielvölkermonarchie. Die Leute reißen sich um sie, sie verkehrt mit hohen Militärs, Angehörigen des Hofs, hohen Beamten und meinungsbildenden Damen. Sie findet im Unterschied zu Wien hier *„die reinste politische Luft"* und fungiert als Wilhelms Boulevardzeitung. Alle zwei bis drei Tage berichtet sie ihrem Mann, worüber man *„hier im Publikum munkelt"*. Über die Ergebnisse der Verhandlungen in Wien hat sie eine sehr dezidierte Meinung. Es würde sie sehr verdrießen, wenn „wir" Sachsen nicht bekämen, das Königreich Hannover mißfällt ihr *„wegen der Nachahmung französischer alberner Standeserhöhungen"*, und überhaupt hätten all jene Fürsten, die ihr Avancement Napoleon verdankten, freiwillig auf ihre Titel verzichten sollen. *„Namen sind nicht eine so ganz gleichgültige Sache. Und soviel Spuren wie möglich der Herrschaft Napoleons bei uns in Deutschland zu vertilgen, sollten wir uns doch wirklich angelegen sein lassen, […] alles Tragen von Orden aus jener Zeit […] kommt mir vor, wie wenn man die Kleidung aus dem Zuchthause trüge, nachdem man daraus entlassen ist."* [24., 26., 28. November 1814]

Ob der preußische Anteil am Sieg über Napoleon ausreichend gewürdigt wird, was die „Verräter" – also jene Fürsten, die Napoleon unterstützt hatten – und was die wahren Patrioten beim Länderschacher erhalten, beschäftigte ihre Berliner Freunde. Wegen der Aufteilung Sachsens, das der Zar seinem Freund Friedrich Wilhelm versprochen hatte, drohte der Wiener Kongreß zu scheitern. Preußen hatte einen Geheimvertrag mit Rußland geschlossen, der vorsah, daß Rußland das preußische Polen und Preußen dafür Sachsen erhalte. Metternich wollte mit Unterstützung Englands und Frankreichs die Macht Rußlands und Preußens begrenzen. Die preußischen Patrioten fanden es besonders ungerecht, daß der sächsische König, der doch bis zuletzt mit Napoleon kollaboriert hatte, nicht entmachtet wurde. Friedrich August von Sachsen verlor „nur" zwei Fünftel seines Gebiets, man zählte es in Seelen – er verlor 850000 Seelen. Die preußischen Patrioten in Berlin waren empört, daß dieser Franzosenknecht immer noch 800 000 Untertanen sowie Dresden, Leipzig, Meißen und weitere Städte behalten sollte. Daß er auf den Franzosen setzte, weil er Grund hatte, die Preußen zu fürchten, war ebenso aus dem Blick geraten wie die Motive all derer, die sich mehr Freiheit und Gleichheit und eine Zerschlagung der Privilegienordnung durch den französischen Imperator erhofft hatten. Der Streit um Sachsen markierte den Unterschied zwischen einer Politik, die auf Kabinette und Dynastien setzte, und dem modernen Denken: in Kategorien von Staaten und Völkern. Ein entscheidendes Argument Metternichs – dem sich letztlich auch der preußische König beugte – war der Hinweis, es wäre gefährlich, einen legitimen Herrscher zu stürzen, es könnte die Zustimmung der deutschen Kleinstaaten zu einem Deutschen Bund gefährden.

Zu Beginn des Jahres 1815 gab Caroline eine kleine Gesellschaft – das Ehepaar La Roche, Theodor und mehrere Offiziere aus dessen Schwadron waren bei ihr. Christian Daniel Rauch war am letzten Tag des Jahres aus Rom angekommen. Besonders empört seien ihre Gäste über die allzu günstigen Bedingungen für Sachsen gewesen, berichtet sie ihrem Mann nach Wien. Die Gerüchte darüber *„schwanken* […] *einen Tag so und einen so, doch im ganzen, glaube ich würde ein Krieg einen großen Schrecken machen, allein, soviel ich beurteilen kann, mehr unter der Klasse der Niedriggesinnten, wenn ich mich so ausdrücken darf, der Wuchernden, der Juden. Wohlunterrichtete Menschen behaupten, daß alles Geld des Landes, alle Ressourcen in ihren Händen sind.“* [3. Januar 1815]

Es ist innerhalb dieser Korrespondenz die erste von vielen Bemerkungen, in denen Caroline ihre Abneigung gegen Juden zur Sprache bringt. Soweit erkennbar, ist es auch die einzige größere Differenz in den Auffassungen der Eheleute. Humboldt antwortet ihr am 13. Januar aus

Wien: „*Was Du mir über die Juden schreibst, ist mir sehr auffallend gewesen. Auch hier neulich beim Kanzler am Tisch behaupteten einige seiner Räte, das von ihm gegebene Judenedikt habe diese schlimmen Folgen hervorgebracht, die vorzüglich in den kleinen Städten verderblich wären.*" Er billige das Edikt (über die bürgerliche Gleichstellung der Juden) und teile die Meinung des Kanzlers. „*Es kann unmöglich vernünftig sein, den alten Unterschied zwischen Juden und Christen ewig bestehen zu lassen und das Vorurteil noch zu vermehren.*" Er wolle nicht die Tatsachen wegräsonieren, aber man habe „*vielleicht versäumt* […] *Dinge zu tun, die notwendig hätten mit dem Edikt zugleich geschehen müssen*". Ein paar Tage später erzählt Wilhelm von seinem Besuch im Hause Arnstein, dem interessantesten Salon des Wiener Kongresses, in dem Fanny von Arnstein, die aus Berlin gebürtige Tochter des reichen Bankiers Itzig (eine der wenigen Jüdinnen aus dem deutschen Großbürgertum, die nicht zum Christentum übergetreten war), französische, österreichische, russische und vor allem preußische Grafen, Generäle und Gesandte, geistvolle Damen und sogar hohe kirchliche Würdenträger empfing. Er erklärte danach seiner Frau: „*Ich arbeite aus allen Kräften daran, den Juden alle bürgerlichen Rechte zu geben, damit man nicht mehr aus Generosität in die Judenhäuser zu gehen braucht. Sie lieben mich aber auch gar nicht …*" Der Brief bricht hier ab, die Herausgeberin hat wohl das Weitere nicht zitierenswert gefunden. Das ist nur das Vorspiel. Während Caroline sich beim Thema Sachsen „*seine*[n] *besseren Ansichten*" beugt, sind die Juden auch ein Jahr später noch Streitpunkt. Wilhelm betont, er fühle sich den Freunden seiner Jugend verpflichtet, er und Alexander seien eine Art Schutzschild der Verfemten gewesen. Wer ihnen das beigebracht hat, ist nicht überliefert, es könnte ihr Erzieher Kunth gewesen sein, der Moses Mendelssohn sehr verehrte.

Auch Wilhelm macht abfällige Bemerkungen über Juden, er bezeichnet Rahel Levin als *„Judenmamsell"*, schmäht sie ein andermal als *„Fliegennatur"*, die man nicht loswerde, bricht mit ihr und versöhnt sich wieder, und als sie durch die Ehe mit Karl August Varnhagen Frau Gesandtin geworden ist, fällt die Bemerkung, es gebe nichts, was der Jude nicht erreiche. Besonderen Charme hat sein Kommentar zu Henriette Herz, *„die aber fast auch christlich geworden ist. Alles fällt von den alten Göttern ab."* [2. März 1814] Für den alten Freund Gustav von Brinckmann hat er eine ähnliche Erklärung zur Hand: *„Ich bin sehr aus den Juden herausgekommen. Zwar theile ich nicht die Wut der Zeit gegen sie, vielmehr ist das eine der Sachen, welche die neuere Secte* [womit er den „katholisch-romantischen Doctrinarismus" von Friedrich Schlegel und dessen Freunden meint] *gegen mich hat. Aber ich behaupte, daß gar keine rechten Juden mehr gebohren werden. Sie bringen alle schon ein Stück Christentum mit auf die Welt, und die alten gehen nach und nach. Mit der Kleinen* [Rahel Levin] *ist seit ihrer Verheirathung gar nichts mehr anzufangen. Die Herz und Schlegel sind sehr christlich in Rom."* [Briefe an Brinckmann, S. 178] Darin schwingt sowohl seine Abneigung gegen das – neue – Christentum wie die Verehrung der Antike mit. Ihre tiefe Bedeutung bekommen diese Sätze allerdings erst durch die Geschichte des 20. Jahrhunderts. Die deutsch-patriotische Allergie gegen Juden, die christlich-deutsche Tischgesellschaft und die Mythisierung des Mittelalters gehören zur Vorgeschichte eines nationalen wie auch eines christlichen Antisemitismus, der die Ermordung der Juden und das Wegsehen ihrer Nachbarn legitimiert hat. Inzwischen wird diese Zeit um 1800 gerne zur deutsch-jüdischen Symbiose verklärt.

Sobald man diese Kopfsprünge mitdenkt, gewinnen Humboldts Verteidigungen und Relativierungen eine zusätzliche interessante Note: Sie lassen das Idealistisch-

Kompensatorische des preußischen Patriotismus gut erkennen. In dieser Kontroverse ist sie die Idealistin, er bleibt gelassen.

Humboldt führt die Unzufriedenheit über die politischen Arrangements des Wiener Kongresses auf überspannte Begriffe zurück. Die Erwartungen seien nach den Verdiensten der Armee und nicht nach den politischen Möglichkeiten berechnet, aber eine *„wahre Sache liegt dennoch der Unzufriedenheit zum Grunde, und in der ich ganz mit Dir übereinstimme. Es ist nicht sowohl, daß Preußen nicht genug erhält, wodurch die Menschen gekränkt sind, aber es ist, wenigstens liegt das in der Seele, auch wo es sich nicht geradezu ausspricht, daß die, die sich schändlich genommen haben, erstlich alle wieder zu Land und Leuten kommen oder dabei bleiben, zum Teil noch vergrößert werden und endlich zum anderen Teil noch Ursache sind, daß wir dies und jenes, woran man bei uns hängt, nicht haben.“*

Die Kränkung besteht darin, daß die Helden zuwenig und die Schurkenstaaten zuviel von dem Kuchen bekommen haben. Humboldt weiß sehr wohl, daß die alten Großmächte kein Interesse an einem starken Preußen haben. Er spricht damit etwas aus, was für die preußische „Gesinnung" von besonderem Wert bleiben wird: Ungerechtigkeit ist nicht nur eine Frage des materiellen Ausgleichs, sie verletzt vor allem die Seele. Die Ergebnisse des Kongresses sind für ihn auch noch nicht das letzte Wort: *„Der Kampf gegen das Böse ist nicht ausgekämpft und wird, wenn auch nicht gleich jetzt, wieder angehn."* [23. Februar 1815]

Humboldt weicht nicht nur politisch ab, sondern auch mental. Wie sehr sein Verhalten überkommenen Regeln widerspricht und von weniger modernen Menschen nicht verstanden wurde, zeigt sich an seinem Umgang mit Bestechungen: *„Ein sehr großes Geschenk habe ich gestern aus-*

geschlagen", erzählt er seiner Frau im Juni 1815. *„Seit dem Anfang des Kongresses suchten die Juden bestimmte bürgerliche Rechte in Deutschland zu erhalten. Ich bin dieser Sache immer geneigt gewesen. Ich weiß zwar, daß Du anders denkst, süßes Herz, aber ich habe viel in verschiedenen Zeiten darüber nachgedacht und bleibe meiner alten Meinung getreu."*

Eines seiner Argumente ist die Furcht vor zu starker Zuwanderung aus den preußischen Ostgebieten, *„da einmal im Preußischen die Juden fast alle Rechte haben"*. Dann deutet er an, *„daß die Gönner des Judentums wuchsen"*, weil sie Geld bekommen hatten. *„Mir geschahen indes keine Anträge, aber ein alter Mann aus Prag, dessen Wesen mir ganz gut gefiel, da er nicht zu den neumodischen Juden gehört, kam ein paar Mal zu mir und empfahl mir die Angelegenheit. Ich machte nun einen Artikel meiner Überzeugung nach; in den jetzigen Konferenzen ward dies eine Hauptdebatte [...]. Es wurde viel von der Sache gesprochen, jeder weiß, daß ich nur den Artikel gemacht und durchgesetzt hatte. Gestern kam nun der alte Mann wieder, dankte mir unendlich und bot mir zum Geschenk drei Ringe, Smaragden mit großen Brillanten besetzt an mit dem Zusatz, daß, wenn ich sie nicht wollte, ich über 4000 Dukaten auf seine Kasse disponiren sollte. Ich schlug sie natürlich ebenso wie das Geld aus, und Du kannst Dir die Verwunderung des Mannes gar nicht denken, wie ich ihm ohne alle Affektation und Ziererei sagte, daß ich, was ich getan, bloß den Juden zuliebe getan hätte, daß ich nichts dafür nehmen würde. [...] Der alte Jude will sich nicht zufrieden geben und hat nun das Projekt, mir ein silbernes Service machen zu lassen, um es mir in einem Jahre zu schicken. Ich habe Gentz gesagt, daß ich auch in zehn Jahren nichts nehmen würde, und tue es gewiß nicht."*

Sein alter Freund Friedrich von Gentz hat für derlei moralische Bedenken kein Verständnis und findet es *„weder unrecht noch undelikat"*, solche Geschenke anzunehmen.

Humboldt betont nochmals, daß seine *„erste Bedingung ein reines Bewusstsein sei. Ich in mir kenne nichts so Unedles, in Geschäften nicht rein und lauter wie Gold zu sein."*[4. Juni 1815]

Der alte Mann aus Prag, der das großzügige Geschenk anbot, war Simon Ritter von Lämel, Mitunterzeichner eines Gesuchs an den österreichischen Kaiser Franz mit der Bitte um Gleichstellung der Juden in den k.k. Staaten. Zu den anderen Bittstellern gehörten Nathan Freiherr von Arnstein und Bernhard Ritter von Eskeles – jene reichen Wiener Verwandten der Berliner Familien Fließ und Itzig, deren Gattinnen berühmte Salons führten. Auch Leopold Edler von Herz hat die Petition unterzeichnet, von ihm hat sich Gentz (wie von vielen anderen) „beschenken" lassen.

Soweit wir wissen, hat Caroline die Haltung ihres Mannes nur beim Thema Juden kritisiert: *„Du rühmst Dich, die Juden nie zu verlassen. Es ist der einzige Fehler, den ich an Dir kenne."* Sie beklagt die Verleihung der Bürgerrechte an Juden und schreibt: *„Das einzige, wozu sie sich derer bedienen, ist das Schachern und Handeln usw. Schierstedt hat mir erzählt, wie ganze Distrikte im Jahre 1813, die Reichen für die Armen mit, sich loskauften, um nicht den Feldzug mitzumachen – sie sind jetzt schon ein nicht unbedeutender Teil des Grundeigentums in allen preußischen Staaten. Juden sind Patronatherren von Christen und christlichen Kirchen, was doch ein größerer Unsinn ist als wenn Türken es wären, die doch Christus nicht leugnen, nur Mohammed einen größeren Propheten nennen. Das Vermögen des Staats ist größtenteils in ihren Händen, hier in Berlin ist es sehr auffallend, wie jetzt, wo ein großer Häuserverkauf wieder stattfindet, unter vieren gewiß drei von Juden akquiriert werden. Wenn ich was zu sagen hätte, ich ließe sie drei Generationen lang nicht handeln und alle zwanzigjährigen Jünglinge, ohne irgendeine Ausnahme, als die der körperlichen Gebrechlichkeit, wären Sol-*

daten, da wollte ich wetten, daß in 50 Jahren die Juden als Juden vertilgt wären. Und daß das nicht ein Gewinn für die Menschheit wäre, lasse ich mir nicht ausreden, die Juden in ihrer Gesunkenheit, ihrem Schachergeist, ihrem angeborenen Mangel an Mut, der von diesem Schachergeist herrührt, sind ein Flecken der Menschheit."[29. März 1816]

Schachergeist, Drückebergerei und die Aneignung christlicher Güter gehörten zu den Standardvorwürfen gegen Juden. Zu den Standards der antijüdischen Aversionen gehörte auch die „jüdische Feigheit", obwohl jüdische Freiwillige einen überdurchschnittlich hohen Anteil an den sogenannten Befreiungskriegen hatten (auch Orden bekamen und Offiziere wurden). Juden waren und blieben überall, wo es um Patriotismus ging – sei er deutsch, österreichisch, ungarisch, französisch oder russisch –, besonders aktiv. [Z. Baumann, Moderne]

Es ging bei diesen Tiraden nicht um Wahrheit, es ging um Ängste im Kontext der Modernisierung. Juden bekamen in dem gesamten Umfeld der Reformen einen hohen symbolischen Wert. Es muß ein schrecklicher Anblick für Altadelige gewesen sein, wenn über die Güter, die gottgegeben über viele Jahrhunderte ihren Vorfahren gehörten, nun Menschen aus dem verachteten dritten Stand oder gar Juden in groben Stiefeln stapften, wie Fontane das im „Stechlin" so schön beschrieben hat. Wobei die Möglichkeit, sein Rittergut zu verkaufen, eine Entlastung war für Adelige, deren Güter marode waren.

Wilhelm antwortet: „*Deine Tirade über die Juden, teure Seele, ist göttlich; ich habe Lust, sie Steinen* [also den Karl Freiherrn vom und zum Stein] *mitzuteilen, der ganz Deine Ansichten teilt, aber noch viel heroischere Mittel zur Abhilfe vorschlägt, da er die Nordküste Afrikas mit ihnen bevölkern will. Ihr mögt beide wohl recht haben, aber die Art, wie Du Dich über mich dabei ausdrückst, hat mich noch mehr ge-*

troffen. Du sagst, daß mir die Juden zu einerlei seien, das ist ein Vorwurf, den man wohl weiter als auf die Juden bei mir ausdehnen könnte. Dies Einerleisein ist überhaupt zu sehr Form in meinem Gemüt, dehnt sich auf zu viel Sachen aus und ist auch bei einzelnen zu stark. Ich muß ihm selbst immer entgegenarbeiten. […] Aber auf die Juden zurückzukommen, so wäre allerdings, ohne das aufzuheben, was ich immer für gut halte, daß man ihnen bürgerliche Rechte gibt, viel zu tun, was man versäumt. Warum zum Beispiel leidet man das Loskaufen? Warum schlägt man nicht Mittel ein, andere Gewerbe unter ihnen zu befördern? Häuser mögen sie wohl viele besitzen, Güter sehr wenige bis jetzt. Itzenplitz neulich hier konnte mir nur einen Fall nennen. Der Staat brauchte sich in seinen Finanzen nicht so viel mit ihnen abzugeben und das ist ein Hauptverderben."

„Deine Tirade ist göttlich" ist eine sehr freundliche Art, sie nicht ganz ernst zu nehmen, Caroline wehrt sich auch dagegen: *„Meine Tirade über die Juden, geliebtes Leben, über die Du Dich so süß mokierst, ist wohl nicht an ihrem Platze, allein Unrecht hat man, zu sagen, daß sie keine Güter besäßen. In allen Provinzen besitzen sie deren, und der Herr von Itzenplitz muß sehr ununterrichtet sein, der Dir gesagt hat, bis jetzt sei ein einziger Grundeigentümer. Die Masse des Vermögens ist in ihren Händen, und es ist eine der Ursachen, warum der sehr drückende Indult* [eine Frist mit aufschiebender Wirkung] *aufrechterhalten wird, um einigermaßen zu verhüten, daß nicht noch viel mehr Güter in ihre Hände kommen, weil bei der Aufhebung desselben allerdings viele Güter werden müssen veräußert werden. Was Berlin betrifft, so haben sie ein Drittel der Häuser, und zwar der besten, im Besitz. Ich kann mich übrigens gar nicht schriftlich so über sie auslassen, wir werden ja bald mündlich zusammen sprechen."* [19. April 1816] Die Kontroverse geht noch eine Weile weiter. Im Verhältnis zu seiner Frau ist Humboldt diplomatisch, er lenkt ein, indem er über ihren Charakter, die Heftigkeit und – ganz allgemein – die allmähliche Wendung zum Ernsten und Großen räsoniert. „*Übrigens ist es wieder nicht mit der Heftigkeit so arg, da Du eine tiefdurchgreifende Milde hast, und wir werden immer sehr gut miteinander bestehen, da wir in allem eigentlich, wo es auf den Grund der Gesinnung ankommt, einig denken und in den Nuancen Deine Ansicht immer sehr leicht auf mich übergeht.*"[30. April 1816]

Ich würde das Paar hier gerne verlassen. Judenfeindschaft ist, im Unterschied zu damals, heute peinlich, zumal bei so klugen und sympathischen Leuten. Trotzdem stellt sich die Frage: Was hat sie denn so furios gemacht? 1816, als Caroline ihre heftigen Ausfälle gegen Juden zu Papier brachte, waren sowohl Wilhelms zentrale Rolle innerhalb der Reformen wie auch die Zeit der Reformen vorbei. Es war generell die Zeit der großen Hoffnungen vorbei, sowohl auf eine liberale Verfassung Preußens oder auf eine sonstwie repräsentative Vertretung im Deutschen Bund wie auch derer auf eine Rolle für Wilhelm von Humboldt, in der er Verantwortung übernehmen und selbständig hätte handeln können.

Solche „Tiraden", früher kaum der Rede wert, sind nach der Vernichtung der Juden zum Problem geworden. Man hat die Ausfälle psychologisch gedeutet. Carolines Eifersucht auf Henriette Herz – schon lange keine Konkurrenz mehr – wurde als Argument genannt. Wenn man nach entlastenden Motiven sucht, läßt sich eher die Enttäuschung aus einem letzten Liebesdrama vorführen. 1814 war Frau Gesandtin von Humboldt oft mit David Ferdinand Koreff beisammen, einem Arzt, Weltmann und Mesmeristen. Er hat ihre Tochter Caroline und eine bei Caroline einquartierte Wöchnerin mit viel Einfühlungsvermögen behandelt und die Hausherrin von ihren Herzbeschwerden befreit. Er und sie lesen gemeinsam in Humboldts Übersetzungen der Werke von Pindar und Aischylos. Caroline weint sich bei ihrer alten Freundin, der „Judenmamsell" Rahel, aus, sie liebe Koreff, *„wie gewiß nie ein Mensch mehr geliebt hat"*. Wie einst bei Burgsdorff soll auch diesmal Rahel herausfinden, ob der Freund ihr gut sei: *„Mit Koreff bin ich sehr nahe gekommen, er hat eine unbeschreibliche Tiefe des Gemüts, und es neigt sich alles in Liebe und Sehnsucht einem anderen Leben zu."* [22. Januar 1814]

Koreff war nicht nur Mesmerist, der mit Hypnose und Handauflegen heilte, er war bis 1819 auch Hardenbergs Hausarzt und wurde erst als Genie und dann als Scharlatan berühmt. Außerdem stammte er aus einer jüdischen Familie – und er war ein Schwerenöter, der sich bald von der um sechzehn Jahre älteren Freundin ab- und anderen Frauen zuwandte. Aber auch das erklärt noch nicht die Vehemenz von Carolines judenfeindlichen Ausfällen. Man könnte die Tiraden als individuelle Macke abtun und dadurch verharmlosen, man könnte unterstellen, sie habe ihre große Liebesbedürftigkeit auf die Idee – Preußen, Vaterland, Deutschtum – übertragen. All das sind Spekulationen, auffallend bleibt die Verknüpfung von Eros, Judenfeindschaft und Patriotismus.

Näher als solche „Erklärungen" liegt die Überlegung, daß sie als Tochter eines altadeligen Grundbesitzers aufgewachsen ist, dem Grund und Boden samt darauf lebenden Seelen untertan waren und der seine Familie bis vor kurzem von den Einkünften aus seinen Gütern ernähren konnte. Die Besitzungen der Dacheröden lagen im Gebiet der Klein- und Kleinstfürstentümer Sachsen-Anhalt, Sachsen-Sondershausen, Sachsen-Rudolstadt, Sachsen-Weimar, zwischen Napoleons Modell-Königreich Westphalen und dem antipreußischen und profranzösischen Sachsen. Ihr Palais stand in Erfurt, das zum Bistum Mainz gehörte, dann preußisch wurde, dann die größte Festung der napoleonischen Heere war und bei den Friedensverhandlungen wieder Preußen zugeschlagen wurde. Ein Teil der Dacherödischen Besitzungen war verwüstet worden, der Vater hatte in seinen letzten Lebensjahren mehr Schulden als Einkünfte.

Die Zeit war – mit den französischen Plünderungen, den Kontributionen, den Einquartierungen und mit dem Aufstieg des Bürgertums – über die alte Führungsschicht hinweggegangen. Und Juden – die bis zur erst französisch, dann preußisch gewährten Gleichberechtigung weder Grundbesitz noch Beamtenstellen haben durften – bildeten die Avantgarde des Kapitalismus als Bankiers und Kaufleute, als kleine Händler oder als Intellektuelle, die ihren mittelalterlichen Verhältnissen zu entfliehen suchten. Sie wurden zu Repräsentanten der dräuenden Moderne.

Identitätspolitisch, wie man das heute nennt, leuchtet ein, daß die Konstruktion einer deutschen Identität der Gegenbilder bedurfte. Franzosen und Juden haben die Grenze markiert, hinter der etwas Eigenes entstand. Caroline von Humboldt, geborene von Dacheröden, hat in ihrer Tirade fast wörtlich die Argumente benutzt, die einer der energischsten Gegner der Reformgesetzgebung, der erzkonservative General und Politiker Friedrich August Ludwig von der Marwitz, vier Jahre zuvor – im Jahr der Verabschiedung des Emanzipationsedikts – gegen die „Judenherrschaft" vorgebracht hatte: *„Diese Juden, wenn sie wirklich ihrem Glauben treu sind, die notwendigen Feinde eines jeden bestehenden Staates (wenn sie ihrem Glauben nicht treu sind, Heuchler), haben die Masse des baren Geldes in Händen; sobald also das Grundeigentum so in seinem Werte gesunken sein wird, daß es für sie mit Vorteil zu acquirieren ist, wird es sogleich in ihre Hände übergehen, sie werden als Grundbesitzer die Hauptrepräsentation des Staates, und so unser altes ehrwürdiges Brandenburg-Preußen ein neumodischer Judenstaat werden."* Marwitz war ahnenstolz und verachtete Emporkömmlinge – zu denen er Scharnhorst,

Sohn eines Unteroffiziers, oder auch Humboldts zählte, die noch keine zwei Generationen Besitz und Adel vorweisen konnten.

Die Gattin des nicht ganz so altadeligen Staatsangestellten mag sich auf ihre Wurzeln besonnen haben, zumal mit der Restauration diese Herkunft wieder an Bedeutung gewann. Der Untergrund ihrer damals durchaus salonfähigen Aversionen ist aus dem Leben derer gegriffen, denen zuvor und jahrhundertelang allein das Recht auf Grundbesitz zustand: alter Adel, der, sofern er nicht die Zeichen der Zeit erkannte und zum Beispiel Agrarunternehmer wurde, durch die Modernisierung verarmte und seine Grundstücke verkaufen mußte. Juden waren ein greifbares Symbol für den Untergang der ständischen Gesellschaft inklusive Privilegien des Adels.

Das Edikt zur rechtlichen und wirtschaftlichen Gleichstellung der Juden vom März 1812 (zu der noch nicht beziehungsweise nur mit besonderer königlicher Genehmigung die Zulassung zum Staatsdienst gehörte) war nicht aus bloßer Menschenfreundlichkeit verabschiedet worden. Es hatte praktische Gründe – der Staat brauchte die wohlhabenden Bürger als potentielle Käufer der Domänen. Außerdem war es ein hochsymbolischer Akt: Ärger hätte man die konservativen Junker und Gegner jeglicher Reformen nicht vor den Kopf stoßen können. Die Kämpfe zwischen Reformern und Gegnern waren 1811 noch so heftig, daß Marwitz und Friedrich Ludwig Karl Fink von Finckenstein, auch er ein Führer der Junkeropposition, für fünf Wochen auf der Festung Spandau eingesperrt wurden.

Vielleicht aber läßt sich Carolines Furor viel einfacher erklären. Unter den Angehörigen des vornehmen Berlin, in deren Kreis sie verkehrt und sich wohl fühlt – Beamte, Militärs, Künstler und Intellektuelle –, sind etliche, die der christlich-deutschen Tischgesellschaft angehören oder ihr nahestehen: der Jugendfreund Karl von La Roche, bei dem ihr Sohn Theodor einige Zeit untergebracht war, der Schwiegersohn August von Hedemann, der die noch nicht 15jährige Adelheid von Humboldt 1815 geheiratet hat, bevor er als Adjutant des Prinzen Wilhelm in den Krieg zog; Prinz Radziwill, Leopold Hermann Ludwig von Boyen (mit dem sich Humboldt in Wien duelliert und danach prächtig verstanden hat), Karl Johann Christian Grapengießer und Karl Christian Wolfart, beides Hausärzte der Humboldts, Ernst von Pfuel, Friedrich Daniel Schleiermacher, Karl Friedrich Schinkel, zwei Brüder Karl von Röders (der ein Lehrer Theodors war), um nur einige der Bekannten und Freunde Carolines zu nennen. In dem geselligen Verein wurden Legenden über Friedrich Wilhelm II. und Königin Luise gewoben, preußische Mythen ... und Geschichten über Hostienschändung und Ritualmorde der Juden erzählt. Laut Statuten konnten nur wohlanständige Männer von Ehre und guten Sitten, die in christlicher Religion geboren waren, Mitglieder werden. Die Tischgesellschaft gilt als erste Vereinigung mit Arierparagraph – aber der war vor einer rechtlichen Gleichstellung der Juden auch nicht nötig. Damen waren natürlich auch nicht zugelassen, sie „kamen und saßen am Teetisch" und gaben weiter, was ihre Ehemänner erzählten.

♦   **Unvermeidbarer Exkurs**

Es gibt eine merkwürdige Postholocaust- und – auf anderer Ebene – Postkolonialismus-Debatte, die das Bild Humboldts mit Etiketten verziert, die seinen Ruf ruinieren. Auf dem einen steht „Antisemit", auf dem anderen „Rassist". Humboldt verfaßte die Schrift „*Über den Entwurf zu einer neuen Konstitution über die Juden"* und wirkte an dem Edikt *„Über die bürgerliche Gleichstellung der Juden in Preußen"* federführend mit. Er galt, selbst noch den Nazis, als Judenfreund. Was hat es auf sich mit einer Aufregung, die über die Humboldt-Community kaum hinausreicht und die nicht weiter wichtig wäre, würde sie nicht Symptome einer tiefer liegenden Verwirrung in den Blick rücken.

Seit der Aufklärung, genauer: seit es einen Mann wie Moses Mendelssohn, den Philosophen und Geschäftsführer einer Seidenfabrik, gab, wurden Juden als Teil der deutschen Gesellschaft wahrgenommen. In der seither mit wachsender Heftigkeit geführten Debatte über die Frage, ob und wie sie in die – sich aus lauter Sondergruppen erst formierenden – Gesellschaft integriert werden könnten, reichten die Positionen von der Forderung nach einem kollektiven Übertritt zum Christentum bis zu der Idee, alle Juden aus dem Land zu treiben. Schon damals wurde diskutiert, ob Juden als Christen, als Juden oder als Menschen in die christliche Gesellschaft aufgenommen werden sollten, ob diese Emanzipation schrittweise oder auf einen Schlag durchgeführt werden könnte.

1816, als Caroline ihren Haß versprühte, waren Juden längst keine homogene Gruppe mehr, sie waren es schon zu Moses Mendelssohns Zeiten nicht. Die jüdische Bevölkerung hatte sich – insbesondere seit den polnischen Teilungen – weiter differenziert. In der städtischen gebildeten jüdischen Oberschicht verbreitete sich die Taufe wie „eine Seuche", so daß die meist konservativen Gemeindevorsteher fürchteten, das Judentum könnte aussterben. Es gab große Unterschiede zwischen sephardischen (portugiesischen) Juden und den osteuropäischen Aschkenasim. Es gab Revolutionäre wie Nathan Maas, der in Mainz den Freiheitsbaum mit aufrichtete und deshalb aus der Gemeinde ausgeschlossen wurde [Ch. Schulte, Aufklärung], es gab den „Vernunftdoktor" Saul Ascher, der vehement gegen die romantisch-nationalistische Volkstumsideologie und schon 1794 gegen Fichtes Judenhaß anschrieb, der sich schon vor 1812 gegen den konservativen Gegner jeglicher Emanzipation Ludwig von der Marwitz wandte und – aus ganz anderen Gründen als dieser – den Militärdienst der Juden ablehnte. 1792 wird in Berlin die „Gesellschaft der Freunde" gegründet[Sebastian Panwitz, Freunde], eine Selbsthilfeorganisation aufgeklärter unverheirateter jüdischer Männer. Es gibt einen Moritz Itzig, der als einer der ersten im Kampf gegen Napoleon den „Heldentod" stirbt. Es gibt arme fromme Landjuden, die jegliche Modernisierung ablehnen, unjüdische Juden wie David Ferdinand Koreff und bigotte Katholiken wie Dorothea Schlegel, die Tochter von Moses Mendelssohn. Mit ihr war Caroline in Wien oft zusammen, und sie hat die doppelte Konvertitin auch geschätzt. David Friedländer, Vorsteher der Berliner jüdischen Gemeinde, mit dem Humboldt viele Briefe gewechselt hat, fordert die Reformierung des jüdischen Gottesdienstes. Juden sollen deutsch und nicht mehr hebräisch sprechen.

Wie die meisten Impulse für eine Verbürgerlichung hat auch diese Frage durch das französische Vorbild der völligen Gleichberechtigung von Juden (seit 1791) eine neue Qualität bekommen. In Frankreich war diese Regelung Teil der Säkularisierung, mit den Kirchen sollten auch die Synagogen verschwinden, Juden sollten keine eigene Nation bilden und deshalb ihre Rechte als Individuen, nicht als Gruppe erhalten. Emanzipation war erst einmal mit Assimilation verbunden, die Minderheit sollte sich der Mehrheit angleichen und ihre Gruppenidentität ablegen. Was den Vorwurf der Drückebergerei betrifft, so gab es je nach Region und Bürokratie auch unter nichtjüdischen Untertanen viele Tricks, um der Rekrutierung zu entgehen. Abgesehen von den enthusiastischen Freiwilligen in Preußen war es in allen deutschen Ländern ein

Problem für die Obrigkeit, Soldaten für ihre Feldzüge zu akquirieren. [Planert, Befreiungskrieg]

Interessant an der heute im Kreise der Humboldtianer geführten Polemik ist der emotionale Aufwand. [Meßling, Orient-lektüren, S. 228 f.] Sie wäre nicht der Rede wert, wenn diese Auseinandersetzung nicht von jenem untergründigen Murmeln begleitet würde, man könne oder dürfe heutzutage „als Deutscher" gegen den Vorwurf des Antijudaismus nicht argumentieren, ohne selbst in Verdacht zu geraten. So hängt zum Beispiel Peter Honigmann, der – mit einer Jüdin verheiratet und aus der DDR kommend – doppelt konvertieren mußte, Humboldt einen Antijudaismus aus enttäuschter Liebe zu Jüdinnen an. Er meint, Humboldts Engagement für Gleichberechtigung habe den Weg zur Auslöschung des spezifisch Jüdischen ebnen wollen. Mit einem Vokabular, das Carolines würdig wäre („Zerstörungswerk", „christliches Minderwertigkeitsgefühl", „Suppe aus vergifteten Materialien"), schlägt Honigmann eine Brücke von dem Konzept einer liberalen Judenemanzipation zur „systematischen Exterminierung". [Honigmann, Unterschied, S. 46 f.]

Ebensogut und mit weniger Gedankensprüngen läßt sich behaupten, Humboldt habe seinen Glauben an die Macht der Bildung von den Juden gelernt, schließlich ähnelt er den „talmid chacham", wie Juden Schüler eines Weisen nennen.

Anfang der 1960er Jahre zeichnete die Wiener Schriftstellerin Hilde Spiel, die im Dritten Reich, obwohl völlig assimiliert, als Jüdin ausgegrenzt und zur Emigration gezwungen wurde, auf der Basis ihres profunden historischen Wissens ein ganz anderes Bild: *„Humboldts Gutachten war ein Dokument, wie es über diesen Gegenstand weder vorher noch nachher hätte geschrieben werden können. Es war der reinste Ausdruck jenes Humanismus, aus dem die Aufklärung stammte, die edelste Fassung des Endziels der Emanzipation.* "[Spiel, Arnstein, S. 359]

Auf die Debatte rund um Humboldts Verhältnis zu Juden trifft zu, was Hans Mayer in seinem Buch über Außenseiter 1975 angemerkt hat: Jede Gleichberechtigung ist eine Negation der Besonderheiten. Und wer weiß heute noch, daß Humboldt schon 1810, als er noch im Ministerium Dohna saß, gegen eine Vorschrift votierte, nach der sich Juden den Bart scheren sollten? [A. Stern, Abhandlungen, S. 255] Er wollte ihnen also ihre religiös bedingten Eigenheiten durchaus lassen.

Zu den erinnerungswürdigen Kleinigkeiten, die durch Schwarzweißtechniken des 19. und des halben 20. Jahrhunderts und die Weißschwarztechnik der letzten Jahrzehnte kaschiert worden sind, gehört auch Theodor Körners Verehrung für Henriette Pereira, eine enthusiastische preußische Patriotin. Sie war die Tochter der Salonière Fanny Arnstein, Enkelin von Daniel Itzig, der eine ganze Dynastie patriotischer jüdischer Preußen begründet hatte. Wie ihre Mutter und wie Caroline war sie enragiert gegen die Franzosen. Theodor Körner hat seine kampfeslüsternen Verse in ein kleines grünes Buch geschrieben, das sie ihm geschenkt hatte, als er ins Feld zog. [H. Spiel, Arnstein]

Weder Humboldt noch Hardenberg waren Multikulturalisten. Der Weise aus Tegel war eher euro- oder gar graecozentrisch. Der Gedanke, daß Juden gleichberechtigt an der bürgerlichen Gesellschaft teilnehmen und dennoch ihre jüdische Identität bewahren könnten, war noch nicht in die Köpfe der Beamten gelangt, und innerhalb der jüdischen Gemeinschaft lehnten die Konservativen jegliche Assimilation ab. Erst mit der Entstehung des Vereins für Kultur und Wissenschaft der Juden 1819, der von Berliner jüdischen Wissenschaftlern (Eduard Gans, Moses Moser, Leopold Zunz) als Reaktion auf die christlich-deutsche Tischgesellschaft gegründet wurde, begann die Sorge um Identitätsverlust auch unter aufgeklärten Juden eine Rolle zu spielen (der Verein fand allerdings wenig Resonanz).

Humboldt war kein Philosemit, es ging ihm nicht darum, aus Liebe zu den Juden Gutes zu tun. Der Satz, er liebe die Juden en masse und nicht en detail, mit dem seine Kritiker antijüdische Ressentiments belegen, ist unzweifelhaft darauf gemünzt, daß er eine allgemeine Lösung und nicht irgendwelche Vorteile für einzelne wollte. Es sollten aus einer durch Sondergesetze diskriminierten Gruppe, die von der übrigen Gesellschaft getrennt wurde, Staatsbürger mit gleichen Rechten werden. Das ist ihm ohnehin nicht gelungen. Beim Wiener Kongreß wurden die Errungenschaften des Emanzipationsedikts von 1812 zum Teil rückgängig gemacht und Humboldt durch eine minimale Änderung ausgetrickst: In seinem Entwurf vom 23. Mai 1815, den er gegen die Opposition von Bayern, Sachsen, Hessen-Darmstadt und den Hansestädten verteidigte, sollten die Juden die Rechte behalten, die ihnen in den einzelnen Bundesstaaten bereits eingeräumt waren. Es wurde nur ein Wort geändert. Am Vorabend der Verabschiedung wurde aus „in" „von", sie sollten die von den einzelnen Bundesstaaten bereits eingeräumten Rechte erhalten – womit die unter französischer Herrschaft zugestandenen Rechte nicht mehr gültig waren. Die alte Unfreiheit wurde damit bestätigt. [Spiel, Arnstein, S. 451]

Schwerer wiegen jene Argumente, die den von Humboldt initiierten „Humanismus", der deutschen Bildungsbürgern im 19. Jahrhundert in den Gymnasien und auf den Universitäten vermittelt wurde, dafür verantwortlich machen, daß auch hochgebildete Massenmörder mit Referenz auf ihre elitären Ideale die konkreten Wirkungen ihres Tuns abspalten konnten.

Lange bevor Wittgenstein den schönen Satz „Die Grenzen meiner Sprache sind die Grenzen meiner Welt" zu Papier brachte, hat Humboldt den Zusammenhang zwischen

Lebensumständen und Sprache betont. Er hat darauf hingewiesen, daß jede Nation – und das gilt wohl auch für die verschiedenen Geschichtsperioden – ihre jeweils unterschiedlichen Sprachen und Wahrnehmungen hervorbringt. Die Vorwürfe gegen Humboldt, sei es Judenfeindschaft oder Rassismus, stammen aus einer anderen Welt, einer Denkweise, die von den Erfahrungen des Holocaust geprägt wurde. Eine Verteidigung vor den Wohlgesinnten des 21. Jahrhunderts hat Humboldt nicht nötig.

◆ # In Einsamkeit und Freiheit

Jede Zeit malt ihre Bilder. In den 1970er Jahren, als Hoffnungen auf eine neue Reformära samt neuen Bildungskonzepten in der Luft lagen, nannte der Humboldt-Biograph Peter Berglar die Periode zwischen 1815 und 1820 einen „Tiefpunkt in Humboldts Leben". Andere Autoren (wie Paul R. Sweet) haben sich gewundert, daß Humboldt so erstaunlich lange die Intrigen von Staatskanzler Hardenberg nicht durchschaut habe. In vielen Darstellungen fehlen diese Jahre ganz. Es sind die Jahre, in denen Wilhelm von Humboldt die Neuorganisation Europas mitgetragen und in vielen Punkten auch mitbestimmt hat: Beim Wiener Kongreß, beim Aushandeln der Friedensverträge in Paris und bei den Verhandlungen über die Rekonstruktion oder Neudefinition der deutschen Länder war er keineswegs nur ein „Edelstatist", der Hardenberg zuarbeitete. Sein Handlungsspielraum war beschränkt, aber nicht bloß weil ihn der Staatskanzler von wichtigen Aufgaben fernhielt, sondern weil die Großmächte Österreich,

England, Rußland und bald auch wieder Frankreich sich auf die Restauration der alten Regimes einigten.

Von Anfang August 1814 bis Juni 1815 ist Wilhelm in Wien, Caroline lebt mit den Kindern in Berlin. Im Juli 1815 geht er nach Paris, von dort wird er nach Frankfurt geschickt, um die Verhandlungen zur Neuordnung der deutschen Länder zu leiten, was wieder länger dauert als vorgesehen. Im Sommer 1816 kommt Caroline – nach einem Kuraufenthalt in Karlsbad – mit den Töchtern zu ihm und bleibt fünf Monate. Es gibt wieder ein geselliges Leben, man geht ins Theater, die damals noch nicht 14jährige Gabriele wird mit dem 25jährigen Heinrich von Bülow, Humboldts Sekretär, verlobt. Anfang 1817 fahren sie gemeinsam auf die Dacherödischen Güter und von dort weiter nach Berlin. In Berlin nimmt Humboldt an den Sitzungen des kurz zuvor gegründeten Staatsrates teil, der ursprünglich als beratendes Gremium mit Stimmrecht geplant war, also zumindest Rudimente einer Mitsprachemöglichkeit enthielt. Im April reist Caroline mit den Kindern nach Italien, Wilhelm reist im August in Richtung London, wo er Anfang Oktober die Geschäfte des preußischen Gesandten übernimmt. Im Frühjahr darauf bittet er um seine Abberufung, erst Ende 1818 kann er England verlassen, fährt über Aachen – wo die Heilige Allianz die Unterdrückung demokratischer und liberaler Bewegungen beschließt. Dort trifft er den König und Hardenberg und begibt sich nochmals nach Frankfurt, um die Territorialverhandlungen abzuschließen.

1813, während der Vorbereitung des Kriegs gegen Napoleon – auf die Humboldt so stolz war – und bis zum Einmarsch der Sieger in Paris, und noch einmal nach dem glorreichen zweiten Sieg über den wiedergekehrten Korsen 1815 waren die militärischen Anstrengungen mit der Hoffnung auf eine Verfassung, auf Reformen und die „Revolution von oben" verbunden gewesen. Zu der Zeit glaubten die (wenigen) Liberalen an ein der Moderne zugewandtes Preußen und zählten deshalb auf Humboldt. Als nach der Schlacht bei Belle Alliance/Waterloo das eroberte Frankreich den Bourbonen angedient wurde, forderte Gneisenau noch von Hardenberg, er solle sich gegen diese Vereinbarung stellen. [Schulze, Franzosenzeit II/321] (Der Generalfeldmarschall August Graf Neidhardt von Gneisenau gehörte als Sohn eines Leutnants zu jenen Militärs, die ohne Modernisierung der Armee nie den Aufstieg geschafft hätten. Er hatte übrigens in Erfurt studiert und – von seinem Fürsten verkauft – auf der Seite Großbritanniens am amerikanischen Unabhängigkeitskrieg teilgenommen.)

Der Wiener Kongreß sollte die alte Ordnung wiederherstellen, aber Europa hatte sich durch die Truppen Napoleons und den Import revolutionärer Ideen schon zu sehr verändert. Als Frankreich von den Siegermächten den Nachkommen des geköpften Königs Ludwig XVI. angedient wurde, blieb der französische Außenminister. Der „Teufel" Talleyrand (er hinkte) diente den Bourbonen so zuverlässig, wie er zuvor dem Kaiser Napoleon gedient hatte. Wien wurde von Kaisern und Königen, Fürsten, Gesandten, Kurtisanen und Spitzeln, Köchinnen und Dienern aus aller Herren Länder überschwemmt. Es wurde geschachert und intrigiert. Zur Politik Metternichs gehörten nicht nur seine Konfidenten, wie man die informellen Mitarbeiter des österreichischen Staatskanzlers nannte, sondern auch die Zerstreuungen, all jene Feste und Schlittenfahrten, Bälle und Jagden, Bankette und Spektakel, die – da der Staat finanziell erschöpft war – durch eine fünfzigprozentige Erhöhung der Erwerbssteuer finanziert wurden. Die Vergnügungen waren Teil der Metternichschen Verwirrungskunst, die genug Raum für Nebenabsprachen bei Bällen oder in Boudoirs ließ.

Spätestens die Gründung der Heiligen Allianz im September 1815 (auch wenn dieses mystisch-christliche Bündnis, das die Osmanen von Europa ausschloß, belächelt wurde) hat all jene, die auf eine Demokratisierung oder zumindest Liberalisierung in Preußen gehofft hatten, ernüchtert. Die Steuerfreiheit des Adels wurde weitgehend wiederhergestellt, die Agrarreformen wurden stückweise revidiert. Der Einfluß antiliberaler Höflinge und Beamter nahm wieder zu. Für den König und seine Berater war es nicht mehr nötig, das Verfassungsversprechen einzuhalten, das er gegeben hatte, um das Volk und neue Eliten zu gewinnen. 1819 mußte Friedrich Wilhelm III. Metternich versprechen, daß in Preußen keine Verfassung eingeführt wird, „solange nicht die Ruhe völlig hergestellt" ist. Der ehemalige Liberale Hardenberg konnte sich mit dem System Metternich arrangieren, Humboldt nicht.

Der preußische Gesandte wurde in Wien und in Frankfurt von Bittstellern zwar umworben, von seinen Verhandlungspartnern wurde er erst gefürchtet und zunehmend verschmäht. Sein Habitus war den Diplomaten und Höflingen fremd. Er war schnell, präzise und bei der Vertretung preußischer und – wenn auch minimalisierter – demokratischer Interessen so lange wie möglich unnachgiebig, er ließ sich nicht bestechen und sagte, wenn es nötig war, seine Meinung. Auch als sich die Großmächte bereits auf die Restauration der alten Dynastien geeinigt hatten, vertrat Humboldt noch liberale Positionen. Nicht ganz freiwillig unterstützte der preußische Staatskanzler Metternichs Kurs. Humboldt wurde zum Hoffnungsträger der – wenigen – Anhänger der Reformpartei, er aber wollte sich von keiner Partei einspannen lassen. Behauptete er.

Von der Verfassung wird nur *„ein Schattenbild zustande kommen"*, schreibt er während des Wiener Kongresses. *„Österreich hat diese Sache nie gewollt"*, aber um ihn müsse sich Caroline keine Sorgen machen. Er schläft gut, ist *„in der blühendsten Gesundheit"*, es *„geht mir, abgerechnet, daß ich nicht bei Dir bin, daß ich für mich nichts arbeiten kann, und daß ich mir eine nützlichere Tätigkeit wünschte, sehr gut"*. Am nächsten Tag berichtet er ihr ausführlich über ein Duell mit Boyen. Auch das hat er auf die leichte Schulter genommen und erklärt seiner Frau, sie habe recht, der Scherz gehe ihm nie aus. *„Es ist recht eigentlich etwas Göttliches im Menschen, weil er eine völlige Freiheit des Geistes, ein Schweben über dem, was einen selbst betrifft, voraussetzt. […] Bei mir, kann ich sagen, nimmt diese Freiheit zu."* [15. Mai 1815]

Humboldt ist sich seiner Außenseiterrolle bewußt und hat sie kultiviert. Er weiß, daß seine Offenheit ihm schadet, *„man ist nicht gewohnt, daß einer mit Einfachheit das Schlechte schlecht nennt"*, man bevorzuge ein *„bemäntelndes Benehmen, daß man sich die Hände wäscht, ohne sie naß zu machen, und wer nicht so leise und halb auftritt, wer noch dazu nur mit einiger Leichtigkeit reden kann, da die andern darin eine vorzügliche Ungeschicklichkeit besitzen, vor dem hütet man sich gern"*. [17. Februar 1818]

Hardenberg hat Humboldt in die zweite oder gar dritte Reihe geschoben und alle Posten, die er gewollt hatte oder für die er in Frage gekommen wäre – in Rom, in Paris, beim Bundestag in Frankfurt oder im Außenministerium –, mit anderen und (wie Humboldt betont: weniger geeigneten) Männern besetzt: das Außenministerium, für das er durch seine jahrelange Arbeit als Diplomat am besten qualifiziert war, bekam – zu aller Verwunderung – ein Däne: Christian Günther Graf von Bernstorff. Die Gesandtschaft in Paris wurde im letzten Augenblick anderweitig besetzt; die Frage einer Anstellung im Innenministerium war an Bedingungen geknüpft, die Humboldt nicht akzeptieren wollte, als Bundestagsgesandter – eine Stelle, die ihm als

Kompromiß eventuell genehm gewesen wäre – wurde zu sehr günstigen Bedingungen ein anderer berufen, und die Gesandtschaft in Rom wurde vergeben, ohne daß man ihn überhaupt gefragt hätte. Humboldt bekam nur den Auftrag, Instruktionen für seinen Nachfolger Barthold Georg Niebuhr zu formulieren, und er berichtete Caroline, es gebe für Italien nun vier neue Gesandte, sie kosteten 20 000 Taler und täten, was er für 3400 getan habe. [5. Juli 1816]

London war als Verbannungsort gedacht, und Humboldt übernahm die Stelle von vornherein nur kommissarisch. Als er bat, nach Berlin versetzt zu werden, und dafür familiäre Gründe nannte, ließ ihn Hardenberg monatelang warten, er leitete seinen Brief nicht an den König weiter und ließ seine Schreiben unbeantwortet. Statt dessen streute der Staatskanzler das Gerücht, Humboldt wolle aus dem Staatsdienst austreten. Jeder dieser Schritte war ein Affront, aber es griffe zu kurz, würde man dies als Auseinandersetzung zwischen dem zunehmend kränklich und starrsinnig werdenden Staatskanzler und seinem prinzipienreitenden Untergebenen interpretieren.

Ob es ein Tiefpunkt in Humboldts Leben war, hängt von den Maßstäben ab. Die Formulierung impliziert, daß ein Posten als Minister oder Staatskanzler oder zumindest die Führung der liberalen Opposition ein Höhepunkt seines Lebens gewesen wäre. Das haben sich zuerst einige Zeitgenossen und später manche Historiker gewünscht. Er wurde es nicht. Das war nicht nur eine Charakterfrage und lag auch nicht nur an der Unvereinbarkeit zweier starker Persönlichkeiten, von denen nach den hübschen Zeichnungen der Überlieferer der eine – Hardenberg – die Macht, der andere – Humboldt – den Geist repräsentierte. Es lag daran, daß nach dem Wiener Kongreß liberale Positionen keine Chance mehr hatten.

Es ist auch nicht immer klar, was der „Staatsmann von Perikleischer Hoheit des Sinnes" will, hin- und hergeris-

sen zwischen politischer Ambition und platonisch inspirierter Gelassenheit. *„Glaube mir, süßes, geliebtes Herz, daß
ich alles [...] um so ernsthafter überlegt habe, als ich meiner
Handlungsweise selbst darum mißtraue, weil sie gerade meiner Neigung entspricht. Ich habe nicht den mindesten Ehr-
geiz, ich kenne die Dinge zu gut, um mir die gravitätische
Selbsttäuschung zu machen, großen Nutzen zu stiften und
das Glück der Welt zu befördern, ich habe ein inneres un-
abhängiges, durch Alter und Einsamkeit immer tiefer wur-
zelndes Leben in mir, auf das ich weit mehr halte; je mehr
man mich also vergisst, je mehr man mich fern stellt, je unbedeutender man mich braucht, je lieber ist es mir, und wenn
ich nicht daran schuld bin, ist auch mein Gewissen vollkommen rein."* [7. April 1816]

Humboldt wollte mit seinen Ideen und mit seiner Familie leben, er wollte Anteil an der Welt nehmen, bei Bedarf
gegen den Strom schwimmen oder sich doch dem Schicksal fügen. Er wollte auch Spuren hinterlassen, nicht zuletzt, um sich seiner Frau würdig zu erweisen. Als er noch
dachte, er würde Gesandter in Paris, erklärt er ihr: Selbstverständlich werde er seine Pflicht gegenüber der preußischen Regierung erfüllen, *„an der ich leider noch vielleicht
lange teilnehmen muß. Ich tue es ungern, nicht, daß ich nicht
manches hätte, was mich wohl fähig macht, die Sache zum
Besseren zu lenken, und noch weniger, daß es mir am schlichten Willen fehlte, meine ganze Existenz daranzusetzen. [...]
Allein ich bin fest in mir überzeugt, daß bei uns ein solcher
Widerstreit auch der guten Elemente ist, daß so viele wollen,
und so wenige recht wissen was, daß es jetzt so allgemeine
Stimmung ist, nur vorzüglich recht zu zeigen, daß man etwas
will, daß kein einzelner verhindern kann, vom Strom fort-
gezogen zu werden, und endlich vielleicht das Beste ist, sich
fortziehen zu lassen, was aber meiner Natur entgegen ist, da
ich nie anders als mit Besonnenheit handeln kann und mag,*

und dann leicht und immer gleich das Extreme, wenigstens für mich, Halten oder Brechen, wähle."[28. Oktober 1815]

Seine Lust, mit seinem Vorgesetzten zu brechen, und die Neigung, im Staatsdienst auszuhalten, um vielleicht doch noch an der richtigen Stelle unter günstigen Bedingungen sinnvoll einzugreifen, wechseln sich in den nächsten Jahren ab.

Er werde also, schreibt er aus Frankfurt, nicht nach Berlin kommen, jedenfalls nicht, bis *„der Staatskanzler sich bedeutend schwach fühlt. [...] Bis dahin nun halte ich mich still, rein und gewiß unbescholten, erfülle den mir gegebenen Kreis möglichst gut und benutze die Zeit und das Leben für mich.*" Obwohl er sich langweilt und abgeschoben fühlt, erklärt er, *„für mich ist auch der Aufenthalt hier sehr nützlich gewesen, weil er meinen Ruf von Ernst und Anspruchslosigkeit in Geschäften in Deutschland gewiß befestigt hat, was wieder für die Geschäfte gut ist".*[7. April 1816] Drei Monate später ist er überzeugt, daß er nach Berlin gehen müsse, alle redeten ihm zu: *„Jeder sieht ein, daß ein Mensch mehr hinzutreten muß, jeder begreift, daß [...] nur ich es sein kann, allein ich bin keinem bequem.*"[18. Juni 1816]

Wenn man beim Lesen dieser Briefe die potentiellen Mitleser – einschließlich späterer Historiker – im Hinterkopf hat, fallen vor allem jene Passagen auf, in denen Humboldt seine staatsmännische Weisheit unterstreicht. Er war überzeugt, der rechte Mann für eine bessere Politik zu sein. Diese Form, die eigenen Taten ins rechte Licht zu rücken, war üblich. Auch Clausewitz, Blücher, Stein und Gneisenau schickten ihre Einschätzungen an ihre Frauen, und diese wohlkalkulierten Selbstdarstellungen werden bis heute in den Geschichtswerken zitiert.

Humboldts Ambivalenz ist nach dem Sieg über Napoleon noch stärker als 1809 in Königsberg, auf dem Höhepunkt der Reformen. *„So klein auch hier mein Wirkungskreis ist, so wird es mir doch auch hier deutlich, daß es nicht* *gehen kann auf die Länge, wie es jetzt ist. Ich bin gar nicht tadelsüchtig, ich liebe wirklich den Fürsten* [Hardenberg] *unendlich und halte die Fortdauer seiner Tätigkeit für die Urbedingung alles Guten und alles Glückes bei uns, ich weiß auch an den Übrigen wohl das Gute herauszufinden, ich miß- billige gar nicht einmal, was geschieht. Allein ich sehe, daß eine furchtbare Langsamkeit in allem ist, daß keiner die Ma- schine im Ganzen übersieht, daß man immer nur abmacht, was einem in einem Aktenstück vorgebracht wird, allein viel zu wenig an das Viele und Wichtige denkt, was geschehen sollte und nicht geschieht."* Er liebt die Unabhängigkeit, spricht von seinem *„Überdruß an den Menschen"*, berichtet, man tadle an ihm, *„daß ich keine Partei habe und mir keine mache"* [18. Juni 1816], und er sieht schon vor dem offenen Bruch mit Hardenberg *„deutlich, daß sich die Dinge so ge- stalten, daß man mich nicht wollen kann. Das Schlechte ist in vollem Siegen und wird bald übermütig im Triumph wer- den."* Im Juli 1817, bei seinem Zwischenaufenthalt in Ber- lin, stürzt er sich noch einmal auf die Geschäfte, will die Finanz- und Steuerpolitik umgestalten und verfaßt eine Denkschrift „Über die Zustände in der Verwaltung und die Minister", in der er Hardenberg vorschlägt, er solle un- fähige Minister entlassen, den verbleibenden mehr Kom- petenzen geben und seinen Regierungsstil ändern.

Spätestens damit hat er sich die Freundschaft des Staats- kanzlers verscherzt. Er hatte ein Vorbild. Freiherr vom und zum Stein hatte in seiner Denkschrift von 1806 eine ähnliche Kritik formuliert. Aber die Zeiten haben sich ge- ändert. Humboldt korrespondierte danach zwar noch mit potentiellen Verbündeten, erwog diesen und jenen Schritt, fügte sich aber letztlich „in das Schicksal".

Der stolze Intellektuelle hat in die neue Konstellation nicht gepaßt – politisch und mental. Er hat auch nicht so funktioniert, wie sich das für einen Untertanen gehört. Schon 1810 nannte Humboldt als einen der Gründe, weshalb er wohl kaum Minister würde: er sei „zu verschieden von allen andern, die mich hier umgeben". [24. Februar 1810] Als der Staatskanzler ihm gnädig eine Stelle anbietet, räsoniert er viel zu differenziert über das Ganze und die Teile und diskutiert ausführlich die Hindernisse und Wirkungen möglicher Maßnahmen. Der unbotmäßige Liberale besteht auf einer Verfassung, als die schon nicht mehr opportun ist, und statt freudig JA zu sagen, als der Staatskanzler ihm einen Teil des Innenministeriums anbietet, kritisiert er dessen Regierungsstil, vor allem dessen Absicht, allein und ohne Berater eine Konstitution zu entwerfen.

Auch dafür hat er ein prominentes Vorbild, nämlich Hardenberg selbst. Als dieser preußischer Staatsminister wurde, ließ er sich bestätigen, daß er dem König unmittelbar unterstellt werde. Aber das war in einem anderen Jahrhundert und einer anderen Welt. Es war für Humboldts Laufbahn auch nicht förderlich, daß er sein Heidentum gerne betonte (was ihn nicht hinderte, seine Kinder in den Religionsunterricht zu Schleiermacher zu schicken). Auch hatte er inzwischen in Berlin „ein großes Wespennest von Feinden". [Stägemann, 12. August 1817]

Humboldt dachte in Strukturen und Zusammenhängen, der Hof dachte in den Kategorien der Macht, der alternde Hardenberg dachte an seine Rolle in den Geschichtsbüchern. Man kann sich gut vorstellen, daß Hardenberg und der König nicht verstanden, was der Baron, der keiner war, wollte, wenn er in langen Briefen die Bedingungen nannte, unter denen er ein Amt annehmen oder eben nicht annehmen könne.

Aber abgesehen davon waren dem preußischen Staat nach dem Sieg über Napoleon die Hände gebunden. Den alten Großmächten ging es um das Gleichgewicht in Europa, der Aufsteiger Preußen und das mit ihm verbündete Rußland sollten nicht zu mächtig werden, Metternich wollte keine Neuerungen und keine Verfassung.

War vielleicht die Beziehung zu Caroline auf einem Tiefpunkt? Die Eheleute waren zwischen 1809 und 1819 mehr getrennt als zusammen. Ab April 1817 dauerte die Trennung über zwei Jahre. Er ging nach England, Caroline konnte und wollte nicht mitkommen, wegen ihrer eigenen Gesundheit, vor allem aber wegen der kränkelnden Tochter, der mittlerweile 25jährigen Caroline. Von ihr wissen wir, daß sie schon mit zwölf Jahren die „Ilias" im Original gelesen hat, zu ihr hat die Mutter eine besonders enge Bindung. Sie wird ledig bleiben und den Vater nach dem Tod der Mutter betreuen.

Caroline junior leidet unter grauenhaften Gesichtslähmungen, und auch die Mutter zieht es wegen ihrer rheumatischen Beschwerden und wegen der Liebe zu Rom in den Süden. Sie reisen mit Gabriele und der jungverheirateten Adelheid samt Mann erst nach Ischia und von dort weiter ins geliebte Rom, das *„doch unsere Heimat bleiben wird"*. Ihren ersten Brief aus Rom schreibt Caroline an ihrem „alten Bureau", also Schreibtisch. Alle seien *„in einem nicht zu beschreibenden Genuß des herrlichen Rom"*. Sie hätten das Kapitol, das Forum und die Gräber der Söhne besucht, nebenbei informiert sie den Gatten, daß der ungebildete Schwiegersohn von ihr in die Bedeutung der Antike eingeführt wird.

Christian Daniel Rauch, dem zum Freund gewordenen Schützling, teilt sie mit, Humboldt lege ihr *„keine Schwierigkeiten in den Weg, im Gegentheil, er freut sich ungemein, mich in das herrliche Land zu senden"*, auch sei sie nun *„freier, ohne Kind, hoffentlich nicht schwanger"* und wolle sich *„noch einmal im Leben recht was zu Gute thun"*. [31. August 1816] Da ist Caroline gerade fünfzig Jahre alt.

Da Humboldt immer wieder schwört, wie gerne er mit der Familie und ohne die Geschäfte leben würde, fragt man sich, warum er so lange im Staatsdienst geblieben ist –

auch noch, als er schon erkennen mußte, daß Hardenberg und schließlich auch der König weder ihn noch seine Ideen haben wollten. Ein Grund war, daß man damals nicht ohne Erlaubnis des Königs seinen Posten verlassen konnte. Hätte er es getan, so hätte dies seinem Ruf und der Sache geschadet. Er wäre gern nach Rom gekommen, erklärt er der Gattin, aber es sei besser, verfügbar zu bleiben, man solle ihm nicht nachsagen, er scheue die Verantwortung.

Ein weiterer Grund ist die finanzielle Situation: Sie haben fünf Kinder, drei Töchter im heiratsfähigen Alter, und bis 1817 sind die Vermögensverhältnisse – sowohl seine wie Carolines – noch unklar. Wilhelm wartet auf die versprochene und mehrmals hinausgezögerte Dotation, bittet Caroline um eine Aufstellung der Finanzen und überschlägt seinerseits, was er hat und ausgibt. Abgeklärt schreibt er aus London: *„Ich sehe meine Gesandtschaft hier wie eine Art Seefahrt an, durch die man künstlich steuern muß, um Ruf und Vermögen auf keine Weise zu schaden.* [...] *Es ist eine Prüfung und Erfahrung mehr, und wenn ich auch bedaure, daß die Zeit hingeht, ohne wichtige Geschäfte und vermutlich auch ohne wichtige eigene Arbeiten, so war es doch eine ordentliche Lücke in mir, diese Nation nicht zu kennen. Ich winde mich also durch, und hoffe, daß Du wenigstens mich nicht missbilligen wirst, geliebtes Herz. An den andern liegt mir wenig, sie verstehen einen nie, und es ist auch recht gut so.“*[6. Januar 1818] Politisch hat er resigniert, persönlich wird er heiterer und hat offenkundig auch Vergnügen daran, daß man ihn fürchtet: *„Die Angst, mich müßig nahe bei Berlin zu haben, ist groß.“*[31. März 1818]

War Caroline unglücklich? Ihre Briefe vermitteln eher den Eindruck, daß sie ausgefüllt und vielbeschäftigt war. Als sie allein in Berlin lebte, besuchte und empfing sie ständig Leute – Künstler, hohe Beamte und auch Angehörige des Hofs. Sie kümmerte sich um die Kinder, das Personal, die Lehrer, durchreisende Freunde und Bekannte. Sie bat Wilhelm um die Einwilligung zur Hochzeit der noch sehr jungen Adelheid, weil August Hedemann ins Feld ziehen sollte, sie besorgte die Aussteuer, besprach die Heiratsangelegenheiten mit der Mutter des Bräutigams und der Familie des Prinzen Wilhelm, dessen Adjutant Hedemann war. Kleider, Stoffe, bestickte Schnupftücher – mit Hohlnaht! – und Strümpfe schickte Wilhelm (aus Paris), die Damen aus der deutschen Kolonie unterstützten ihn dabei mit Ratschlägen und Preisvergleichen. Als Caroline innerhalb Berlins umzog, machte sie – soweit es die gekürzten Briefe erkennen lassen – nicht viel Aufhebens. Wenn man liest, wie sie Wohnungen einrichtet und auflöst, sich um den Unterricht, die Hochzeit, eine Schule für Hermann und die Kuren für die Tochter kümmert, den Alltag und die Reisen mit den Kindern organisiert, erscheint sie ebenso tätig, vielbeschäftigt und selbstbewußt wie er.

Bei ihrer Ankunft in Rom wird sie von alten Freunden, von den Künstlern, die sie bei ihrem vorigen Aufenthalt protegiert hat, von preußischen, bayerischen und vatikanischen Exzellenzen empfangen. Kardinal Consalvi sei *„durchdrungen von Dank"* für alles, was Humboldt beim Wiener Kongreß für den Papst getan hat. Er hegt und hofiert „Eccelenza Umbolde". Henriette Herz behauptet, Humboldt habe sich beim Wiener Kongreß so lebhaft für die Rückgabe früherer Gebiete an den Papst eingesetzt, daß ohne ihn der Kirchenstaat nicht existieren würde. [Henriette Herz, Erinnerungen, S. 84] Caroline gibt Feste, macht Ausflüge, reist via Neapel nach Ischia und erobert sich den Vesuv. Vor allem sucht und kauft sie bei diesem zweiten Romaufenthalt Kunstwerke für ein Humboldtsches Museum – unter anderem für 1000 Scudi die „Hoffnung" von Bertel Thorvaldsen, die heute noch (als Kopie) ihr Grab schmückt.

An Rahel, nunmehr Varnhagen, schreibt sie: *„Hier lebe ich entfernt von allen langweiligen Gesellschaftsverhältnis-*

sen, am Abend kommen die Künstler zu mir. Mit Thorwaldsen, Rauch, den beiden Schadow, Wach und mehreren anderen wohne ich in einem Hause."[5. Juni 1818] Sie sieht und protegiert jene Maler, Architekten und Bildhauer, die für Friedrich Wilhelm III. die Hauptstadt verschönern und es heute wieder ermöglichen, Preußen als Kulturstaat zu feiern.

Die Künstler verwöhnen sie, sie gibt *„eine kleine Abendgesellschaft"* für 26 Personen mit Butterbrot und kaltem Braten. Sie ist bei dem in der Kunstgeschichte oft beschriebenen Fest zugegen, das die „altdeutschen" Künstler (Peter von Cornelius, Johann Friedrich Overbeck, Julius Schnorr von Carolsfeld, Philipp und Johann Veit, die Söhne der ehemaligen Verbündeten Brendel, jetzt Dorothea Schlegel) für den bayerischen Kronprinzen, den späteren König Ludwig I., geben. Der Prinz wählt seinen Platz zwischen Caroline von Humboldt und Henriette Herz. Das Fest dauert zwei Tage, die Künstler kleiden sich in altdeutsche Tracht, tragen die Haare lang, sind oder werden katholisch, und auch der bayerische Prinz und sein Gefolge tragen das in ihrer Heimat verbotene Kostüm, das eine Art Parteiausweis der schwärmerisch-revolutionären Bewegung ist.

Ein Teil der Künstler lebt wenige Schritte vom Palazzo Tomati entfernt, in einer Wohngemeinschaft am Monte Pincio, in der Villa Buti, in der schon zu Zeiten von Humboldts Gesandtschaft die befreundeten Künstler ihr Domizil hatten. Caroline mietet sich dort ein und wohnt *„Wand an Wand mit schöpferischen Talenten"*, drei Treppen hoch, *„die Backsteinfußböden waren schadhaft, die Wände nur mit Kalk getüncht; man sah weder Vorhänge, noch einen Schreibtisch, noch ein Sofa".* Das Mobiliar besteht aus Strohstühlen; Kommoden und Tische waren mit Ölfarbe angestrichen. *„Die daheim durch jede Bequemlichkeit verwöhnte Frau aß mit der ganzen Hausgenossenschaft, dar-*

unter der Maler Schadow und Thorwaldsen […] Frau von Humboldt hielt keine Equipage, war alle Abende zu Haus und empfing Künstler, Gelehrte und Freunde. […] Die Unterhaltung, welche die geistreiche Wirtin immer auf Kunstinteressen zu lenken wusste, war stets sehr belebt." Die Malerin Louise Seidler beschreibt sie *„wie eine Mutter für alle besseren Künstler, wo sie von einem Kunstwerk hörte, versäumte sie nie, es zu sehen. Befand sich der Schöpfer desselben in einer drückenden Lage, so vermittelte sie bei seinem Fürsten oder wo es sonst möglich war, den Verkauf seiner Arbeit oder die Erneuerung seines Stipendiums."* [Seidler, Erinnerungen, 120f.]

Zu ihrem Geburtstag haben die Protegés ihre Mäzenin beschenkt: *„Der älteste Schadow mit drei Blättern nach seinen drei kleinen weiblichen, sehr gelungenen Statuen und einer Zeichnung nach seinen Basrelief, der Maler mit einer sehr schönen Zeichnung, eigene Komposition, Jakob, wie er seine Söhne segnet. Ruscheweih mit seinem Blatt nach Domenichino aus Grotta ferrate und dem Titelblatt zum Faust. Wach mit einer ganz kleinen Zeichnung nach der Kopie des Rafael bei Lucian, wovon das Original bei Bourke sein soll. Lengerich mit einer kleinen Kopie in Öl nach Giorgione, Lund mit dem Brustbild Porträt Augusts, Thorwaldsen mit einer sehr schön gezeichneten Madonna und einem antiken Ring, der alte Baron* [Brown] *mit einem goldenen Ring …"* [23. Februar 1818]

Caroline unterscheidet die Künstler nicht nach Stand und nicht nach Glauben, sie hat eine enge Bindung an Christian Daniel Rauch, Gottlieb Schick und Julius Schnorr von Carolsfeld, die aus kleinen Verhältnissen kamen. Sie wurde Patin von Schicks erstem Sohn und hat sowohl den Klassizisten wie den Nazarenern geholfen. Religiös, aber nicht mystisch lobt sie – gegenüber Rahel – *„die gehaltvolle Tiefe des deutschen Gemüts"*, die sich in den Werken ausdrückt. [5. Juni 1818] Caroline begutachtet und bewertet Werke, kennt sich mit Preisen aus, betreut und berät die Künstler. Dem mittlerweile anerkannten und in Geldangelegenheiten ungeschickten Rauch schreibt sie, er solle Investitionen in Berlin nicht ohne ihren Rat tätigen. Sie betreut auch den kranken Stiefbruder des Königs, Gustav Adolf Graf von Ingenheim, bewirtet Henriette Herz, die mittlerweile katholische Dorothea Schlegel und deren ebenso katholische Malersöhne Philipp und Johann Veit, beide Schadows, Overbeck und Cornelius oder auch den preußischen Generalkonsul Jakob Salomon Bartholdy und schreibt an Friederike Brun, sie sei *„gut mit allen sie mögen neu- oder Altkatholisch sein, oder Protestanten, wenn sie nur gute Menschen und gute Künstler sind".* [29. Oktober 1817] Sie erwirbt Bilder der Neukatholiken (so von Veit und Overbeck) und widerspricht mit ihrem Urteil über die neue Kunstrichtung dem Gatten, der die strengen Formen bevorzugt und den Überschwang der Gefühle ablehnt.

Sie ist zweifellos religiöser als ihr Gatte, aber trotz ihrer Sympathie für die Nazarener gilt sie inmitten der altdeutsch-mittelalternden Gemeinschaft als „heidnische Venus". [R. Huch, Romantik] Ihr Ruhm dringt bis nach Weimar. Humboldt berichtet ihr, Goethe habe *„unaufgefordert und mit großer Lebendigkeit"* ihren wohltätigen Einfluß auf die Künstler erwähnt. [30. Juli 1819] Als sie von Rom Abschied nimmt, begleiten sie *„vier mit Künstlern dicht besetzte Wagen [...] bis zur ersten Station hinter Rom. "* [Seidler, Erinnerungen]

Am 22. Juni 1817 ist es das fünfte Mal, daß Caroline nicht mit ihrem Gatten gemeinsam Geburtstag feiern kann. *„Gestern empfing ich Deine Nr. 110."* Jeder Posttag wird genutzt, an jedem Posttag erwarten sie Briefe voneinander. Sie erzählen von ihrem Leben, zwei selbständige Persönlichkeiten, von denen jede ihren Kreis und ihre Beschäftigungen hat, beide viel von Sehnsucht sprechen und sich offenkundig gut allein zurechtfinden. Humboldt fühlt sich in London wohl, da ist nichts mehr vom Hader und den Selbstzweifeln, er ist auch nicht mehr hin- und hergerissen und ist wieder der Beobachter, der in köstlichen Briefen die Sitten und seinen Alltag schildert. Seine Sprache ist lebendig, die Szenen, die er schildert, sind oft witzig. Er macht viele Besuche, geht ins Museum, um sich an den von Thomas Bruce, Earl of Elgin entführten und bis heute nach ihm benannten Sammlungen griechischer Altertumsdenkmäler zu erfreuen. Er lernt Franz Bopp kennen, einen berühmten Vertreter der neuen Sprachwissenschaft, von dem die Fachleute lange annahmen, er habe Humboldt beeinflußt, bis sich die Meinung durchsetzte, daß es eher umgekehrt war. [Di Cesare, Klassik, S. 31]

Caroline will wissen, wie ihr Mann lebt. Ihrer Neugier verdanken wir die Beschreibung seiner Londoner Bleibe und Lebensart: Das Haus am Portland Place 17 kostet 680 Pfund im Jahr und hat eine Eßstube für 24 Personen und *„eine schöne, fast gleich große helle Stube"*, die sein Adlatus und künftiger Schwiegersohn bewohnen wird. Die englischen Häuser haben wenige, aber große Fenster – wegen der Fenstertaxe. *„Die Vordertreppe wird von den Mädchen alle Woche einige Male weiß angestrichen, hat immer einen schmalen Teppich und ist sehr hübsch. Im ersten Stock sind zwei Salons, die man bloß zum Empfangen und zu Deiner Wohnstube brauchen kann. Dann eine dritte, sehr hübsch, in der vermutlich Bülow schlafen wird. In der dritten Etage […] sind Leutestuben, vorzüglich für die Mädchen. Das untere Stockwerk beschreibt keine Zunge; da ist Küche, Keller, Kohlenbehälter, die Stuben des Kochs, Butlers, der Housekeeper […] usw."* [22. Oktober 1817]

Ende des Jahres gibt er Rapport über sein Personal: *„Du fragst, wie viel Leute ich habe. Folgendes ist mein Hofstaat: ein Koch, ein Haushofmeister, mein Jäger, zwei Livreebedienten, zwei Hausmädchen, ein Küchenmädchen. Weniger ist unmöglich zu haben. Ich hatte anfangs noch einen Bedienten mehr als Portier gerechnet, allein ich habe ihn retranchiert.*

Zwei Hausmädchen wird Dir viel scheinen, und wäre bei uns
sehr viel. Vorzüglich, da sie gar keine Arbeit mit Nähen usf.
machen, vielleicht nicht einmal machen können. Allein ein-
mal trinken sie sehr oft und langsam den Tag Tee, und dann
hast Du keinen Begriff von dem Kampf, den man hier mit
dem Kohlendampf vom Morgen bis zu Abend kämpft. Die
Reinigung ist hier eine Geschichte, die monatlich bloß an Ma-
terialien und verbrauchten Utensilien mehrere Pfunde kostet,
und wo die Damen doch ziemlich den ganzen Tag beschäftigt
sind. Sie haben fünf, sechs Arten von Bürsten, weiße Farbe,
die Treppe anzumalen, schwarze, die Kamine, rote, den Kü-
chenherd, Papiere, die Stahlsachen zu reiben, dabei muß man
den Damen Handschuhe kaufen, damit sie die Hände nicht
verderben."[10. Dezember 1817]

Wilhelm legt Caroline am 10. Februar 1818 Rechenschaft
über seine Ausgaben ab:

„Mein Haushalt besteht in 1. dem Koch. Dieser bekommt
100 Pfund und Essen. Du wirst das sehr teuer finden. Man
kann aber [...] *nicht weniger geben wenn man einen so guten*
haben will, daß man, indem man Leute hat, nicht einen frem-
den nehmen muß, und wenn er nicht unmäßig betrügen soll.

2. Mein Haushofmeister. Dieser bekam fünf Pfund monat-
lich und Essen,

3,4. Zwei Bediente. Diese bekommen fünfeinhalb Pfund den
Monat, allein kein Essen [...]

5,6,7. Drei Mädchen, eine für die Küche und zwei für das
Haus. Die Mädchen kriegen alle gleich ein Pfund für den
Lohn, zehn sh. Wäsche und dreieinhalb sh Tee monatlich. Tee
und Zucker in Natura, wie ich anfangs gab, kostete unendlich
mehr, was ich jetzt gebe, ist sehr wenig, die Wäsche aber ist zu
teuer. Doch sind die Mädchen, wenn man abrechnet, daß sie
wenig tun, still und ordentlich.

8. Ein Jäger. Dieser bekommt zwei Pfund, zwei Schilling
monatlichen Lohn, so wie auch die Mädchen, Essen. Weniger
Leute ist es unmöglich zu haben."

Das geht so weiter bis Punkt 33, er berichtet, daß auch seine Mitarbeiter in der Gesandtschaft Essen bekommen und seine Livree tragen, welche Reisen er macht und welche Zeitungen er liest, wieviel Heizung, Bier, Öl und der Glaser kosten, weil man die Fenster in England zum Reinigen herausnehmen muß. Er hat 50 Pfund levantinischen Kaffee gekauft, *„von dem natürlich noch viel da ist".* Er gibt sein erstes Diner, *„man hat selbst bei einer so kleinen Gesellschaft, wie ich heute habe, zwei große Schüsseln Fleisch nach dem Fisch, zwei Braten, zwei Mehlspeisen. [...] Beim Silber brauch ich auch mehr Bestecke, ich habe nur fünf Dutzend, und man rechnet wenigstens sechs Couverts auf die Person. [...] Das Regiment des Hauses macht mir viel Not. Es ist wirklich viel leichter, einen Staat zu regieren."* [27. Februar 1818]

Natürlich nicht erwähnt im Brief an seine Ehefrau werden die Ausgaben für Freudenmädchen, die er manchmal täglich aufsucht, meist vormittags, zwischen Besuchen bei dem Herzog von Cumberland oder dem Herzog von York. Neben Miss Dent (*„muß bezahlt werden",* aber auch *„wird nicht bezahlt",* und ein andermal *„die ich mit einem andern Mann fand"),* gibt es noch eine Rosa, eine Maria und eine Elisa. [Tagebuch Dezember 1817 bis Oktober 1818]

Für die Historiker und Biographen war es manchmal schwer, Humboldts Verhalten zu verstehen, und so wurde Caroline verdächtigt, ihren Mann speziell in den Auseinandersetzungen mit Hardenberg schlecht beraten zu haben. Es gibt viele Briefstellen, in denen Humboldt ihr oder Dritten gegenüber diesen Einfluß betont. *„Ich kann mir Schritt vor Schritt nachweisen, wie ich alles durch Dich geworden bin [...], wie selbst, was mir angehört, sich höchstwahrscheinlich nie entwickelt hätte."* [3. März 1818] An Stein schreibt er, daß ihn *„ihre* [Carolines] *Ansichten, ihre Grundsätze, ihre Gesinnungen leiten, stärken, befestigen, ermuntern",* es sei ein Hauch ihres Charakters auf ihn übergegangen. [Haym, Humboldt, S. 592] Er hat ihr seine Briefe an den König und den Staatskanzler geschickt und deren Schreiben kopiert, *„damit Du alles genau beurteilen kannst"*, und sie stets um ihren Rat gebeten. Sie habe ihm, sagt er, 1813 zugeredet, ins Hauptquartier zu gehen, woraus sich alle folgenden Schritte ergeben hätten. Sie hat ihn bestärkt, die Stelle in Frankfurt anzunehmen, hat noch versucht, zwischen ihm und Hardenberg zu vermitteln, sie wollte, daß er an einer bedeutenden Stelle wirke, und wollte auch, daß er kämpft: *„spanne alle Deine Segel auf"*. [9. Dezember 1818] Nach all den eindeutigen Zeichen von Zurücksetzung hat sie ihren Mann bestärkt, die Konfrontation zu suchen. Sie hat noch 1819, nach dem Bruch, an seine politische Rolle geglaubt: *„Die Zeit wird kommen, wo man Dich bittend wiederruft, und dann wirst Du Großes wirken, ehrfürchtig und mit Vertrauen aufgenommen werden."*

Caroline betont mehrfach, sein Name dürfe nicht verunglimpft werden: *„sei nicht zu gut, zu unbefangen"*. Er reagiert auf ihre Ratschläge mit Dank für ihre *„Freiheit der Ansicht"* und ihren Respekt für die Individualität und Güte. Er ist glücklich, *„daß Du mich immer so verstanden und getragen hast"* [10. Oktober 1817] – es sind gemeinsame Kriterien, die sich im Dialog gebildet haben. Nachdem alles gesagt und der Bruch mit Hardenberg besiegelt ist, zieht es ihn *„bloß zum heimlichsten, vertraulichsten Leben mir Dir hin, geliebte Seele, zu einem Dasein, das durch nichts Bestimmtes erfüllt wird, scheinbar zu keinem Ziele führt, und in dem doch kein Moment leer und kein Gefühl ohne Frucht ist"*. [24. November 1818]

Die Beeinflussung war wechselseitig und gelegentlich subtil. Während sie, wie er es nennt, *„unter den Göttern"* wohnt und ihm von Bettelei, Elend, Hunger und Verzweiflung berichtet, die ihr auf der Fahrt durch Italien begegnen, schreibt er aus Burgörner, der Amtmann habe Leute zum Frondienst bestellt. Das sei sicher gegen ihre Gesinnung, er habe ihn in ihrem Namen zurechtgewiesen, *„die armen Leute wegen Deines Hausbaues in einem Jahr, wo sie schon Not gelitten, so anzustrengen".* Er verlangt von dem Amtmann, daß er die Leute entschädigt und die Arbeiten gegen Geld ausführen läßt. *„Ich hoffe, Du billigst es."* [23. Mai 1817] Das war, an die Adresse der Gutsbesitzerstochter gerichtet, doppelt pädagogisch, weil Burgörner zum napoleonischen Musterkönigreich Westphalen gehört hatte und in dieser Zeit ein Großteil der alten Privilegien der Gutsbesitzer abgeschafft worden war.

Im Bedürfnis, sein Handeln zu rechtfertigen, erklärt er gegenüber dem Freiherrn vom und zum Stein, daß er *„unter den jetzigen Umständen"* weder ins Ministerium eintreten noch sich zum Bundestag delegieren lassen wolle, er möchte kein *„bloß abhängiges Werkzeug"* sein. Als Antwort auf eine Denkschrift Steins erläutert er noch einmal seine Position in der Verfassungsfrage und gibt damit zu verstehen, daß er im Rahmen einer anderen – vielleicht von Stein durchsetzbaren – Politik gerne mitwirken würde. [7. Juni 1818] Es gab allerdings wenig Grund zu derlei Hoffnungen, die Schlüsselpositionen im Staat waren zu der Zeit schon von Konservativen und Opportunisten besetzt.

Humboldt rechtfertigt seinen Verzicht auf weitere Kämpfe auch gegenüber Karoline von Wolzogen, der Jugendfreundin und Schriftstellerin, von der er annehmen konnte, daß sie seine Motive in Weimar und Umgebung bekanntmachen würde: *„Ich gestehe Ihnen* (!), *daß ich mich mehr aus den Geschäften heraus als hinein wünsche, ich bin zwar nicht abgeneigt, in das öffentliche Leben einzuwirken, aber ich bin es im höchsten Grade satt und müde, das Treiben eines einzelnen, in das Ganze nur zufällig und wenig entscheidend eingreifenden Postens fortzuwälzen [...] will ich keine auswärtige Mission annehmen und will ich auch nicht in unser Ministerium gehen, wie es jetzt ist. So wenig ich*

gerne alles tadle, so ist doch die ganze Organisation fehler-
haft, und wenn ich diese Fehler nicht ändern kann, will ich
sie nicht teilen."[18. Juli 1818] Trotz seiner Erklärungen
fanden auch Männer, die Humboldt gewogen waren, *„sein*
Verhalten nicht erklärlich". [Stägemann, 6. März 1819]

Humboldt gibt noch ein kurzes Gastspiel in Berlin, denn
im Februar 1819 wird er gezwungen, trotz seiner Bedenken in das (eigens für ihn zweigeteilte) Innenministerium
einzutreten. Er gehorcht, verspricht sich aber nicht viel
davon: *„Es ist alles erst zu machen, alles erst umzuändern,*
und diejenigen, die dort in Macht und Tätigkeit sind, ha-
ben nicht nur das Gefühl davon, sondern arbeiten mit allem
Tichten und Trachten entgegen" [2. April 1819] [Aus Luther Gen. 6, Vers 5]
nimmt dieses Urteil allerdings nach Amtsantritt zurück.
Er habe *„die Dinge hier noch so gut vorbereitet gefunden*
[...] *aber die Lage ist doch immer sehr schlimm und schwie-*
rig, und ich werde unglaubliche Hindernisse finden, durch-
zudringen". [4. August 1819]

Da er in Frankfurt noch Geschäfte zu erledigen hatte,
kam er erst Ende Juli nach Berlin, die Dienstgeschäfte trat
er im August an und berichtete, *„daß seit meiner Ankunft*
und gleich mit ihr alle Staatspapiere beträchtlich gestiegen
sind", wie sein Bankier und Freund David Friedländer
behauptet – was ihm schmeichle, er sich aber nicht zu-
schreiben möchte. Trotz aller Trägheit und Widerstände
sei er *„heiter und aufmerksam, wo es ein Mittel gibt, durch-*
zudringen", aber ohne Illusionen. [18. August 1819]

Er ist letztlich gerne ausgeschieden. *„Es gibt jetzt, und*
das gilt für ganz Europa fast, keine freudige öffentliche Tätig-
keit. Die Köpfe sind verwirrt, Altes und Neues ist im Streit,
man hat meist nur die Wahl des geringeren Übels." [1. September 1818] Im September wurden die Karlsbader Beschlüsse *„gegen demagogische Umtriebe"* unterzeichnet,
Humboldt nennt sie *„schändlich, unnational, ein denkendes*
Volk aufregend" und forderte zusammen mit Karl Fried-

rich von Beyme und Leopold Hermann Ludwig von Boyen,
Preußen solle diese Maßnahmen – Entlassungen, Zensur,
Verfolgung, Bespitzelung – zurücknehmen. Im Dezember
werden er und die verbliebenen Reformer entlassen.

◆ Die Schlacken
der Wirklichkeit

Die Wirklichkeit der Restauration hat Humboldt mit
zweiundfünfzig Jahren ins Innen, in die Innenräume seines Schlosses, genauer gesagt seiner Schlösser, getrieben.
Draußen existiert eine Welt, die weder ihn noch Reformen
oder gar scharfe Analysen braucht. Wilhelm von Humboldt
hat das Glück, diese Welt nicht zu brauchen. „*Wie es* […] *gehen wird, wissen die Götter. Es ist kein angenehmes Schicksal,
in meinem Alter erst in die wahre Krise einzugehen und eine
ganz neue Laufbahn zu beginnen*", schreibt er im Juli 1819,
noch vor seiner Entlassung. [23. Juli 1819] Als Staatsmann
und Reformer ist er weitgehend gescheitert. Seine Verfas-
sungsentwürfe waren Makulatur, den Staatenbund mit
bürgerlichen Freiheiten konnte er nicht durchsetzen. Der
Nachruhm als Universitätsreformer gründet sich nicht auf
dem Erfolg. „Seine" Universität wurde sehr schnell dirigi-
stisch und utilitaristisch umgewandelt.

Schon 1815 schreibt Caroline aus Berlin, man gebe
„*Schuckmann* [damals bereits Innenminister] *schuld, daß
er die Universität eingehen lassen wolle*". Schuckmann
wurde 1810 Humboldts Nachfolger als Chef der Sektion
für Kultus und Unterricht und 1814 preußischer Innen-
minister und war „federführend" an der Demagogen-
verfolgung beteiligt. In einem Brief an seinen früheren

Mitarbeiter Georg Heinrich Ludwig Nicolovius berichtet Humboldt 1816, daß die berlinische Universität untergehe, der Geist sei aus allem gewichen. [Freese, Humboldt, S. 608] Geistige Unabhängigkeit, Basis des Humboldtschen Konzepts, ist ohnehin weitgehend rhetorisch, weil ein Großteil der Absolventen in den Staatsdienst eintritt – und mangels anderer Möglichkeiten eintreten muß. Das *„Bestreben sich zu bilden"* nennt Henriette Herz in den 1820er Jahren, *„ein Wort, welches jetzt beinahe lächerlich geworden ist".* [H. Herz, Erinnerungen, S. 47]

Humboldt selbst hat kaum an Universitäten gelernt, sondern im persönlichen Gespräch und im Briefwechsel mit Männern, die er sich aussuchte, allein am Schreibtisch, auf seinen Reisen, durch Beobachtungen und in der – geistigen und emotionalen – Auseinandersetzung mit seiner Frau, vielleicht korrekter: mit den Frauen. Seine Stärke war, wie er von sich sagte, nicht das Erfinden, sondern das Gestalten oder Umgestalten von Vorhandenem. Er war Individualist, aber kein Einzelkämpfer, und er hatte hervorragende Mitarbeiter, die er zu motivieren verstand. Seine Ideen waren zuallererst ein Gegenkonzept zu den absolutistischen Zwecken des Staates, den Nützlichkeitserwägungen von Beamten und der jahrhundertealten Übung, dumm Erlerntes weiterzugeben. Nur hatten die Studenten meist kein großes Interesse an Einsamkeit und Freiheit, Duelle und Saufgelage waren ihnen wichtiger. Seine Idee, die Universität – nach dem Vorbild der Schulen und Klöster – qua Finanzierung durch Domänen unabhängig zu machen, war von Anfang an nicht realisierbar. Die Landschulen blieben kirchlich gebunden, der Nutzen für den Staat wurde bald wieder wichtiger als das verantwortungsvoll handelnde Individuum.

Aber die Idee hat überlebt. Humboldt konnte nicht ahnen, daß sie jenseits des Atlantiks in Eliteuniversitäten realisiert werden würde. Die Freiheit von Lehre und Forschung hat sich zwar de facto nur eingeschränkt durchgesetzt, aber die Idee von der Freiheit der Künste und Wissenschaften war so erfolgreich, daß die Verknüpfung mit den praktischen Zwecken aus dem Blickfeld geriet und noch heute darüber gestritten wird, ob Preußen ein Kultur- oder ein Militärstaat gewesen sei. Bei Jubiläumsfeiern sollte man hervorheben, daß Humboldts Neuordnung des Erziehungssystems, wie seine Reform der Kadettenanstalten, formal und geistig zur Militärreform gehörte und daß die Militärreform Teil der Demokratisierungsbewegung war. Die Öffnung des Offiziersberufs, das Prinzip Leistung statt Ancienität, die Abschaffung oder Einschränkung der Prügelstrafe und des Spießrutenlaufens und auch das Leitbild eines selbst denkenden, aufstiegswilligen, von Drill und Untertanengeist befreiten Individuums waren von der militärischen Niederlage und dem Blick auf das französische Beispiel inspiriert. (Die Generäle des mißglückten Feldzugs von 1806 waren zur Hälfte über sechzig, die Zahl der Desertionen war hoch, nicht zuletzt, weil im Heer zu fünfzig Prozent Ausländer dienten, die meist zum Dienst „gepreßt", also gezwungen wurden.)

Was den Sprachforscher Humboldt betrifft, gab es zwar immer einen kleinen Kreis von Gelehrten, die seine Arbeiten schätzten, aber Ordinarii, die ihre Macht seinem Universitätskonzept verdankten, konnten damit wenig anfangen und haben für lange Zeit verhindert, daß seine Studien wahrgenommen wurden, so daß ihm auch auf seinem ureigensten Gebiet wenig Erfolg beschieden war.

Kürzlich wurde in einem Buch, das die Humboldtschen Reformen auf ihre Tauglichkeit für die Zukunft prüft, radikal abgerechnet. Darin ist zu lesen, Humboldts *„bildungsaristokratisches Universitätsideal öffnete [...] entgegen den eigenen Intentionen [...] dem traditionellen studentischen Standesdenken mit seinem korporativen Ehrbegriff [...] den*

Weg in die moderne, die klassische deutsche humboldtsche Universität". [Hardtwig, Zukunft, S. 155]

Der Vorwurf, das Versagen des deutschen Bildungsbürgertums einschließlich seiner ideologischen Anfälligkeit habe seine Wurzeln im Konzept Wilhelm von Humboldts, wiegt besonders schwer. Hier wäre zu ergänzen: in dem, was seine Nachfolger, die Professoren und die Studenten, aus seinen Ideen gemacht haben.

Wahrscheinlich hätte Humboldt gegen seine Entheroisierung nichts einzuwenden, er würde auch die 100 000 Toten auf sein Schuldkonto schreiben, die allein auf seiten der Alliierten in jenem Freiheitskampf gestorben oder verhungert beziehungsweise „gefallen" sind, dessen Zustandekommen er in Zeiten des Aufbruchs noch für eine seiner wichtigsten Taten hielt. Der hohe und überhöhte Geist, auf den Caroline und Wilhelm und viele Deutsche nach ihnen so stolz waren, hat sich weniger in Bildung als in der Kriegsbegeisterung gezeigt und mit der Restauration verflüchtigt.

Aber der Erfolg draußen in der Welt war – wenn man die Korrespondenz als Zeugnis nimmt – für Humboldt nicht das Wichtige. *„Dir zu leben und Dich zu besitzen"* hatte er Li gegenüber als seine *„eigentliche Bestimmung"* bezeichnet und hinzugefügt: *„Das hindert nicht, dass ich nicht vieles dabei und daneben treiben und tun könnte. Ein Mann ist einer edlen Frau nicht würdig, wenn er nicht sein Dasein, wo es möglich ist, an etwas Großes oder Nützliches anknüpft, und wenn er gut tut, in der flüchtigen Jugend auch in der Gegenwart ihr zu leben, so muß er bei vollendeter Reife vor ihr, selbst vor den Menschen sie rechtfertigen, dass sie ihn liebte."* Nach Carolines Tod nahm er jeden Tag ihre und seine Briefe aus den glücklichen Jahren zur Hand – diesen eben zitierten vom 12. September 1809 zum Beispiel, den er aus Königsberg schrieb, als sie mit den Kindern in Rom lebte und er mit der häßlichen kleinen Motherby flirtete.

Das Prinz-Heinrich-Palais, das Humboldt 1820 für die neue Universität zur Verfügung gestellt wurde, gibt es immer noch, es heißt heute Humboldt-Universität. Ich denke mir Wilhelm und Caroline, wie sie – vorbei an den beiden Statuen der Brüder Humboldt und vorbei an dem denkmalgeschützten Marx-Zitat – die repräsentativen Treppen in der Universität hinaufsteigen. Oben vor dem Senatssaal hängen Porträts bedeutender Männer: Professoren, die in diesem Haus gelehrt und geforscht haben. Caroline würde wohl einen Lachkrampf bekommen, es ist dort kein Platz für Bilder, die zu ihr passen könnten. In Berlin will man das alte königliche Schloß neu aufbauen und mit einem Humboldt-Forum füllen. Es wäre der geeignete Platz für eine Werkstatt, in der die Humboldt-Bilder restauriert werden könnten. Zuallererst wäre Humboldt in Gesellschaft zu zeigen – in der Carolines und der von Freunden, die er durch sie kennengelernt hat: Theodor Dalberg in Erfurt, Friedrich Schiller in Jena, Johann Wolfgang von Goethe und dessen Vorgesetzter, Karl August, in Weimar und nicht zuletzt die Schwestern Charlotte und Karoline von Lengefeld, spätere Charlotte von Schiller und Karoline von Wolzogen, aus Rudolstadt.

Die „Humboldtsche" Universität baut auf den Modellen vieler Mitdenker auf – nicht nur jener mit hehren Namen aus der preußischen Geschichte, die bis heute immer wieder genannt werden. Beim Verfassen seiner Denkschriften und Anträge hat Humboldt gewiß auch an Jena gedacht, das seine Blüte unter anderem jungen Gelehrten am Beginn ihrer Karriere, oft Privatdozenten, Extraordinarien und Honorarprofessoren ohne feste Stellen, verdankte. Er wird sich an Erfurt erinnert haben, wo er sich oft mit dem aus der Geschichte eskamotierten „Franzosenfreund" Karl Theodor von Dalberg über Bildung und Reformen unterhielt, und an das Modell Weimar, wo Herzog Karl August – mit Goethes Hilfe – schon vor den Preußen politische Ohnmacht durch Investition in Geist kompensiert hat. Und Wilhelms Begegnungen und Gespräche in Paris, die sein Denken bereichert und seine Reformen beeinflußt haben, fanden meist in Carolines Salon statt.

Apropos Nachruhm: Gespräch statt Diktat, der Austausch zwischen dem Ich und Du waren der Ausgangspunkt einer neuen akademischen Ordnung, in der Lehrende und Lernende einander auf Augenhöhe begegnen sollten. Humboldt hat, so ließe sich in Kenntnis der Familiengeschichte begründen, sein Modell in den persönlichen Beziehungen, im engsten Kreis der Freunde und am schönsten im Verhältnis zu Caroline – weniger in dem zu seinen Töchtern – verwirklicht.

„Im Menschen gibt es einen Teil, durch den er mit einer Idee zusammenhängt [...] *und von der er das Symbol ist"*, steht in seiner „Skizze einer Selbstbiographie". Humboldt wurde zum Symbol für humanistische Bildung. Seine Kunst war, eine Idee in die Welt zu setzen, die – unabhängig von ihrer Umsetzung – eine ungeheure Anziehungskraft bekam. Sie hat Generationen inspiriert, motiviert und sich tief ins Bewußtsein der geistigen Eliten gesenkt. In seiner Idee von Bildung haben die Hoffnungen aus dieser kurzen Zeitspanne des Aufbruchs überlebt – wie in einer Kristallkugel eingefaßt, in der jeder Wahrsager seine Wahrheit sieht.

◆ Geist und Tat und Illusion

Das unglückliche Verhältnis der deutschen Intellektuellen zur Macht gehört zum unvermeidbaren Repertoire der deutschen Geschichtsschreibung. Und zur Interpretation von Humboldts Verhalten in dieser schwierigen Zeit gehört die Behauptung, er sei ein Amateur gewesen. [E. J. Feuchtwanger, Preußen, S. 175] Aber die Floskeln aus der deutschen Identitätsdebatte – gedankenreich und tatenarm, weltfern und tragisch und so weiter, passen hier nicht. Humboldt hat als weltläufiger aristokratischer Intellektueller sich im politischen Feld getummelt. Er leidet nicht, erstickt auch nicht an der Enge der Restauration, und er hält wenig vom Lamentieren. In den Briefen findet man keinen Hinweis auf Heinrich von Kleist, keinen auf Hölderlin oder Novalis (die erst nach ihrem Tod berühmt wurden) und überhaupt wenig Literarisches, Caroline empfiehlt ihm ein Buch über royalistische Restauration und schenkt ihm eine Bibel. Humboldt äußert sich über einen Aufruf Joseph von Görres', der *„mit großem Talent"* geschrieben sei, in dem er aber das rechte Gemüt vermißt. [27. Februar 1818] Ähnlich mißtrauisch äußert er sich über den Enthusiasmus bei dem Fest auf der Wartburg am 18./19. Oktober 1817. Er findet es *„fatal, daß sie sich nicht mit mehr Anstand und Würde benommen haben".* Den verbrannten Schriften und Symbolen werde seines Erachtens zuviel Ehre angetan, das Benehmen, einschließlich der skandalösen Reden gegen die Fürsten, vermehre nur *„das Gerede der Unvernunft und Engherzigkeit".* [15. November 1817]

Es ist erstaunlich, wie in einer Zeit, in der deutsche Dichter und Künstler vom Leiden inspiriert werden, sein

Humor dominiert – obwohl er allen Grund zur Verzweiflung gehabt hätte. Trotz aller Zurücksetzungen behält und pflegt er sein heiteres Gemüt.

Der Politiker und Wissenschaftler hat sich in diesen Jahren, soweit man ihn ließ, sowohl dem Geist wie der Gesellschaft gewidmet, er hat Konzepte und Memoranden verfaßt, hat – wenn auch ungern – an endlosen Sitzungen teilgenommen und repräsentiert. Zwischen Sitzungen und Soirées hat er griechische Autoren übersetzt, und er hat seine Briefe an Li, wenn es nicht anders ging, auch während der Konferenzen geschrieben. Die Briefe aus dieser angeblich „unglücklichsten Zeit" sind oft liebevoll den Details gewidmet. Seine Resignation betrifft weder seine Karriere noch sein Innenleben, sie betrifft nur sein Land, dem er pflichtgetreu, wenn auch nicht immer gerne diente.

Caroline hat sich für Politik interessiert, sie interpretiert, in ihren Grenzen hat sie auch intrigiert. Wilhelm hat sich eingemischt, aber er durfte nicht handeln. Auch im Freundeskreis des Paares stimmt das Bild vom politikfernen deutschen Intellektuellen nicht. Der Jugendfreund Friedrich von Gentz, der einstige Rebell Friedrich von Schlegel oder der Staats- und Gesellschaftstheoretiker Adam Müller waren politisch engagiert. Sie haben – von einem deutschen Kaiserreich träumend – in Metternichs Wien Unterschlupf gefunden. Caroline und Wilhelm hingegen standen der Bruder Alexander oder auch Goethe (selbst wenn sie sich über deren mangelnde „Deutschheit" mokierten) und die Pariser Deutschen besonders nahe. Sie – und auch so mancher deutsche Dichter – waren keineswegs unpolitisch, erst die Interpreten des 19. Jahrhunderts haben die weltflüchtigen Romantiker in den Vordergrund des Bildes gerückt.

Es waren auch keine unproduktiven Jahre. Im Sommer 1816 konnte endlich Humboldts Übersetzung des „Agamemnon" erscheinen, an der er fast zwanzig Jahre ge-

arbeitet hat. Gewidmet ist sie Caroline. Vielleicht haben
sich die Eheleute darüber unterhalten, daß es in dem
Stück um eine Unterbrechung der verhängnisvollen Kette
aus Unrecht und Rache und um die Suche nach Gerechtigkeit geht.

Im Juli 1817 verfaßte Humboldt die Denkschrift über
Mißstände und Fehlentscheidungen der preußischen Politik („Über die Stellung und Befugnisse der Oberpräsiden-
ten"), der er seinen Ruf als Liberaler und den Bruch mit
Hardenberg verdankt. Aus der Frankfurter Zeit stammt
auch das Bruchstück seiner Selbstbiographie.

Autobiographien sind auch Bilder, solche, die einer von
sich selber malt. Der Text trägt das Datum 29. Januar 1816.
Er trägt die Spuren seines Innehaltens und ist, wie so viele seiner Zeugnisse, Teil einer Inszenierung. Auch dieser
Versuch einer Bilanz kam über ein paar Seiten nicht hinaus. Schon auf den wenigen Seiten schafft der Verfasser
es, von sich ausgehend auf den Zusammenhang mit dem
ganzen Ideenreich zu schließen und seine persönliche Erfahrung zum Ausgangspunkt umfassender Welterkennt-
nis zu machen. Die Skizze ist kaum bekannt. In ihrer
Knappheit steckt Kalkül, und dennoch berührt ihre Ehr-
lichkeit. Es ist ein Stück Humboldtscher Prosa, das es verdient, ohne Kürzung wiedergegeben zu werden.

◆ „Bruchstück einer Selbstbiographie"

Es ist immer eine innere Plage meines Lebens gewesen, mit Ideen schwanger zu gehen, die ich zum Gegenstande eines Aufsatzes, eines Buchs, oft eines bedeutenden Werks machen wollte, und nie dazu zu gelangen. Die Umstände, die es verhinderten, waren nicht gerade äußre, ich war eine lange Reihe von Jahren hindurch in der freiesten, beneidenswürdigsten Lage. Es waren vielmehr innere, deren in der Folge dieser Blätter vorzunehmende Untersuchung den hauptsächlichsten Aufschluß über meine ganze geistige Eigentümlichkeit geben wird. Hier ist es mir genug, die Tatsache anzugeben. Fast zu keiner Zeit, selbst nicht in den geschäftevollsten Lagen, bin ich von solchen Planen frei gewesen; hundertmal habe ich einen neuen gefasst, angefangen zu schreiben, und das Geschriebene zerrissen, Sammlungen zu künftigen Arbeiten gemacht und sie halb vollendet wieder aufgegeben. Mit doppelter Stärke musste diese Lust bei meinem jetzigen Aufenthalt hier rege werden, wo ich fast absoluter Einsamkeit und vieler Muße genoß und noch der Umstand hinzukam, daß die Vollendung der Übersetzung des Agamemnon mich wie von selbst etwas Neues zu beginnen reizte. Ich fing wieder nach der alten Weise an, wo denn die Versuche auch gleich fruchtlos waren, bis ich auf einmal eine neue Bahn einschlug. Ich fühlte nämlich lebhaft, daß ein Werk der Untersuchung nicht mit einzelnen Büchern und in abgerissenen Stunden unternommen werden könne; ich nahm mir vor, bis mich das Schicksal wieder in eine unabhängige Lage versetzte, ganz darauf Verzicht zu tun, und kam dagegen auf das, was ich jetzt hier anfange, auf den Versuch einer Selbstbiographie. Hierzu kann ich alles aus der Erinnerung und dem Nachdenken schöpfen, beide begleiten mich ohnehin immer und *sind keinem Geschäft fremd, und es ist würdiger, die Jahre des Lebens, die leicht es beschließen können, mit Betrachtung, als mit großenteils mechanischem Sammeln zuzubringen. Man kann selbst nicht wissen, wie viel ein, oder zwei Jahre, die man gewissermaßen als einen Stillstand ansieht, der dazu dienen soll, das Vorhergegangene zu überschauen, auf den Charakter und das innere Schicksal einwirken können. Daraus je etwas zu machen, das einem Buch auch nur ähnlich sei, daran denke ich allerdings nicht. Allein ein solcher äußrer Zweck lag auch wenigstens nicht so sehr als das innere Bedürfnis der Ausführung einer Idee jenem oben erwähnten Verlangen zum Grunde.*

Unter einer Selbstbiographie verstehe ich nun aber gar nicht eine Beschreibung meines Lebens, die ich für höchst unbedeutend, noch eine Geschichte meiner Zeit, zu der ich mich nicht berufen halten würde. Ebensowenig habe ich dabei eine solche Anklage und Rechtfertigung im Sinn, bei der man wie ein Totenrichter bei seiner eigenen Leiche steht. Es gibt in dem Menschen, wie in jedem wirklichen Wesen, immer einen gewissen Teil, der nur ihn und sein zufälliges Dasein angeht und recht füglich von andren unerkannt mit ihm dahinstirbt; dagegen gibt es in ihm einen andren Teil, durch den er mit einer Idee zusammenhängt, die sich in ihm vorzüglich klar ausspricht, und von der er das Symbol ist. Man kann sogar darauf den Unterschied unter den Menschen begründen, daß die gewöhnlichen nur Symbole ihres Gattungsbegriffs sind, die höheren diesem irgendeine, allein immer leicht aus ihm herzuleitende Individualität geben, die großen und außerordentlichen eine Idee symbolisieren, auf die man nur dadurch, daß sie sie lebendig darstellten, kommen konnte. Dieser Unterschied zwischen dem Symbolischen im Menschen und dem einzeln und gleichsam nur als Schlacke der Wirklichkeit in ihm Dastehenden wird mich bei meiner Selbstbiographie leiten. Ich werde das letztere durchaus übergehen, allein in die größeste Ausführlichkeit und Tiefe in alles hinabsteigen, was die Betrachtung über die Welt und den Menschen erweitern kann. Ob ich dadurch vorteilhafter oder unvorteilhafter erscheinen werde, wird mich dabei nicht kümmern. Es ist gar nicht meine Absicht, bei mir stehenzubleiben noch auf mich zurückzukommen, ich gehe nur von mir, als dem bekanntesten Wesen auf die Welt über. Ich werde mich daher auch ganz vorzüglich auf alle Gegenstände verbreiten, die ich in meinem Leben beobachtet, oder mit denen ich mich beschäftigt habe, Natur, Kunst, Wissenschaft in allen ihren Teilen, namentlich Geschichte und Sprache, Länder, Nationen, äußere Verhältnisse, Staatsgeschäfte, Menschen. Allein wie ich erst von mir selbst sagte, so werde ich jeden dieser Gegenstände auch nur immer in Verbindung mit der in ihm ausgedrückten Idee, in seinem Zusammenhange mit dem ganzen Ideenreiche betrachten. Ich werde daher alles aufsuchen, was symbolisch in der Welt verhüllt liegt, und alles nach meinem inneren Maßstab und auf den Zweck zusammenstimmender Bildung hinwirkend beurteilen, aber, dem Begriff einer Selbstbiographie treu, nur das Selbsterfahrene und also immer nach voller äußerer oder innerer Anschauung treu schildern.

Dazu kann ich leicht mehr als andre geeignet sein. Denn ich bin mehr als irgendeiner ein reiner Zuschauer der Welt. Früh durch strenge Willensübung von Glück und Unglück unabhängig geworden, durch eine ursprüngliche Anlage mehr auf die Form als den Stoff, die Tätigkeit als den Erfolg, das Interesse der Betrachtung als der Empfindung gerichtet, ist nichts in mir und um mich vorgegangen, was ich nicht immer mit großer Freiheit des Geistes beobachtet hätte. Gewissenhafte geschichtliche Treue ist von jeher ein Grundzug in mir gewesen, und auf das Talent, Anschauung und Idee, beide so rein als möglich, miteinander in Berührung zu bringen, habe ich beständig besondren Wert gelegt. Hiermit hat sich nun große Übung verbunden. Denn von meiner frühesten Kindheit her erinnere ich mich, daß ich unaufhörlich auf die

Menschen um mich her achtgab, sie untereinander und mit denen, die mir für das Vorzüglichste galten, verglich; immer hielt ich es für die wünschenswürdigste Kunst, den Menschen gleich als ein Instrument spielen zu können, nicht zu äußren Zwecken, was ich immer verachtete und wozu ich nicht immer großes Geschick habe, aber zu inneren, daß sie sich selbst lebendiger erkennen und bedeutender und freier aus sich hervortreten, also wie man wohl möchte, daß andre wieder auf einen selbst einwirkten. Allen diesen Stoff habe ich dann der Einsamkeit und der Natur anvertraut und immer bei mir herumgeworfen und verglichen, da niemand soviel innere Muße hat als ich, weil diese Muße der eigentlich tiefe und klare Grund meines Lebens ist, über dem hin der ganze Ballast des Lebens, Geschäfte, Zwecke, Verhältnisse, schwimmt, ohne den man wirklich zu leicht von der Empfindung hin und her getrieben wird. Das tiefere und innere Verlangen, mich von ihm frei zu erhalten, hat mich denn auch gewöhnt, ihn mit Leichtigkeit fortzuwälzen, und meiner eigentlichen Natur nie nahekommen zu lassen. So habe ich nicht gerade mehr Welterfahrung als andre, aber unstreitig eine solche, in der auf eine eigentümlichere Weise Erfahrung und Nachdenken zusammentreten.

Wenn ich auf diese Art zu einer Selbstbiographie, in welcher sich die Schilderung der Welt an die eigene anschließt, vorzüglich fähig bin, so bin ich auch vielleicht durch eine Art Notwendigkeit meiner Natur auf eine solche Arbeit beschränkt. Ich habe, nicht gerade eine Unfähigkeit des Geistes, aber ein Widerstreben des intellektuellen Wollens, das Subjektive vom Objektiven, das Einzelne vom Allgemeinen rein abzuschneiden; welchen Gegenstand ich behandeln mag, so wird er mir wie unendlich unter den Händen, knüpft sich überall an, und ich weiß nicht, wo ich anfangen oder aufhören soll. Mit einer Selbstbiographie verträgt sich nun dies sehr gut. Es soll in ihr nichts rein objektiv oder allgemein sein, es soll alles mit allem in Berührung stehen, aber der all-

gemeine Beziehungspunkt ist immer unmittelbar gegeben, man weiß immer, von wo man ausgehen, wohin man zurückkehren wird. Die mich genau und wahr beurteilt haben, fanden immer, daß ich durch meine Naturanlage weder zu großen Taten des Lebens noch zu wichtigen Werken des Geistes bestimmt bin, daß aber meine eigentliche Sphäre das Leben selbst ist, es aufzunehmen, zu beobachten, zu beurteilen, zu behandeln und zu gestalten. Darauf eben aber kommt es hier an, da der geschilderte Gegenstand das Leben selbst ist.

Ob jemand künftig diese Blätter lesen soll, wird erst ihr Inhalt ausweisen, wenn sie ihrer Vollendung nahe sind. Aber ich werde sie immer so schreiben, als wären sie für jeden bestimmt, der fähig ist, sie zu verstehen. Nur das unter dieser Voraussetzung Geschriebene kann auf Klarheit, Bestimmtheit und pragmatische Allgemeinheit Anspruch machen. Allein eine wird dies gewiß lesen, die mein Leben mit mir geteilt und den entschiedensten Einfluß auf daßelbe, meine Ansichten und Ideen davon gehabt hat, die ich bei hundert aufgestellten Behauptungen erwähnen oder im Sinn haben muß.

Ich will damit anfangen, ein kurzes Bild meiner selbst zu entwerfen, in dem mein Wesen auf einmal, wie in einem Spiegel erscheinen soll.

Die hervorstechenden Seiten an mir sind: vollkommene Herrschaft des Willens über mich selbst; vorwaltende, innerhalb gewisser Schranken und in einer bestimmten Art sehr bedeutende und nimmer ermüdende Denkkraft; bei gar keiner Neigung auf das Äußere als solches leidenschaftliches Verlangen nach innerer, auf ganz eigentümliche Weise idealischer Beschäftigung mit und in mir selbst.

Aus diesen drei Stücken folgt unmittelbar, daß ich ein durchaus innerlicher Mensch bin, dessen ganzes Streben nur dahin geht, die Welt in ihren mannigfaltigsten Gestalten in seine Einsamkeit zu verwandeln.

Ich werde jetzt jeden dieser einzelnen Punkte näher bestimmen.

Die Selbstbeherrschung hat seit meinem zwölften Jahre, wo ich sie, ganz aus innrem Antrieb, anfing, bis jetzt, wo ich sie noch nicht verschmähe zu üben, nie einen andren Zweck gehabt, als sich selbst. Ich habe nicht meine Leidenschaften besiegt, um tugendhaft zu sein, nicht ihre Ausbrüche unter meine Gewalt gebracht, um geschickter durch das Leben zu kommen, es hat mich kein Zweck getrieben, mit Abziehung von allen übrigen Gegenständen nur einen Punkt zu verfolgen, keine Begeisterung, die, indem sie eine Idee heraushebt, alle übrigen niederschlägt. Ich habe aber von jeher einen Abscheu davor gehabt, mich in die Welt zu mischen, und einen Trieb, frei von ihr als ihr Beschauer und Prüfer zu stehen, und habe natürlich gefühlt, daß nur die unbedingteste Selbstbeherrschung mir den Punkt außer der Welt schaffen könnte, dessen ich bedurfte; dann liegt auch in dieser den reinen inneren Willen ehrenden Nüchternheit für mich das eigentlich Edle des Menschen. Geweckt wurden diese Begriffe zuerst in mir durch das Altertum, an das hernach wieder sie mich auf immer geknüpft haben; und ich ging zuerst von dem reinen Begriff der Stoiker aus, zu wollen, weil man will. Meine Selbstbeherrschung und mein Zurücktreten aus der Welt sind aber durchaus von dem asketischen Töten der Begierde und dem einsiedlerischen Entfernen vom Weltlichen verschieden. Ich lasse der Begierde ungeschaut den Zügel schießen und erkenne in dem Genuß, selbst in dem, den viele ausschweifend nennen würden, eine große und wohltätig fruchtbare Kraft; die Begierden aber, wie Zorn, Haß, Rachsucht, durch deren Befriedigung der Mensch bloß gewinnt, daß er sich ihrer kochenden Glut entladet, sind mir teils fremd gewesen, teils habe ich sie von mir willkürlich entfernt. Wenn sie zu rechtfertigen und heilsam in ihren Folgen sind, so sind sie es nur entweder in denen, in welchen der reine von Haß und Erbitterung getrennte Rechtsbegriff zu schwach wirken würde, oder um Wirkungen hervorzubringen, zu denen, auch bei dem Stärksten, das Gemüt nur in diesen seinen Krankheiten Kraft genug hat; und dann erhält der Mensch die Gestalt einer Naturkraft, die ich wohl bewundre und nicht missbillige, aber selbst nicht annehmen mag. Was aber die Welt betrifft, so habe ich, statt mich von ihr zu trennen, immer soviel als möglich von ihr zu kennen und zu sehen gesucht, und nur mitten in ihr fremd werden wollen. Das Auffassen der Welt in ihrer Individualität und Totalität ist ja gerade durchaus mein Bestreben und liegt selbst der Willensherrschaft als Zweck zum Grunde. Die Herrschaft des Willens hat einen negativen und positiven Teil. Die Besiegung der Schmerzen, die Unabhängigkeit von Genüssen und selbst Bedürfnissen, die Bezähmung der Begierden ist das Leichteste und Gewöhnlichste im ersteren. Allein in seiner ganzen Ausdehnung, und ich habe ihn nie anders genommen, erfordert er die nie unterbrochene Besonnenheit, die immer mit Nüchternheit sieht und immer unbedingt Herr ist, welche Empfindung sie zulassen und was sie äußerlich tun will. Sie besteht daher im Erkennen des Wahren und im Tun des Rechten, wenigstens des Konsequentesten. Darum ist es ganz falsch, wenn man meint, daß diese Beherrschung mit natürlicher Kälte oder Schwäche der Begierden zusammenhängt. Diese erleichtert nur den schlechtesten Teil der Selbstbeherrschung, die bloße Bezähmung der Leidenschaften; aber die Besonnenheit, die für Wahrheit und Recht fruchtbar werden soll, braucht eine eigne, aus dem durchaus reinen Teile der Seele fließende Kraft. Mit der Selbstbeherrschung ist Abwesenheit der Furcht, wenigstens Mut verbunden. Dieser ist in mir nie instinktartig gewesen, und darum kann ich gewiß sein, jede Art in jedem Augenblick zu besitzen. Den positiven Teil der Willensherrschaft habe ich erst spät erworben. Ich möchte ihn wieder in zwei Arten teilen. Die eine ist das Vermögen, jede einzelne bestimmte intellektuelle oder praktische Aufgabe, die nur nicht zu sehr außer dem Gebiete des Talents oder der Übung liegt, zu einem bedeutend befriedigenden Grade zu lösen. Von früh an fehlte mir diese ganz. Ich konnte fast nie etwas zustande bringen, weil ich's wollte, und be-

durfte zu allem der von selbst eintretenden Stimmung. Selbst ein Brief wurde mir auf diese Weise schwer, einen Vers, einen Reim hätte ich nie zustande gebracht. Erst als ich in Rom war, bei der Vollendung der Übersetzung des Agamemnon, hernach bei Geschäften habe ich diese Fähigkeit, und zwar in sehr hohem Grade, meiner Natur abgewonnen. Ich kann jetzt ziemlich in dieser Art, was ich will oder die Umstände erheischen. Die andre Gattung positiver Willensherrschaft geht auf das Handeln und das Durchsetzen Zeit fordernder Plane. Darauf hat mich zuerst, einige Jahre nach meiner Verheiratung, die Lesung, ich weiß nicht, welcher Lebensbeschreibung gebracht. Ich habe damals, mehrere Jahre vor meiner Anstellung, den festen Vorsatz gefasst, in Dienst zu gehen und eben zu dem Höchsten zu gelangen, was mir erreichbar wäre, und ich habe es erlangt. Ähnliche Dinge sind mir hernach im Privat- und im öffentlichen Leben gelungen. Meine Manier dabei ist aber nicht das bloße unablässige und unmittelbare Betreiben, sondern sie geht tiefer und sucht mehr das Wesen der Dinge selbst zu zwingen. Ich tue sehr oft und lange gar keinen sichtbaren Schritt, aber habe meinen Zweck unaufhörlich vor Augen, bereite den Boden vor, aus dem er wie durch die Natur der Dinge selbst hervorgehen muß, lausche jedem etwas versprechenden Augenblick auf, wähle den wahren und handle dann mit unermüdetem Eifer, lasse mich durch kein augenblickliches Fehlschlagen irre machen, sondern leite wieder jedes selbst zu meinem Ziel. Außer dem Blick und der Gewandtheit, denen nur die mechanische Ausführung angehört, beruht das meiste dabei auf unermüdeter Anstrengung für das Bemühen und hoher Gleichgültigkeit gegen den Erfolg als solche, durch deren Vereinigung man unglaublich viel durchsetzen kann. Die meisten Menschen verfehlen ihre Absicht weil ihnen am Erfolg zuviel liegt, und sie im Ringen danach zu leicht erschlaffen. Zum Schluß muß ich hier noch bestimmen, ob mir das eigen ist, was die Menschen: Charakter haben nennen. Die einfache Antwort ist: als

Natureigenschaft gar nicht, wenn ich aber will, im höchsten Grade. Ich gehe ohne alle Schwierigkeiten von Behauptungen, Vorsätzen, Planen, Wegen, sie durchzusetzen, ab und wechsle darin bei selbst geringem Widerstande, wie ich überhaupt eine Neigung habe, im Äußern andern nachzugeben, die größtenteils aus meiner Sicherheit herstammt, im Innern doch so zu bleiben, wie ich will. Aber aus Vorsatz des Willens gibt es nicht leicht einen mehr eisernen Eigensinn, als ich habe, da selten ein Mensch so die tiefe Überzeugung hat, daß sich jede äußere Folge an der Strenge einer Idee in Trümmer zerschellen muß. Ich bediene mich aber dieser ehernen Unnachgiebigkeit selten, weil ich weiß, daß sie nur in wenigen Fällen eine brauchbare Waffe ist. Die Eigentümlichkeit meiner Selbstbeherrschung liegt also in ihrer Geschmeidigkeit, daß sie nicht selbst wieder steif und pedantisch sogenannten höheren Zwecken dient, und daß ich auch sie wieder beherrsche nach Willkür.

Gegen meinen Verstand und die Vorzüglichkeit meiner Geisteskräfte lassen sich sehr bedeutende und schwer zu widerlegende Einwendungen erheben. Ich habe gar keine Schnelligkeit und Leichtigkeit, die verschiedenen Beziehungen der Dinge und Ideen auf einander zu fassen, es mögen ausgelassene Mittelbegriffe oder auch sehr unmittelbare Folgerungen sein. Bei Geschäften verbessre ich diesen Fehler nur durch Fleiß, Nachforschen und Beratschlagung mit andren, und darin ist mir die größte Aufmerksamkeit zur andern Natur geworden. Ich habe gleich wenig den Geist des Ratens, Verbindens, Vermutens, habe nie ein einziges Kartenspiel nur leidlich gelernt, und nie in der Philologie zur Kritik getaugt. Dieser Mangel schadet mir beim Gesandtenleben erstaunlich, er lässt sich durch nichts ersetzen, nur mehr oder minder verstecken. Ich bin gar nicht erfinderisch, es stellt sich mir alles mehr als Ordnung denn als Mannigfaltigkeit dar; daher habe ich selbst im Schreiben und Reden eine gewisse Einförmigkeit, die mir sogar oft dieselben Worte wiederbringt;

eine gewisse Fülle der Gedanken reiht sich höchstens schlag-
weise auf witzige Art in mir aneinander, aber fließt nicht
mit Leichtigkeit auseinander her. Ich habe viel zu selten die
eigentliche Sicherheit der Wahrheit und schwanke sehr leicht
zwischen zwei Reihen von Ideen, so daß ich immer die andre
für vorzüglicher halte, wenn ich im Begriff bin, die eine an-
zunehmen. Ich habe nie von mir selbst die Überzeugung ge-
habt und habe sie auch an andren über mich nicht bemerkt,
daß ich die wahre Fähigkeit hätte, in die eigentliche synthe-
tische Metaphysik einzugehen. Ich bin entschieden nicht zum
Dichter geboren, und meine Einbildungskraft wird bald von
der Trockenheit des Verstandes, bald von dem Stoff der Emp-
findung überwältigt. Ich habe auch in meiner Kindheit und
bis ich bei Engel ein philosophisches Kollegium hörte, und
selbst da noch im Anfang für einen langsamen, wenig von der
Natur begünstigten Kopf gegolten, vorzüglich verglichen mit
meinem Bruder Alexander. Ich habe noch manchmal, nur
daß es glücklicherweise nicht bemerkt oder der Zerstreuung
oder andren Ursachen zugeschrieben wird, in Gesellschaft
und in Geschäften einfältige, alberne, gehaltleere Momente,
und zwar solche, die für diese Art von Momenten bei weitem
zu lang sind. Ich kann indes nicht sagen, daß meine Geistes-
kraft mit dem Zunehmen der Jahre gesunken wäre; sie ist viel-
mehr gewachsen und gestiegen. Aber wahr bleibt es gewiß,
daß sowohl ehemals als jetzt mein Kopf ursprünglich lang-
sam, dürftig an Mannigfaltigkeit und zu wenig lebendig ist.
Dazu kommt nun, daß ich ihm wenig Stoff von außen mittei-
le. Denn ich habe unglaublich wenig gelesen und finde noch
keine Freude daran, weiß sehr wenig Dinge, viel weniger, als
die Welt meint, mit Gewissheit und habe sehr viel Zeit mit zu
sehr mechanischem, dem Kopf wenig fruchtbarem Studium
zugebracht. Soweit die Anklagen und die Mängel."

Hier endet diese Reflexion, sie wurde nicht fortgeführt,
jedenfalls nicht in dieser Form, es hat noch einen Versuch

gegeben, der verschwunden ist, und einen, den er zusammen mit anderen Papieren verbrannt hat. [Leitzmann, GS XV/2, S. 450] Er hat Autobiographisches auf andere Art zu Papier gebracht – in Briefen an Charlotte Diede und in Sonetten, die er nach Carolines Tod täglich diktiert hat.

◆ Geschäftige Muße

Am 1. Januar 1820 schreibt Wilhelm von Humboldt an Friedrich Wilhelm III.: *„Ew. Königliche Majestät haben geruht, mich durch die allerhöchste Kabinetts-Order vom gestrigen Datum für jetzt von der Teilnahme an den Geschäften des Staatsrats und des Staatsministerii zu entbinden, und ich werde unverzüglich, Allerhöchstihrem Befehle gemäß, das Departement des Ministerii des Innern, dem ich vorstand, dem Staatsminister von Schuckmann, und das von Neuchatel dem Staatskanzler Fürsten von Hardenberg zurückgeben."* Er weist die Besoldung von 6000 Talern zurück, *„es würde mir ein innerlich peinliches Gefühl sein, eine Besoldung zu genießen, ohne in Ew. Königlichen Majestät allerhöchsten Dienst tätig zu sein".*
Am Tag nach seiner Entlassung beginnt Humboldt, seine Bücher zu ordnen und sich in das Studium exotischer Sprachen zu versenken. Caroline und Wilhelm leben endlich wieder zusammen, sofern nicht einer von beiden unterwegs ist. Sie wohnen in dem von der Mutter ererbten Tegeler Schloß, sie sind Anfang Fünfzig, das ist, gemessen an Goethe, an Hardenberg oder vom und zum Stein, kein Alter, um sich zur Ruhe zu setzen. Tegel ist noch nicht umgebaut, aber behaglich und es fehlt nicht an Personal: *„Das ganze Haus […] ist von einer ordentlichen Bevölkerung.*

Die Leute sind alle sehr vergnügt. Babette und Juliane [die Dienstmädchen] *wandeln in helltönenden Gesängen aus Körners Liedern den Abend durch den Park, doch den Morgen sollen sie gut und ordentlich arbeiten; der Jäger wohnt auf dem Turm und ist entzückt über die Aussicht. Die beiden Kutscher schlafen im Stall. Sachse* [der Schreiber] *und Grimm* [der Kammerdiener] *haben sich in derselben Stube gebettet, und Herr Sachse geht, wenn er nicht schreibt, mit einem großen Netz vor dem sich selbst die Krähen in acht nehmen könnten, herum, Schmetterlinge zu fangen.* Tegel sei „plaisant" geworden, „*und Augusts Mutter* [Frau von Hedemann] *hat mit Recht bemerkt, daß man selten jemand im Hause und auf dem Hof anders als im Trab oder Galopp gehen sieht".* Es gibt einen Gärtner, und es gibt ein Lusthaus, in dem der Tee getrunken wird. „*Wirklich haben wir, ohne die Gebhard und den Gärtner zu rechnen, acht Menschen und sechs Pferde für uns drei zur Disposition."* Caroline ist derweil in Karlsbad zur Kur und muß, wie Wilhelm bedauernd hinzufügt, mit zwei Bedienten auskommen. [19. Mai 1820]

Für den Ausbau des Schlosses rechnet Humboldt mit Kosten in Höhe von 12 000 Talern. Im Antikensaal sollen die vor allem von Caroline in Rom erworbenen Kunstwerke aufgestellt werden, für die Benutzer und für die Nachwelt: „*man stiftete seines Namens Gedächtnis, da niemand sonst in der Gegend ein Museum besitzt."* [4. Juli 1820] In seinem Arbeitszimmer wird der Hausherr einen mächtigen Mahagonitisch und zwei übergroße Frauenköpfe aufstellen, die Venus von Milo und die Venus vom Kapitol in Gips. Als alles eingerichtet ist, schreibt der dann 60jährige dem alten Kumpan Friedrich von Gentz, auf einst gemeinsam genossene Sinnesfreuden anspielend, er wandle „*unter lauter schönen Gestalten umher, von denen besonders die in meinem Zimmer nicht an einem Überfluß an Toilette leiden".*

Wilhelm ist nun vor allem Privatgelehrter, der griechische Texte liest, Sanskrit treibt und viel spazierengeht. *„Humboldts Verabschiedung die auch uns sehr unerwartet kam hat keine andren Folgen für jetzt für uns gehabt als daß wir keine Diners mehr geben. Humboldt sagte sehr ruhig: ,Nun wird man doch wieder einmal etwas für sich thun und lernen können "*, berichtet Caroline nach Wilhelms Entlassung an Welcker. [22. Januar 1820] Sie empfängt Gäste und unterstützt wieder Künstler, ist allerdings durch Rheuma und Gicht in ihrer Bewegungsfreiheit bereits sehr eingeschränkt. 1825 wird der Verein der Kunstfreunde im preußischen Staat gegründet, die Idee dafür könnte Caroline ausgeheckt haben.

Das einsame Leben nach dem Rückzug aus der Politik war so einsam nicht. Innerhalb einer Woche besuchen Humboldt auf dem noch nicht renovierten Schlößchen Tegel: Leopold Hermann Ludwig von Boyen, bis 1819 preußischer Kriegsminister, Ernst von Pfuël, der durch Waterloo, aber auch als Freund Heinrich von Kleists, Achim und Bettina von Arnims berühmt wurde, der Bankier Simon Moritz Bethmann, der Philologe Philipp August Boeckh, der einstige Hauslehrer und Altphilologe Friedrich Gottlieb Welcker, Friedrich Daniel Schleiermacher, der den Humboldt-Kindern Religionsunterricht gab und die 15jährige Adelheid mit dem fünfzehn Jahre älteren August Hedemann getraut hat, der Finanzminister Christian von Rother, der sich auch für Humboldts Dotation engagiert hatte, der Erzieher der Humboldt-Brüder Gottlob Kunth, die Gräfin Elise von Bernstorff samt Mutter, die Familien Gneisenau, Clausewitz, Grolmann. Humboldts ehemalige Mitarbeiter Boisdelandes, Süvern, Eichler schauten vorbei. Die Besuche sind eine demonstrative Bekundung von Sympathie mit dem geschaßten Minister.

Im November 1826 werden ihnen schließlich auch der König und seine neue Gattin samt Kronprinzenpaar und sechs Prinzen die Ehre geben, *„eine offenbare Anerkennung, und seit meiner Entfernung aus dem Dienst die erste, daß er nichts gegen mich hat".* [Sydow, Briefe, Bd. VII, S. 279] Die volle Rehabilitation, die Berufung in den – allerdings bedeutungslos gewordenen – Staatsrat und die Verleihung des Schwarzen Adlerordens, hat Caroline nicht mehr erlebt.

Wir erfahren noch einiges aus dem privaten Leben, weil das Paar wieder über Wochen getrennt ist, er fährt auf die Güter, sie kurt. Noch heute kann einem schwindeln, wenn man die Reiserouten nachvollzieht und wenn man bedenkt, daß diese Reisen im Kutschentempo vor sich gingen. Den Spätherbst und Winter verbringen sie gewöhnlich in Berlin, Frühjahr und Sommer in Tegel, in Burgörner oder in Ottmachau, wobei man auf dem Weg auch die Tochter Adelheid besucht, deren Mann in Herrstadt stationiert ist, oder Station in Breslau bei Theodor und dessen Frau Mathilde macht.

Nach langem Warten wird Humboldt endlich das Gut Ottmachau in Schlesien (über das der König infolge der Säkularisation kirchlicher Güter verfügt) als Dotation für seine Verdienste ums Vaterland übereignet. Es soll ungefähr 5000 Taler Einkünfte erbringen, aber vorher sind Investitionen fällig. Der Gutsherr läßt ein Gesindehaus bauen, das kostet 16 000 bis 18 000 Taler, die Regierung schießt 6000 Taler zu, auch muß ein neuer Pächter gefunden werden. Der frischgekürte Gutsherr findet es *„sehr groß, dass vom 1. August an, Du auf Deinen, ich auf meinen Domänen sitzen, und Tegel noch für die herumschweifenden Kinder da ist"*, betont aber auch, *„daß ich nicht viel aufs Eigentum halte".* Bald kennt er sich mit Puten und Fasanen, Schafen, Ochsen, Kälbern, Steinen und Vorwerken aus und kann amüsant darüber parlieren.

Während Caroline auf Kur ist, kümmert sich Wilhelm in Tegel um Gartenanlagen, um die Einrichtung und um Verbotstafeln, die Spaziergänger fernhalten sollen. Die ersten

Kosten für Tegel hat Christian Daniel Rauch mit 16 000 Talern veranschlagt, wobei auch viel hereinkäme, das man dann investieren könne, „um Spandau und den See zu kaufen, neue Tempel und offene Hallen zu bauen usw." [20. Juli 1820] Humboldt schreibt nun häufiger an „die Freundin" Charlotte Diede, der er erklärt, er sei gerne, aber nur wenig in Tegel, im Winter oft in der Stadt (wo Humboldts zuerst an der Ecke Behren-/Charlottenstraße und seit Herbst 1821 in der Französischen Straße ihre Stadtwohnung haben). Falls stimmt, was er der Freundin schreibt, so geht er „nie vor ein Uhr ins Bett" und verbringt mit der Familie nur etwa zwei Stunden am Tag. [An Diede, 27. Dezember 1822] Das wird nicht gegolten haben, wenn die ganze Familie – Töchter, Söhne, Schwiegersohn und Schwiegertochter, bald auch Enkel – auf einer der Humboldtschen Besitzungen zusammenkam.

Carolines Gesundheit hat sich verschlechtert, Gicht, entzündete Kopfnerven und Reißen in den Beinen zwingen sie, nach Karlsbad, Marienbad oder Gastein zu fahren, meist in Begleitung der ältesten Tochter Caroline. Sie empfängt auch an den Kurorten gelegentlich, denn tout le monde, die alten Bekannten, hohe Beamte und Prinzen, Gelehrte und Dichter, adelige Damen und Militärs in vorgerücktem Alter verbringen die Sommer in diesen Bädern, man hat seinen Arzt und meist auch Dienstpersonal zur Hand. Unter anderen trifft Caroline dort Wilhelms alten Jugendfreund Friedrich – nunmehr „von" – Gentz, den lebenden Beweis, wie sehr sich die Abwesenheit von Prinzipien und die Hinwendung zur Reaktion gelohnt hat: „Gentz kam um 3 Uhr etwa [...] und besuchte uns eine Stunde nachher, wo er dann gleich ein paar Stunden blieb. [...] er ist sehr klapprricht geworden und hat einen großen Ausdruck von Schwäche in Gesicht und Gang. Seine alten Mienen aber, seine eigentümlich schöne, gehaltvolle Rede hat er ganz beibehalten auch seinen Widerspruchsgeist. Er fragt mit großem

*Interesse nach Dir und Deinen Beschäftigungen und eigenen
Arbeiten. Von gewissen Gegenständen vermeide ich ganz mit
ihm zu reden. Die Erörterungen sind unnütz und ich würde
nur mit Leidenschaft und innerer Bewegung reden können.
Er lebt hier wie ein Satrap: acht Pferde hat er auf allen Sta-
tionen gebraucht, und er hat hier einen Koch, Jäger und Kammerdiener bei sich. Letzterer hat seine Frau und vier Kinder,
eine Gouvernante und Kinderfrau für die Kinder und einen
eigenen Bedienten bei sich. Diese Kammerdienerfamilie be-
wohnt die Zimmer, die der Erzherzog und sein Adjutant [...]
verlassen hatten, [...] Gentz selbst wohnt in zwei Zimmern,
die Graf Montgelas hatte.*"[Gastein, 2. September 1826]

Wilhelm fährt in diesem Jahr, 1826, nicht mit ihr nach
Gastein, weil er sich um Hermann, den jüngsten Sohn,
kümmert, der noch zur Schule geht *("Es gibt wenig gute
Anstalten")*. Caroline bittet ihn einzugreifen, sie hat erfahren, daß er „Toback" raucht. *„Ich hatte es ihm schon vor Monaten, wo ich eine Ahndung davon hatte, streng untersagt,
und muß Dich bitten, es nicht zu leiden. Es führt zu Gemein-
heiten, und wer den Anstrich nicht vermeidet, meidet auch
nicht das Wesen."*[1. August 1826] Er ist auch zuständig für
die Ermahnung Theodors, des Schwierigen, der gegen
den Willen der Eltern geheiratet und zeitweise den Kontakt zur Mutter ganz abgebrochen hat. Dieser älteste Sohn
macht ihnen immer wieder Sorgen, er ist unbeständig und
leicht reizbar, man führt es auf seine Krankheit zurück,
die möglicherweise eine Hirnhautentzündung war (aber
auch Wilhelm hat sich als unausgeglichen und reizbar beschrieben, damals in Königsberg, als er ohne Caroline und
oft bei Johanna Motherby war).

Theodor kommt 1821 und 1822 für mehrere Monate zu Besuch; seine schöne, liebenswürdige, von Fehl-
geburten geschwächte Frau Mathilde lebt anderthalb Jahre mit den Schwiegereltern. Mitte April 1822 übersiedelt

das junge Paar nach Breslau, Theodor wird dort Kürassier, der Vater fürchtet schon, daß es bald Händel geben wird. [24. April 1822] Wie vorausgesagt bekommt Theodor prompt Streit mit dem Kommandeur und wird zu zwei Monaten Festungshaft verurteilt. Mathilde bringt kurz nach seiner Entlassung den ersten männlichen Enkel zur Welt. Er wird Wilhelm genannt, wie der Großvater und der 1803 verstorbene Bruder Theodors.

Willkommene Unruhe ins tägliche Leben kommt auch durch den Besuch Alexanders, der seit 1826 in Berlin lebt. Caroline besucht seine berühmten Vorlesungen in der Singakademie, zu denen *tout Berlin*, auch Maurer und Droschkenkutscher, Angehörige des Hofs und manchmal auch der König – und laut Caroline *„unter 800 Zuhörern 400 Frauen"* –, kommen. Sie beschreibt den allgemeinen Beifall und das *„Staunen über die namenlose Größe der berührten Gegenstände"*, dann aber richtet sie ihren Blick auf das Innere. *„Alexander war so befangen die erste Viertelstunde lang, daß es mich tief rührte. Auch sein Vortrag hatte für mich Anklänge der tiefsten Wehmut. Ein so wahrhaft guter, so grenzenlos gelehrter Mensch, daß, wie er einem die unermesslichen Räume des Weltalls mit der Gewalt seines Geistes erschließt, man zugleich in die wunderbare Tiefe des menschlichen Fassungsvermögens blickt und einen die Ahndung lichthell überfliegt, nach außen und nach innen gleiche Unendlichkeit – ach, und doch nicht glücklich."* [An Adelheid, 7. Dezember 1827]

Von Humboldts Aktivitäten hat neben der Universitätsgründung vor allem die Beschäftigung mit Sprachen zu seinem Ruhm und Nachruhm beigetragen. 1820 hält er vor der Akademie der Wissenschaften – die er im Kontext der Reformen umgestaltet hat – einen Vortrag „Über das vergleichende Sprachstudium in Beziehung auf die verschiedenen Epochen der Sprachentwicklung". Er entwirft mit dieser Vorlesung eine neue Sprachwissenschaft. Im Jahr darauf entsteht die Abhandlung „Über die Aufgabe des Geschichtsschreibers", eine neue Art der Geschichtsbetrachtung, in der er Praxis und Theorie, das Besondere und das Allgemeine, Weltgeschichte und Individualität zusammendenkt und, immer noch nicht weltflüchtig, Erkenntnis als eine Voraussetzung für politisches Handeln bezeichnet. Im selben Jahr kann er, wenn auch nur zum Teil, die lange angekündigte Arbeit über das Baskische publizieren, es folgen Vorträge und Aufsätze über Grammatik und den Zusammenhang von Sprache und Ideen. Dafür kann er auf seine Kenntnisse des Französischen, Englischen, Italienischen, Spanischen, Lateinischen, Griechischen, Baskischen, Provenzalischen, Ungarischen, Tschechischen, Litauischen zurückgreifen. In den folgenden Jahren hat er sich mit fünfundzwanzig amerikanischen Sprachen (unter anderen der inzwischen ausgestorbenen Tamanaca-Sprache vom Orinoco), mit Chinesisch, Japanisch, Koptisch beschäftigt, Sanskrit haben auch seine Frau und die älteste Tochter gelernt. In seinem Nachlaß fand sich Material über mehr als zweihundert Sprachen aus aller Welt.

Die akademische Sprachforschung schlug allerdings eine andere Richtung ein: weniger bereit, sich auf das Exotische einzulassen, stärker auf Ordnung und europäische Verwandtschaften bedacht. Humboldt blieb deshalb lange Zeit ein Geheimtip. Erst in den letzten Jahren wurde die Verschränkung von natur- und geisteswissenschaftlichen Denkweisen in seinen Studien zur Entstehung und Funktion von Sprache gewürdigt. Die Betonung der sinnlich-geistigen Einheit der menschlichen Natur hat durch die Zusammenarbeit von Natur- und Geisteswissenschaftlern eine neue Aktualität gewonnen. Daß Humboldt vieles nur fragmentarisch behandelt, keine festen Begriffe und kein System hinterlassen hat, spricht inzwischen für seine Modernität.

Eine letzte gemeinsame Reise führt das Paar 1828 über den Kanal. Sie begleiten die jüngste Tochter Gabriele mit ihren Kindern nach London zu ihrem Mann. Gabriele und Heinrich von Bülow hatten sich 1816 verlobt, da war Gabriele knapp vierzehn Jahre alt, 1821 haben sie geheiratet. Wie ihre Schwester Adelheid hat sie einen Mann geheiratet, den praktisch ihr Vater für sie ausgesucht hat, und wie ihr Schwager war auch Heinrich von Bülow ein ehemaliger Untergebener Humboldts. Beide Männer waren ihren hochgebildeten Frauen intellektuell unterlegen, aber die Töchter liebten ihre Männer. Gabriele lebt in den ersten Jahren der Ehe noch bei den Eltern. Bülow wird – nicht zuletzt dank der Beziehungen des Schwiegervaters – Gesandter in London, tritt also in die Fußstapfen Humboldts. Gabriele nimmt das weibliche Erbe an: Sie bringt fünf Mädchen und zwei Söhne zur Welt, von denen einer – Wilhelm genannt – kurz nach der Geburt stirbt, eine Tochter wird nur zwölf Jahre alt.

Für die Rückreise wird nun schon ein Dampfschiff benutzt, was aber nicht weiter kommentiert wird. Das Paar besucht noch einmal Paris, Caroline erinnert sich in einem Brief an die Tochter Adelheid wehmütig: *„Damals wart ihr alle mein, und nun steh ich so einsam am Abend des Lebens.“* Sie spricht ein wenig distanziert von Wilhelm als „mein Mann“. Sie leidet unter der Trennung und unter der Ahnung, daß sie Tochter und Enkel nicht wiedersehen wird. [An Adelheid, 11. August 1828] Caroline ging es während dieser Reise etwas besser, aber nachdem die jüngste Tochter und ihre drei Mädchen unter vielen Tränen ihrem Mann übergeben waren, verschlimmerte sich ihr Zustand. Ihre Lebenskraft scheint mit dem Weggang der Kinder geschwunden zu sein. Im Dezember bezeichnete der Arzt Johann Friedrich Dieffenbach (verheiratet mit Wilhelms einstigem Schwarm Johanna Motherby) Carolines Zustand als hoffnungslos.

Caroline bleibt auch in „*Ahndung des lösenden Todes* [...]
*lösend die Widersprüche, mit denen man gekämpft, die Täu-
schungen, denen man unterlegen*“, positiv und schicksals-
ergeben, und sie ist immer noch den Künsten und antiken
Göttinnen zugetan. Ihr Brief an Adelheid enthält ein Gedicht über die (erst 1797 ausgegrabene) Pallas Athena von
Velletri, eine Art Vermächtnis:

„*Die Pallas von Velletri*
*Unsterblichkeit verklärt die edlen Züge, / Nie trübte sie
des Lebens Mißgeschick, / Und doch – wie an des vielgelieb-
ten Kindes Wiege / Die Mutter steht mit ernstgesenktem
Blick, / Geheimnisvoll in tiefsten Geistes Walten / Der Menschheit Lose sich vor ihr entfalten. /
So steht auch sie; nur höher anzuschauen, / Ein Götter-
bild voll Ernst und Majestät. / Gewichen ist von ihr jedwedes
Grauen, / Des Sieges selige Verklärung weht / Von ihrer Stirn,
und hoher Weisheit Kunde
Entströmt dem schönen zartgeformten Munde. / Ja, alles
hat dem Menschen s i e gegeben,* [Sperrung von C.] */ In seine Nacht trug sie des Denkens Licht, / Der Sitte Band, der
Kunst unsterblich Leben, / Die seines Daseins enge Schranke
bricht, / Den Mut, der Kränze höchsten zu erwerben, / Für
Menschenrecht und eignen Herd zu sterben.* “

Carolines Gedichte sind keine Meisterwerke, aber die
Verse, die sie kurz vor ihrem Tod verfaßt hat, klingen doch
lyrischer, eleganter und freier als Wilhelms kleine und
große Dichtungsversuche, die auf dem Bild des großen
Gelehrten Stockflecken hinterlassen haben.

◆   Stimmengewirr

Daß er weniger von Kunst verstand als sie und sie ihm die Augen und – weil sie im Unterschied zu ihm musikalisch war – auch die Ohren öffnete, hat er oft betont. Er weiß um seine mangelnde Ausdruckskraft und wählt gerne strenge Formen, um seine Gefühle auszudrücken. Er denkt über Trochäus, Daktylus, Spondeus und Trimeter nach, schreibt über Suffixe und den Einfluß grammatischer Formen auf die Ideenentwicklung und dichtet in antiken Versmaßen. Seine poetischen Werke muten hölzern, verkrampft und gelegentlich hilflos an. Schon 1823, sechs Jahre vor ihrem und zwölf Jahre vor seinem Tod, entstand der todessehnsüchtige Vers:

„Ich bin ein armes, verlorenes Kind, / ich weine die klaren Augen mir blind, / keine Thräne mehr aus den starrenden rinnt; / man grabe mein Grab, mein Grab mir geschwind, / und lege hinein mich leis' und gelind, / dann säuseln über mir Regen und Wind."

Nach dem Tod der geliebten Gattin schrieb er ein Sonett, dessen erste Verse lauten:

„Den Frieden hat mit sich genommen, / die nimmer nun wird wiederkommen, / der Seele Ruhe von mir floh, / ich werd' im Leben nicht mehr froh!"

Er hat auch seine gipsernen und marmornen Gefährten besungen:

„An die Gypse in meiner Stube.

Seht mich an, ihr himmlischen Gebilde, / die ihr mich in lichte Höhen hebt, / dass in überirrdische Gefilde / einzugehn die Seele strebt." […]

Außerdem hat er einige irritierende Texte produziert, über die sich seine Bewunderer wundern, sofern sie nicht hämisch darüber grinsen. Sie handeln von Unterwerfung, Schändung und Lust an weiblicher Pein. Manch Peinliches steht auch in den Briefen an die „Freundin" Charlotte Diede, Seltsames in den Sonetten, die überwiegend erst nach Carolines Tod entstanden sind. Befremdlich wirken jene Verse, die während des Befreiungskampfs der Griechen gegen die Türken (1821 bis 1829) entstanden sind.

Caroline und Wilhelm haben über die Grausamkeiten im griechischen Kampf um Unabhängigkeit voll Abscheu und Mitleid korrespondiert, Caroline hat sofort und ohne ihren Mann zu fragen 50 Taler gespendet. Es wird berichtet, daß auch „die ärmste Klasse der Arbeiter", Kinder, Dienstboten und Schüler diesen Freiheitskampf unterstützten, der im Europa der Restauration hohen symbolischen Wert besaß.

Wilhelms Epos heißt „Die Griechensklavin" und hat nichts mit realen Ereignissen zu tun. Es umfaßt 10 Gesänge mit 1744 Zeilen und handelt von einer Griechin, die zur Sklavin des türkischen Eroberers wird und jeweils vor ihrer Vergewaltigung oder Auspeitschung lange Gespräche mit ihrem Peiniger zu führen vermag. Hier einige Auszüge:

„Lang lässt er so die Arme achtlos liegen, / dann plötzlich schallts: her! Elendes Gezücht! / Und schreckenbleich muss sie zum Lager fliegen / Zu leisten, ohne Murren, ihre Pflicht. / Die Glieder furchtsam sich dem Dienste schmiegen, / der Arme Paar den Wütrich treu umflicht. / So muss, besiegt von seinem Herrscherwillen, / der Sinne Glut sie lassen an sich stillen."

Noch eine Strophe aus dem Dritten Gesang:

„Das ist der Sklavin Loos, von ihren rüstgen Armen / wollt ihr bedient, besorgt in Arbeit seyn, / an ihrer Brust, o grässlich!

Nachts erwarmen, / mit ihrem Leibe soll sie euch erfreun, / und wenn sie, händeringend, fleht Erbarmen, / wollt unerbittlich ihr ihr nie verzeihn. – / Doch es ertönt der Hufschlag ihrer Rosse, / rasch auf, entgegen ihrem rauhen Trosse! / In Einem Nu hält er des Rosses Zügel, / und stürzt das Weib zum Boden tief gebückt. / Er springt, als liehe ihm der Unmuth Flügel, / am Speer, den auf den Nacken er ihr drückt, / berührend nicht einmal des Sattels Bügel, / auf sie, sie liegt geduldig, unverrückt. / Zäum' ab das Ross, und kehre, Hündin, wieder! / Ruft er, und wirft ins Gras sich zornig nieder."

Im vierten Gesang, überschrieben „Die Nacht", kommt die Sklavin zu Wort:

„Mit Willen lass' ich nicht die Lust dich letzen / an meinem Leib; mich treibet bittrer Zwang. / Ich weiss, daß deine Geisseln mich zerfetzen, / wie ich nicht stille deinen Wollusthang. / Und trüg' ich sie, so würdest du mich binden, / und doch den Weg zu meinem Schoosse finden. / Und also zählt ihrs zu des Weibes Pflichten. / Der Herr kauft nicht der Sklavin Leben bloss, / nicht bloss das Recht, sie schuldlos hinzurichten, / es drohet ihr ein zehnfach härtres Loos. / Wie Arbeit sie am Tage muss verrichten, / muss sie ihm liefern Nachts des Leibes Schooss, / und sich, er mag sich rauh, sich mild benehmen, / zu willgem Dienst und Zärtlichkeit bequemen."

Die Frau wird auf einer Erkundungsreise im Auftrag ihres Peinigers von einem Griechenstamm gefangengenommen, auch dort gequält, und sie entflieht, sich zur Treue bekennend, zurück ins Lager der Türken:

„Gern mag ich mich dem armen Thier vergleichen, / das ja, wie ich, die Sklavenkette trägt, / und Hündinnen nur sind wir Christenweiber, / auch in den Augen unsrer harten Treiber." […]

Seltsamerweise hat der Verfasser sich später über Adelbert von Chamisso mokiert, der die Grausamkeit bei der Missionierung der Eingeborenen des oberen Orinoco – nach Alexander von Humboldts Reisebeschreibung – in ein Gedicht gefaßt hat. Chamissos Gedicht erschien 1828, Humboldt erwiderte darauf in Gedichtform:

„Den Gräuel hat ein Dichter jetzt gesungen/und sein Gedicht, der stygschen Nacht entklungen,/mit grauser Lust der Leser Brust entzündet,/zu schildern, wie die Geissel wird geschwungen/Auf armes Weib, die sich laut jammernd windet,/des Dichters rohen Ungeschmack verkündet." [Okt. 1854; GS IX,421]

Die Zeugnisse seiner – nicht verborgenen – Gefühle irritieren noch heute. Für den Kunsthistoriker Paul Ortwin Rave sind die Sonette, die Humboldt mit zwanghafter Pünktlichkeit jeden Abend um die gleiche Zeit und immer auf einem Quartblatt dem Schreiber diktierte, geprägt von *„Gedankenzucht aber ohne dichterisches Vermögen [...] durchweg höchst gekünstelte, schwierig erdachte, undurchsichtige und nur mühsam zu begreifende Gebilde."*

Humboldt sei am Ende seines Lebens zum heimlichen Dichter der Unterwerfung und des Schweigens geworden, schreibt der Verfasser einer Studie über das Sprachdenken Humboldts. [Müller-Sievers, Epigenesis] Diese Neigungen hat er aber bereits 1789 seinem Tagebuch anvertraut. Hier das ganze, oft angeführte Zitat:

„Auf der Fähre arbeitet ein Mädchen mit, äußerst hässlich, aber stark, männlich, arbeitsam. Es ist unbegreiflich, wie anziehend für mich solch ein Anblick und jeder Anblick angestrengter Körperkraft bei Weibern – vorzüglich niedrigeren Standes – ist. Es wird mir beinah unmöglich, meine Augen wegzuwenden, und nichts reizt so stark jede wollüstige Begier in mir." Danach folgt die anfangs zitierte Selbstanalyse, in der er seinen Sinn für *„Sklavinnen, durch allerlei Arbeit*

gedrückt, tausend Martern gepeinigt, auf die verächtlichste Weise behandelt" als Material seiner Erkenntnissuche bezeichnet und diesen Drang selbst „unbegreiflich" nennt.

Auch das Gedicht „Weibertreue" ist nicht erst im Alter, sondern bereits 1809 entstanden. Er zeigte es seiner Frau nicht, schrieb ihr aber: *„es ist vielleicht das Poetischste, was ich je gemacht habe, aber es ist etwas so Trübes und Dunkles darin, daß ich mich unmöglich entschließen kann, es Dir zu schicken, liebes Kind. Ich habe selbst nachher darüber lachen müssen. Aber es gehen einem manchmal Gespenster in der Seele auf, die man augenblicklich nicht los wird."*[GS IX, S. 231]

Hier eine Kostprobe:
„Und noch mahnt sies in der irren Seele, / sich zu werfen zu des Mannes Füssen, / zu bekennen die begangne Fehle, / daß er Strafe, hart und ernst, ihr wähle. /,Nach dem Fehltritt kann nur strenges Büssen', / seufzt sie, ,noch des Weibes Qual versüssen. /
Doch selbst auferlegte Schmerzen büssen / kann ich, und was schuldig ich verbrochen / sey mit Striemen an dem Fleisch gerochen! / hat es Lust gesucht, mag Pein ihm spriessen."[GS IX, S. 78]

Ein paar Strophen später nimmt er das Thema wieder auf:
„Das Weib muß dienen und gehorchen, scheiden / von jeder eignen Lust, und sonder Klage / im sauren Dienst der Stirne Schweiß vergeuden. / Beginne drum die mühevollen Tage / geduldig, Rosa, wein' dich satt im Stillen, / wenn, wie des Regens Flut, die saure Plage / mit jedem Kindbett wächst. Du weißt, den Willen / nicht bloß dem Mann, dem Amtmann auch, dem Schreiber, / dem Herrn, der gnädgen Frau müssen erfüllen / wir, wenn nicht unsre unbarmherzgen Treiber / mit Schmerz und Hohn, nach strengen Rechtes Ueben, / bedecken sollen unsre armen Leiber. / Vergiss es nie: zu dulden, und zu

lieben / den, dem sie dienet, ist das Weib geboren. / Denn sie ist
nicht zum Glück nach eignen Treiben, / zu fremden Vortheils
Werkzeug nur erkohren. "[GS IX, S. 81]

Diese Verse stammen aus dem Jahre 1810, als Humboldt, Direktor der Sektion für Kultus und Unterricht im Ministerium des Inneren, gerade sein Entlassungsgesuch einreichte und als Gesandter nach Wien geschickt wurde. Aus dieser Zeit sind auch ganz andere Bekenntnisse überliefert. Seiner Frau bekennt er: *„Es ist das die wahre und rechte Bestimmung der Frauen, nicht zu gestatten, daß die Männer, die einmal nicht anders als an gewisse Arbeiten gekettete Sklaven, bestimmt sind, sich im materiellen und realen Leben herumzutreiben, der besseren und höheren Freiheit fremd werden. "* [4. März 1810]

Lassen wir offen, wer treu, wer fremd, wer für den Autor Sklave ist, das oder der Unterdrückte muß nicht nur die Frau sein. Die Griechensklavin handelt nicht nur von Unterwerfung, sondern auch von jemandem, der aus seiner Welt herausgerissen und mit Fremdem konfrontiert wird. Man kann an Humboldts Warnungen vor dem Menschen als Maschine denken, an de Sades Reflexionen über Unzucht oder die kühnen Auffassungen von sexueller Freiheit heranziehen, um diese Grenzüberschreitungen wohlwollend einzubetten. Derlei ist auch gemacht worden. Gewaltphantasien waren, wie Kunst- und Literaturgeschichte lehren, auch damals und auch unter gebildeten Männern verbreitet.

Wilhelms Bruder Alexander kommentierte die „Griechensklavin" mit den Worten: *„Von der größten Schönheit auch im Versbau. Kampf der Tugend und Sinnlichkeit. "* [Leitzmann in GS IX, S. 454] Wilhelm hätte vielleicht vom Kampf zwischen Willenskraft und Lust, zwischen Innen und Außen, strenger Form und fließendem Gefühl gesprochen.

1813, drei Jahre bevor er jene autobiographische Skizze verfaßte, in der ein gutes Dutzend Mal von der vollkommenen Herrschaft des Willens über sich selbst, von strenger Willensübung und eisernem Eigensinn die Rede ist, hat er sich dem *„lieben theuren Kind"* Johanna Motherby ähnlich dargestellt: *„Ich habe Inneres und Äußeres immer sehr zu trennen verstanden und von Kindheit an unendliche Herrschaft über mich selbst geübt und gewonnen. Dadurch eigentlich bin ich geworden, wie ich bin; immer unabhängig, weil das Innere niemand und auch keine Verkettung von Umständen beherrschen kann; und doch wieder sehr abhängig, weil der Mensch eigentlich ein Gefühl braucht, das ihn gerade im Innern beherrscht, und das wahre Glück das ist, wenn das Gefühl sich ihm in einem lebendigen Wesen darstellt; unendlich reich, weil es nichts auf Erden gibt, das ich mir nicht auf eine fruchtbare Weise aneignen könnte, und wieder so arm, weil mich immer Sehnsucht nach etwas Unerreichbarem erfüllt."* [An J. Motherby, 24. April 1813]

Charlotte Diede befahl er am Anfang ihrer Korrespondenz: *„folgen Sie blindlings meinem Rat".* Ihr gegenüber bekannte er: *„Es giebt nichts Beglückenderes für einen Mann, als die unbedingte Ergebenheit eines weiblichen Gemüths"* [8. Dezember 1814], und 1822: *„Ich habe es sehr gern, wenn man meiner Bestimmung folgt."*

Johanna Motherby erfährt, daß er glücklich mit Frau und Kindern lebe, *„nicht aus Zwang oder Pflicht, sondern aus innerer Lust"*, aber *„vieles unendlich Sonderbare in mir bleibt auch in mir unbeantwortet stehen, wird nicht einmal angesprochen. [...] es giebt eine andere, viel eigentlichere und tiefere Liebe, von der ich mit Niemand reden möchte als mit Dir, die Du mich einmal verführst, heraus zu gehen aus mir und Dir mein Innerstes zu öffnen, und diese Liebe ist dann darin anders und ganz anders. Da kommt es gar nicht auf Glücklichmachen an, da kann es auch Schmerz und Leiden geben. Denn diese Liebe besteht darin, daß das Weib ganz auf-*

gehe in dem Mann und gar keine Selbständigkeit mehr habe als seinen Willen, keinen Gedanken, als den er verlangt, keine Empfindungen, als die sich ihm unterwirft; und daß er vollkommen frei und selbstkräftig bleibe und sie ansehe als einen Teil von sich, als bestimmt, für ihn und in ihm zu leben. [...] *wenn es ein Weib gäbe, das dies empfände wie ich, so würde es nur darin glücklich sein, und der Mann, der dies Verhältnis rein aufnähme, würde das Weib, das sich so scheinbar erniedrigte, wie etwas Göttliches verehren.*" Am Ende dieses langen Briefes fragt er sie oder sich: *„Wie komme ich dazu, gerade davon zu sprechen?*" [24. April 1813]

Als Mann verwirrt Humboldt seine Verehrer – die Verehrerinnen weniger, weil er einigen feministischen Forscherinnen ohnehin als Bösewicht gilt. Humboldts Biographen rätseln, welche abartigen Neigungen in seinen Versen stecken, wie sich das Geniale mit dem Zwanghaften, der Humanismus mit Sadismus vereinbaren läßt. Die holprigen Dichtungen wurden als innerer Monolog interpretiert, die Briefe an Charlotte Diede als Tagebuch verstanden. Man hat ihn einen Vorläufer Ibsens oder auch Freuds genannt, der das Unbewußte umkreist. Jedenfalls sind seine Äußerungen über sexuelle Gelüste in dieser Offenheit sehr ungewöhnlich; sie liegen – scheint mir – dem Bemühen um Erforschung der Triebe näher als dem Bekenntnis von innerem Seelenweh.

Humboldt huldigt der Idee, man solle das ganze Leben und jede Regung genießen, dieser Genuß kann ästhetisch, sinnlich oder geistig sein. Genuß an Schmerz und Leid und die Sehnsucht nach Frauen, die sich unterwerfen, ziehen sich durchs ganze Leben des willensstarken, selbstbeherrschten Intellektuellen, und dieser Genuß scheint abgespalten sowohl von seinem Verhältnis zu Caroline wie von den abstrakten Überlegungen über die Rolle der Sinnlichkeit für die Entwicklung des Geists. Von der Rolle der Sinnlichkeit innerhalb der Beziehung zu Caroline erfährt man allerdings wenig.

1927 erschien eine Studie von Siegfried A. Kaehler, der, postwilhelminisch, Humboldts Verhältnis zu Erotik und Begierde zu deuten versuchte. Die Geschichte von dem Mädchen auf der Rheinfähre kommentiert er: *„Jeder, der zum erstenmal durch das Medium dieser Sätze in die inneren Tiefen, ja in den Abgrund dieses wunderbaren Menschen blickt, wird sinnend bei dem seltsamen Phänomen einer solchen Selbstdarstellung verweilen."* [Kaehler, Humboldt und der Staat, S. 64 ff.] Gute vierzig Jahre nach Kaehler, der den Kern von Humboldts Erleben mit Begriffen aus der Trieblehre zu verstehen suchte (*„Verquickung von Lust und Qual, von Selbstkritik und Selbstbejahung, in ihrer Mischung von zergliedernder Kälte und leidenschaftlicher Glut"*), urteilte der Humboldt-Biograph Peter Berglar: *„Das Ganze ist […] von pathognomischer Bedeutung für die Persönlichkeit Humboldts und ihre Nachtseiten […]. Am Ende steht ein im Grunde sehr einsamer, von Jugend auf etwas verkrampfter, nach dem Tode seiner Frau etwas ratloser, den eigenen Hingang in einer Haltung fragender Stoa erwartender alter Mann vor uns."* [Berglar, S. 142]

Aber Humboldts Lüste treten ans Tageslicht, sie waren für ihn keine Nachtseiten. Es gibt noch viel Material, das zu Spekulationen einlädt: zum Beispiel die Frage, wieso der Weise von Tegel zwei seiner Töchter früh und beide an seine Adlaten verheiratet hat. Die Dritte, bescheiden, häuslich und kränkelnd, blieb Jungfrau, sie führte ihm im Alter den Haushalt und starb zwei Jahre nach ihm. Die Tochter Caroline war vom Franzosenhaß, die zweitälteste, Adelheid, vom Judenhaß geschüttelt. Auch die antike Tragödie, die ihn zwanzig Jahre lang beschäftigt hat, bietet reichen Stoff für Psychogramme: Agamemnon zieht um einer fremden Frau willen in den Krieg, opfert, um günstiger Winde willen, den Göttern seine Tochter, er siegt, aber sein Heer wird vernichtet. Nach seiner Heimkehr wird er mit einer Axt erschlagen, und Klytemnästra – von der Humboldt in seinem Vorwort sagt, *„sie ist der Hauptcharakter, da eigentlich sie allein handelt"* – rühmt sich der Tat. Sie tritt *„frei und sicher, in schauderhafter Größe, mit ihrem Geständniss, und ihrer Rechtfertigung ans Licht".* Ergiebiger als die psychologischen Deutungen scheint die Sicht jenes Althistorikers, der erklärt, daß es in der attischen Tragödie um Rache und Schuld, alte Mythen und neue Rationalität, um die Abdankung der alten Götter und die Entstehung neuer Gesetze geht. [Chr. Meier, Tragödie]

Was immer Wilhelms Dämonen gewesen sein mögen, er hat sie in Sprache gefaßt. Der halbe Briefwechsel mit Caroline kann als Versuch angesehen werden, seine Gefühle zu definieren, vielleicht auch erst zu erzeugen, um sie sich und ihr vorzuweisen. Die Briefe an Johanna Motherby und – in anderer Weise – die an Charlotte Diede sind Zeugnisse von seinem Bedürfnis nach jenem „Du", dessen der Mensch, wie er in seinen Überlegungen zur Sprache formuliert, „zum bloßen Denken bedarf". Was für die Kant-Schüler noch als Quadratur des Kreises galt, wird bei Humboldt durch „Sprache als Organ" verbunden: Empfinden und Erkennen, Gefühl und Wissen, Spüren und Begreifen. Durch Sprache verwandelt sich, schreibt er, bloße Natur in intellektuelle Tätigkeit. Die Vielfalt der Sprachen, der Prozeß ihrer ständigen Veränderung und der enge Zusammenhang zwischen den verschiedenen Lebensformen und Sprachen gehören zu Humboldts wichtigsten Hinterlassenschaften.

Seine letzten Lebensjahre hat Humboldt neben der Erforschung von Sprachen vor allem der Erinnerung an Caroline gewidmet. Als er am 8. April 1835 gelassen auf den Tod wartete, bat er seine Töchter, ihm die Zeichnung ihrer Mutter zu geben, betrachtete sie und schlief ein.

◆ Spieler und Spielgefährtin

„**M**it größerer Grazie war noch niemand verheiratet, völlige Freiheit gebend und nehmend", schreibt Karl August Varnhagen über Wilhelm, der seinerseits über Caroline sagt: „Sie bedurfte der Freiheit und sie ehrte mit gleicher Zartheit auch die Freiheit an andern." [An K. v. Wolzogen, 9. April 1829] Sie wollte einen Mann, der ihre Individualität respektiert. Der Sprachforscher Humboldt hat formuliert: Verstehen bedeute nicht Über-ein-stimmen, sondern einen ständigen Prozeß der Annäherung, immer in Anerkennung der Unterschiede.

Das wären wunderschöne Beschreibungen für diese Beziehung, aber wie die Liebe dieser zwei Individualisten wirklich war, wissen wir nicht. Ihre Seelen bleiben hinter den vielen Worten verborgen, man könnte glauben, sie hätten ein Abkommen geschlossen, das ihr und ihm die größtmögliche Entfaltung erlaubte. Falls es nicht daran liegt, daß ihre Leidenschaften wegzensiert wurden, liegt es daran, daß sich in diesen Briefen keiner der beiden entblößt.

Wenn man Humboldt nicht mehr allein auf einem Sokkel sieht, gerät eine bislang zu wenig beachtete Facette in den Blick: Karriere, Ruhm, unterwürfige Gattin – diese „normalen" männlichen Wege, um in der wachsenden Unübersichtlichkeit etwas oder jemanden zu beherrschen – waren ihm (erst recht nach 1819) verschlossen. Auch der Nationalismus, in dem Männer und Frauen eine neue Identität und Orientierung fanden, bot für einen Humboldt keinen Ausweg. Varnhagen hat Humboldt auch einen „mephistophelischen Übermut" bescheinigt. Vielleicht gehört es zu diesem Erbe, daß Philosophen und Linguisten, Anthropologen, Philologen und Sexuologen, Rektoren und Autoren und Feministinnen darüber streiten, wer sich zu Recht und wer zu Unrecht auf ihn beruft. Er hat beobachtet, entworfen und entwickelt, an heutigen Maßstäben gemessen war er – auf hohem Niveau – ein Künstler, vielleicht nicht mit Genie, aber mit feinstem Geistwerk und Sensorium, ein Forschender, der mit sich selbst, mit seinem Denkvermögen, seinen Lüsten, mit Gutsverwaltern und mit seiner Familie experimentiert hat. Manchmal war er auch ein Spieler, der nichts absolut genommen, alles aus vielen Blickwinkeln betrachtet und nicht auf einen Begriff oder nur einen Nenner gebracht hat. Man könnte ihn auf jenen Lehrstuhl berufen, der kürzlich von der Berliner Universität der Künste für die „Erforschung und Gestaltung von Wirklichkeit" ausgeschrieben wurde.

Caroline hat wohl gewußt, wie sehr sie seine Stütze war, vielleicht war sie doch nicht sein Anker, sondern seine Achse, die ihn stabilisiert und es ihm erleichtert hat, nach vielen Richtungen zugleich zu schauen. Sie ist einen weiten Weg gegangen vom brustkranken Mädchen, das in der Öde der Provinz aufwuchs, Tag und Nacht von dem „französischen Drachen" bewacht. Nach all den Versprechungen – dem Fühlen im Kollektiv, den spannenden Reisen, anregenden Freunden, den glücklichen Jahren in Rom und der Erwartung eines neuen Deutschland – lebt sie in ihren letzten Jahren am Rand der Geschehnisse.

Auch wenn sie ihren Bill manchmal um Erlaubnis gefragt oder für dies und jenes um Verzeihung gebeten hat, war sie ihm nicht untertan. Sie war keine Kämpferin, sie war nicht unterdrückt, sie mußte auch nicht – wie ihre Freundin Karoline von Wolzogen, wie die ehemalige Verbündete Brendel, Tochter von Moses Mendelssohn und spätere Dorothea Schlegel, oder wie Sophie von La Roche – auf bürgerliche Weise Geld verdienen und hat doch ein sehr produktives Leben geführt. Sie hat, selbständig und sich auf ihren Mann beziehend, Gefühl und Verstand vereinigt und bei Bedarf den Schutzmantel der Konventionen genutzt, um innerhalb der Ehe, mit Kindern, Künstlern und Geliebten, ihr eigenes Leben zu leben. Sie vor allen – und kontinuierlicher als alle anderen – ist das Du, in dem Humboldt seine Gedanken *„ausser sich erblickt"*, der *„fremde Mund, aus dem das Wort ihm wiedertönt"*.

„Bill" und „Li" passen nicht zu den Ideen, die während des 19. Jahrhunderts *„auf Menschen wie Schösslinge auf Bäume"* gepfropft wurden – und in der zerstörerischen Ordnungswut des 20. Jahrhunderts verbrannt sind. Die beiden haben, jeder für sich und gemeinsam, unter privilegierten Umständen und auch ausgegrenzt, so aristokratisch wie bürgerlich, so preußisch-patriotisch wie europäisch, atheistisch und gläubig, klassisch und romantisch, gestaltend, scheiternd, in großer Freiheit eng verbunden, sich den Wirrnissen der neuen Epoche ausgesetzt. Im Dialog haben sie einander verwandelt, *„wechselseitig aufeinander wirkende Kräfte"*, die *„eine der andren bedürfen; der doppelte Fehler beider Geschlechter hob in der Wechselwirkung sich selbst wieder auf"*. Das letzte Zitat ist, Pardon, eine – illegitime – Verkürzung von Humboldtschen Sätzen aus seinem Text über den Geschlechtsunterschied.

◆ Epilog:
Rom im April 2008

An die Humboldts denkend, habe ich während des Flugs von Berlin nach Rom ausgerechnet, daß eine Minute meiner Reisezeit ungefähr einem Tag mit Pferd und Kutsche vor zweihundert Jahren entspricht. Anderthalb Stunden heute, drei Monate damals sind einigermaßen realistische Vergleichswerte. Weil das Reisen anstrengend und aufwendig war, hat man vor zweihundert Jahren hier und dort Station gemacht, Freunde besucht und Geschäfte erledigt. Als sich Wilhelm 1808 auf den Weg machte, um seinem Land in den Zeiten größter Not zu dienen, wie es preußenfreundlich geschrieben steht, war er am 14. Oktober in Rom abgefahren und am 14. Januar des folgenden Jahres in Berlin angekommen. Er hatte es nicht eilig, Direktor der Sektion für Kultus und Unterricht zu werden, hatte in Weimar bei Goethe und in Burgörner beim Schwiegervater die Reise für längere Zeit unterbrochen.

Das Wetter bei meiner Ankunft in Rom ist schlecht. Erst am nächsten Tag sehe ich jenen blauen Himmel, von dem Caroline und Wilhelm schwärmten, vor allem wenn sie nördlich der Alpen waren. Mein erster Weg führt mich in die Via Gregoriana 42. Das Haus nahe der Spanischen Treppe existiert noch, es ist etwas heruntergekommen, ich erkenne es an dem kleinen Schild, auf dem ‚Villa Tomati‘ steht. Kein Hinweis auf den preußischen Gesandten und natürlich auch nicht auf seine Frau, die in diesem Haus so viele Künstler bewirtet und gefördert hat. Deren Namen und Bilder finde ich in der Casa Goethe und im Café Greco (in dem ein Kaffee 5 Euro kostet), dem Treffpunkt der deutschen Künstler, von denen vor allem die Nazarener in Erinnerung blieben, die zu Beginn des 19. Jahrhunderts in ihrer altdeutschen Phantasietracht hier saßen, da war Wilhelm von Humboldt schon fort, und Caroline hat, soweit ich weiß, kein Kaffeehaus besucht.

Auf dem Monte Pincio und in der Parkanlage dahinter erinnern viele Straßennamen und Statuen an berühmte Rombesucher; für den „ersten Vertreter einer deutschen Kulturpolitik im Ausland" [Scurla, Humboldt] gibt es keine Tafel und kein Denkmal. In Rom, wo so viele berühmte Menschen über die Jahrhunderte hindurch zu Besuch waren oder jahrelang gewohnt haben, rückt er in die zweite oder dritte Reihe. Erst in der deutschen Buchhandlung werde ich fündig, entdecke wunderbare Bücher über Rom und die Deutschen. Auch heute ist die deutsche „Community" gut verschweißt – über die deutsche Schule, die deutsche Buchhandlung, das Deutsche Archäologische Institut, das Goethe-Institut, das Deutsche Historische Institut, die Villa Massimo, die Biblioteca Hertziana – die gerade renoviert wird –, die Deutsche Botschaft und die von deutschen Kaufleuten für deutsche Pilger gegründete deutsche Nationalkirche samt ihrem Immobilienimperium. Dazu kommen die deutschen Firmen. Mein Gewährsmann schätzt die Deutschrömer auf gegenwärtig 10 000, es könnten aber auch 30 000 sein.

Pflichtgetreu spaziere ich die Wege entlang, die Humboldt in seinen Briefen an Caroline beschreibt. Am Kolosseum ging er allabendlich vorbei, und mir geht durch den Kopf, daß er keine Platzangst haben mußte. Heute ist es dort so voll, daß ich flüchte. Das Wetter ist umgeschlagen, und mit der Sonne kommen auch die Touristen, man spricht (viel) Deutsch, aber auch viele andere Sprachen. Elektronische Reiseführer und Lifte hat es zu seiner Zeit nicht gegeben, heute herrscht überall modernste Technik, überall moderne Rücksichtslosigkeit. Ich nehme an, Wilhelm von Humboldt konnte einfach in die Arena gehen und über die Ruinen stapfen, heute muß man sich anstellen. Die überlieferten Bilder und Berichte lassen vermuten, daß er auf seinen Spaziergängen viele Bettler sah. Gottlieb Schick, der längere Zeit in Rom gelebt hat, von Caroline gefördert wurde und sie und ihre Töchter gemalt hat, schrieb am 17. Oktober 1802 – kurz vor Ankunft der Humboldts – an seine Geschwister:

„Die Regierung des Papstes ist die schlechteste, die sich nur finden lässt. Die Prinzen vom Hofe haben das ganze Land in Pacht, und lassen die Hälfte davon aus der verfluchten Ursache wüst liegen, dass das Korn immer im Preise bleibe. Das gemeine Volk geht darüber zu Grunde. Sie essen das Brod, wie man bey uns das Confekt isst; ein Stück Brod in der Größe eines Kreutzer-Weckens kostet nach unserm Geld 3 Kreutzer. Das Pfund Butter 1 fl. und etliche Kreutzer; daher schmelzen die Leute mit allerley unreinlichem Fett, das ihnen das Fieber zuzieht. Die Armuth, die unter dem gemeinen Volke herrscht, geht über alle Beschreibung. Der Hunger treibt sie zum Äußersten; sie wühlen in Misthaufen, und was sie da finden, das nur einigermaßen zu essen ist, verschlingen sie mit dem größten Appetit. Wenn sie abgenagte Knochen finden, so nagen sie sie noch einmal ab; verdorrte Stücke Brod, die vielleicht schon ein paar Monate auf der Straße liegen mögen, sind ihnen noch nicht zu schlecht zu essen. Es ist auch gar nicht selten, dass Menschen hier Hunger sterben.“ [Schick, Katalog Stuttgart, S. 28]

Ich sehe heute in Rom eine Form des Bettelns, die ich vorher nicht kannte. Gänzlich gebeugt liegen die Bettler mit Oberkörper und Gesicht auf der Erde, die Hände halten sie gefaltet vor sich – ihre Haltung erinnert mich an die (mittlerweile mit Stacheldraht vor Touristen geschützte) Figur des straßenwaschenden Juden, Teil des Mahnmals gegen Krieg und Faschismus in Wien.

In einem meiner Romführer steht, daß im 15. Jahrhundert die Steuern, die auf Wein erhoben wurden, für die Bezahlung der Professoren der Universität Rom verwendet wurden. [Arnold Esch, Rom, S. 29] Sicher hat der preußische Gesandte das gewußt und sich vielleicht davon inspirieren lassen, als er vorschlug, die Berliner Universität mit Domänen auszustatten, aus denen sie sich selbst, unabhängig von den Zuwendungen des Königs hätte finanzieren können. Er hat sich in diesem Punkt bekanntlich nicht durchgesetzt.

Bei der Cestius-Pyramide, am Cimitero Acattolico, kennt man den Namen Humboldt, die Gräber der beiden Söhne Wilhelm und Gustav sind auf dem Plan rot eingezeichnet, der elegant gekleidete Friedhofswärter führt mich zu dem alten Teil des Friedhofs, neben einer der Säulen blüht ein Rosenstrauch. Der Ort ist auch heute noch, mitten in der lärmigen Stadt, eine Idylle, zumal der Frühling gerade erst begonnen hat, die Knospen an den Bäumen bersten und seltene Vögel balzen. In der Broschüre, die ich erstehe, sind die prominenten Protestanten und Heiden aufgezählt: Goethes Sohn August, die Dichter Percy Shelley und John Keats, Lady Temple, Johann Christian Reinhart, alle liegen hier – auch Antonio Gramsci, der marxistische Theoretiker. Vertieft in die fernen Geschichten, habe ich vergessen, ihn zu besuchen. Von der „Ruhestätte der Nichtkatholiken", meist „Friedhof für Ketzer" genannt, gehe ich zurück zu den restaurierten Trümmern, die Humboldt lieber in verfallenem Zustand ansah. Das Ausgraben halbversunkener Ruinen sei *nur ein Gewinn für die Gelehrsamkeit auf Kosten der Phantasie".* [Humboldt an Goethe, 23. August 1804]

1 *Caroline mit Theodor*
  Gemälde von Gottlieb Schick,
  1803–04

2 *Wilhelm von Humboldt*
  Holzstich nach einer Zeichnung
  von Eduard Stroehling, 1814

3 *Caroline von Humboldt*
  Gemälde von Gottlieb Schick, 1809

4 *Wilhelm von Humboldt*
  Lithographie nach einem
  Gemälde von Franz Krüger, o. J.

5 *Caroline von Humboldt*
  Lithographie nach einer Zeichnung
  von Karl Wilhelm Wach, 1829

6 *Wilhelm von Humboldt*
  Zeichnung von Johann Joseph
  Schmeller, 1826

7 *Alexander von Humboldt*
  Stahlstich von Charles Normand nach einer
  Zeichnung von Francois Gérard, um 1850

8 *Die Töchter des Wilhelm von*
  Humboldt – Adelheid und Gabriele
  Gemälde von Gottlieb Schick, 1809

9 *Fünf Kinder der Familie*
  von Humboldt
  Zeichnung von Gottlieb Schick, 1803

10 *Charlotte Luise Antoinette Schiller*
   Stahlstich von August Weger
   nach einem Gemälde von
   Ludovica Simanowitz, 1794

11 *Henriette Julie Herz*
   Druck nach einer Silberstift-
   zeichnung von Anton Graff, o. J.

12 *Luise Sophie Charlotte*
   von Wolzogen
   Lithographie, um 1830

13 *Germaine de Staël*
   Radierung von Barto-
   lomeo Pinelli, um 1815

14 *Therese Huber, o. J.*

15 *Geselligkeit bei Rahel Varnhagen*
   Radierung von Erich M. Simon,
   um 1825

16 *Christian Daniel Rauch*
Zeichnung von Joseph Schmeller,
1829

17 *Johann Ferdinand David Koreff*
Zeichnung von Wilhelm Hensel,
1820

18 *Friedrich von Gentz*
Nach einem Gemälde von
Sir Thomas Lawrence, o.J.

19 *Karl Theodor Dalberg*
Gemälde, um 1815

20 *Schiller mit seiner Frau Charlotte*
und Goethe bei einem Spaziergang
Holzstich von Ferdinand Klimsch,
o.J.

21 *Friedrich Schiller und Christian*
Gottfried Körner in Loschwitz
Stich, o.J.

22 *Karikatur Wilhelm von Humboldts*
   Zeichnung von Fürst Radziwill, 1814

23 *Der Wiener Kongress unter der Leitung von Metternich*
   Zeichnung von Jean Baptiste Isabey, 1815

24 *Humboldtschloß Auleben, o.J.*

25 *Humboldtschloß Burgörner, 1995*

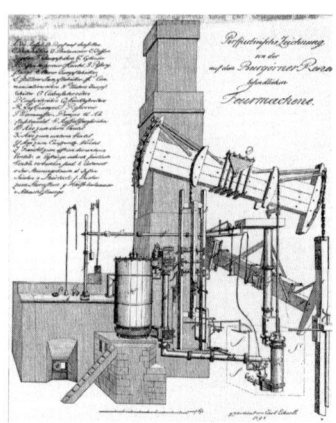

26 *Erste in Deutschland gebaute*
   Dampfmaschine, 1785 von
   Brückling
   Zeichnung von Carl Eckardt, 1797

27 *Unter den Linden mit Zeughaus,*
   Palais des Prinzen Heinrich und Opernhaus
   Radierung von Johann Georg Rosenberg, 1780

28 *Blick auf Schloß Tegel im Park*
   Stahlstich, um 1835

29 *Schloß Tegel – Antikensaal, 1935*

30 *Porträt aus dem Fenster meiner Wohnung in Rom, San Pietro in der Ferne*
Karl Friedrich Schinkel, o.J.

31 *„Veduta di Roma" – Pyramiden-Grabmal des Caius Cestius*
Radierung von Giovanni Battista Piranesi, um 1750

♦ Personenverzeichnis

◆ Literatur

Wilhelm von Humboldt, Gesammelte Schriften. Ausgabe der Preußischen
Akademie der Wissenschaften, hg. von Albert Leitzmann u. a., Bd.
I–XVII, Berlin 1903–1936 [zit. als GS]

Wilhelm und Caroline von Humboldt in ihren Briefen, hg. von Anna von
Sydow, Bd. 1–7, Berlin 1906–1916

Gabriele von Bülow, Tochter Wilhelm von Humboldts. Ein Lebensbild.
Aus den Familienpapieren Wilhelm von Humboldts und seiner Kinder.
1791–1887, Berlin [11]1905

Die Familie Humboldt. Nach Familienpapieren von Wilhelm und Karoline von Humboldt und ihrer Tochter Gabriele von Bülow, hg. von Lina
Haarbeck, Reutlingen 1932

Wilhelm von Humboldt. Sein Leben und Wirken, dargestellt in Briefen,
Tagebüchern und Dokumenten seiner Zeit, hg. von Rudolf Freese,
Darmstadt [2]1986

Wilhelm von Humboldt, Briefe. Auswahl von Wilhelm Rößle, mit einer
Einleitung von Heinz Gollwitzer, München 1952

Briefe von Wilhelm von Humboldt an eine Freundin, Leipzig 1847

Wilhelm von Humboldts Briefe an eine Freundin. Nach den Originalen,
hg. von Albert Leitzmann, 2 Bände, Leipzig 1909

Goethes Briefwechsel mit Wilhelm und Alexander von Humboldt, hg. von
Ludwig Geiger, Berlin 1909

Briefwechsel zwischen Schiller und Wilhelm von Humboldt, hg. und erl.
von Albert Leitzmann, Stuttgart [3]1900

Wilhelm von Humboldts Briefe an Karl Gustav Brinckmann, hg. von Albert Leitzmann, Leipzig 1939

Wilhelm von Burgsdorff. Briefe an Brinckmann, Henriette von Finckenstein, Wilhelm von Humboldt, Rahel, Friedrich Tieck, Ludwig Tieck
und Wiesel, hg. von Alfons Feder Cohn, in: Deutsche Literaturdenkma-
le des 18. und 19. Jahrhunderts, Dritte Folge, No. 19 (1907)

Vor 100 Jahren. Briefe Wilhelm von Burgsdorffs an Wilhelm und Caroline
von Humboldt 1812–1814, in: Deutsche Revue, Band 38, 1913

Politische Jugendbriefe Wilhelm von Humboldts an Gentz, hg. von Albert
Leitzmann, in: Historische Zeitschrift, Band 152, München – Berlin 1935

Wilhelm von Humboldt im Verkehr mit seinen Freunden. Eine Auslese seiner Briefe, hg. von Theodor Kappstein, Berlin 1917

Wilhelm von Humboldt an Christian Gottfried Körner, hg. von Albert Leitzmann, Berlin 1940

Briefe Wilhelm von Humboldts an Gentz, Baggensen und Stieglitz, in: Preußische Jahrbücher, 240. Band, Heft 1, Berlin 1935

Briefe von Wilhelm von Humboldt an Henriette Herz, in: Aus dem Nachlaß Varnhagens von Ense. Briefe von Chamisso, Gneisenau, Haugwitz u. a. Bd. 1, Leipzig 1867

Briefe von Wilhelm und Karoline von Humboldt an Gustav von Schlabrendorff, in: Im Neuen Reich 8,2, 1878

Briefe an Johanna Motherby von Wilhelm von Humboldt und Ernst Moritz Arndt. Mit einer Biographie Johanna Motherby's und Erläuterungen von Heinrich Meissner, Leipzig 1893

Wilhelm von Humboldts Briefe an Friedrich August Wolf, hg. und kommentiert von Philip Mattson, Berlin 1990

Wilhelm von Humboldt, Briefe an Caroline und Wilhelm von Wolzogen, in: Literarischer Nachlaß der Frau Caroline von Wolzogen, Leipzig 1849

Wilhelm von Humboldts Briefe an Johann Gottfried Schweighäuser, hg. von Albert Leitzmann, Jena 1934

Wilhelm von Humboldts Briefe an Friedrich Georg Welcker, hg. von Rudolf Haym, Berlin 1859

Neue Briefe von Karoline von Humboldt, hg. und erläutert von Albert Leitzmann, Halle 1901

Albrecht Stauffer, Karoline von Humboldt in ihren Briefen an A. v. Rennekampff, Berlin 1904

Briefwechsel zwischen Karoline von Humboldt, Rahel und Varnhagen, hg. von Albert Leitzmann, Weimar 1896

Caroline von Humboldt und Christian Daniel Rauch, ein Briefwechsel 1811–1828, hg. und kommentiert von Jutta von Simson, Berlin 1999

Ludmilla Assing, Nachlaß Varnhagen, Briefe von Stägemann, Heine und Bettina von Arnim, Leipzig 1865

Die Jugendbriefe Alexander von Humboldts, hg. von Ilse Jahn und Fritz G. Lange, Berlin 1973

Alexander von Humboldt an Wilhelm Gabriel Wegener, hg. von Albert Leitzmann, Leipzig 1896

Briefe von Alexander von Humboldt an Varnhagen von Ense aus den Jahren 1827 bis 1858, Leipzig 1860

www.bbaw.de/bbaw/Forschung/Forschungsprojekte/wvhumboldt /de

Zygmunt Baumann: Moderne und Ambivalenz, Das Ende der Eindeutigkeit, Frankfurt/M. 1995

Hermann Baumgarten: Geschichte Spaniens, Leipzig 1865

Karl Beaulieu-Marconnay: Karl von Dalberg und seine Zeit, Weimar 1879

Peter Berglar: Wilhelm von Humboldt in Selbstzeugnissen und Bilddokumenten, Reinbek 1970

Berlinische Monatsschrift, hg. F. Gedike und J. E. Biester, 1783–1796, Eine Auswahl, hg. von Peter Weber, Leipzig 1985

Max von Boehn: Spanien. Geschichte, Kultur, Kunst, Berlin 1924

Tilman Borsche: Wilhelm von Humboldt, München 1990

Walter H. Bruford: Wilhelm von Humboldt in his letters, in: ders.: The German tradition of self-cultivation. 'Bildung' from Humboldt to Thomas Mann, London 1975

Edmund Burke: Betrachtungen über die Französische Revolution. Aus dem Englischen übertragen von Friedrich Gentz, hg. von Ulrich Frank-Planitz, Zürich 1986

Donatella di Cesare: Wilhelm von Humboldt, in: Klassiker der Sprachphilosophie. Von Platon bis Noam Chomsky, hg. von Tilman Borsche, München 1996

Werner Conze: Die Neuordnung Europas 1815, Wien – München 1978

Christopher Clark: Preußen. Aufstieg und Niedergang 1600–1947, München 2007

Lydia Dippel: Wilhelm von Humboldt. Ästhetik und Anthropologie, Würzburg 1990

Christian Wilhelm Dohm: Über die bürgerliche Verbesserung der Juden, Stettin 1783

Gerhard Dunken: Zur Geschichte der Herausgabe der „Gesammelten Schriften Wilhelm von Humboldts", Berlin 1962

Johannes Eichhorn: Die wirtschaftlichen Verhältnisse Alexander von Humboldts, in: Alexander von Humboldt, Gedenkschrift zur 100. Wiederkehr seines Todestages, hg. von Alexander-von Humboldt-Kommission der Deutschen Akademie der Wissenschaften zu Berlin, Berlin 1919

Arnold Esch: Wege nach Rom. Annäherungen aus zehn Jahrhunderten, München 2004

Ilse Foerst-Crato: Frauen zur Goethezeit. Briefwechsel Caroline von Humboldt und Friederike Brun (1810–1829), Düsseldorf 1975

Karl Fulda: Charlotte von Schiller, geborene von Lengefeld, Berlin 1878

Edgar J. Feuchtwanger: Preußen, Mythos und Realität, Frankfurt 1972

Stefan Fröhling/Andreas Reuss: Die Humboldts. Lebenslinien einer gelehrten Familie, Berlin 1999

Wolfgang Frühwald: Antijudaismus in der Zeit der deutschen Romantik, in: Conditio Judaica. Judentum, Antisemitismus und deutschsprachige Literatur vom 18. Jahrhundert bis zum Ersten Weltkrieg, hg. von Hans Otto Horch u. Horst Denkler, Tübingen 1989

Bruno Gebhardt: Wilhelm von Humboldt als Staatsmann, 2 Bde., Aalen
1965

Ludwig Geiger: Therese Huber 1764–1829. Leben und Briefe einer deutschen Frau, Stuttgart 1901

Gerhart von Graevenitz: Deutsche in Rom. Studien und Skizzen aus elf
Jahrhunderten, Leipzig 1902

Hermann Granier: Preußen und die katholische Kirche seit 1640. Nach
den Acten des Geheimen Staatsarchives, 8. Theil von 1797–1803, Leipzig 1902

Martin Greiffenhagen: Die Aktualität Preußens. Fragen an die Bundes-
republik, Frankfurt 1981

Klaus Hammacher: Universalismus und Wissenschaft in Werk und Wirken der Brüder Humboldt, Frankfurt/M. 1976

Klaus Harpprecht: Die Lust der Freiheit. Deutsche Revolutionäre in Paris,
Reinbek 1989

Wolfgang Hardtwig: Studentische Politik an der humboldtschen Universität, in: Bernd Henningsen, Humboldts Zukunft. Das Projekt Reformuniversität, Berlin 2007

Rudolf Haym: Wilhelm von Humboldts Lebensbild und Charakteristik,
Berlin 1865

Ulrich von Heinz: Künstlerrepublik und Kunstmarkt. Wilhelm und Caroline von Humboldt in Rom. Sonderdruck aus: Italien in Preußen – Preußen in Italien, Schriften der Winckelmann-Gesellschaft XXV, hg. von
Max Kunze, Stendal 2006

Ingo Hermann: Hardenberg. Der Reformkanzler, Berlin 2003

Henriette Herz in Erinnerungen, Briefen und Zeugnissen, Leipzig und
Weimar 1984

Hermann Hettler: Karoline von Humboldt. Ein Lebensbild aus ihren Briefen gestaltet, München – Berlin 2001

Christine und Ulrich von Heinz: Wilhelm von Humboldt in Tegel. Ein
Bildprogramm als Bildungsprogramm, Berlin 2001

Peter Honigmann: Über den Unterschied zwischen Alexander und Wilhelm von Humboldt in ihrem Verhältnis zu Juden und Judentum, in:
Konfrontation und Koexistenz. Zur Geschichte des deutschen Judentums, hg. von Renate Heuer, Ralph-Rainer Wuthenow, Fankfurt/M.–
New York 1996

R. Horowski, L. Horowski, S. Vogel, W. Poewe und F.-W. Kielhorn: Ein
Essay über Wilhelm von Humboldt und die Schüttellähmung, in: Neu-
rology, Band 45, März 1994

Therese Huber: Die reinste Freiheitsliebe, die reinste Männerliebe. Ein
Lebensbild in Briefen und Erzählungen zwischen Aufklärung und
Romantik, hg. von Andrea Hahn, Berlin 1989

Ricarda Huch: Die Romantik. Blütezeit, Ausbreitung, Verfall, Tübingen 1951

Stephan Huck: Geschichte der Freiheitskriege, Potsdam 2004

Ilse Jahn: Die anatomischen Studien der Brüder Humboldt unter Justus Christian Loder in Jena, in: Beiträge zur Geschichte der Universität Erfurt, Heft 14, 1968–69

Siegfried August Kaehler: Wilhelm von Humboldt und der Staat. Ein Beitrag zur Geschichte deutscher Lebensgestaltung um 1800, München-Berlin 1927

Henry A. Kissinger: Großmachtdiplomatie. Von der Staatskunst Castlereaghs und Metternichs, Düsseldorf und Wien 1962

Eckhart Klessmann (Hg.): Deutschland unter Napoleon in Augenzeugenberichten, Düsseldorf 1965

Francis D. Klingender: Goya und die demokratische Tradition Spaniens, Berlin 1971

Heidelore Kneffel: Caroline von Humboldt, geb. von Dacheröden, und der Ort Auleben in der Goldenen Aue, in: Fünftes Jahrbuch des Landkreises Nordhausen, Nordhausen 1998

- dies.: Friedrich August Wolf und die Familie von Humboldt – Begegnung in Auleben im Winter 1792/93, in: Vieles gibt uns die Zeit. Goethe-Begegnungen, hg. von Heidelore Kneffel, Jörg-Michael Junker, Nordhausen 1998

Hans-Jürgen Kohlmann: Auleben in der Goldenen Aue, Geschichte und Gegenwart eines thüringischen Dorfes und Herrensitzes, Auleben 2004

Sophie La Roche: Briefe an Lina, Leipzig 1788

Georges Lefebvre: Napoleon, Stuttgart 2003

Albert Leitzmann: Wilhelm von Humboldt. Charakteristik und Lebensbild, Halle 1919

Albert Leitzmann, Wilhelm von Humboldt und sein Erzieher. Mit ungedruckten Briefen Humboldts, Berlin 1940

Albert Leitzmann: Georg und Therese Forster und die Brüder Humboldt. Urkunden und Umrisse, Bonn 1936

Elfriede Losche: Emilie aus Auleben, das Kindermädchen der Humboldts, in: Auleben in der Goldenen Aue, Nordhausen 1993, S. 40–41

Hans Mayer: Außenseiter, Frankfurt/M. 1975

Christian Meier: Die politische Kunst der griechischen Tragödie, München 1988

Clemens Menze: Wilhelm von Humboldt und die Französische Revolution, in: Jahrbuch des Freien Deutschen Hochstifts 1987, S. 158–193

Markus Meßling: Pariser Orientlektüren. Zu Wilhelm von Humboldts Theorie der Schrift, Paderborn 2008

Louis Sébastien Mercier: Mein Bild von Paris, hg. von Jean Villain, Frankfurt/M. 1979

Honoré-Gabriel de Mirabeau: De la monarchie prussienne sous Fréderic-le-Grand, London 1787/88

Honoré-Gabriel de Mirabeau: Preußische Monarchie und Französische Revolution, hg. von Horst Günther, Frankfurt/M. 1989

Ulrike Müller: Caroline von Humboldt, geb. von Dacheröden, in: dies., Frauenorte in Thüringen. Die Region Nordhausen, Weimar 2005

Helmut Müller-Sievers: Epigenesis. Naturphilosophie im Sprachdenken Wilhelm von Humboldts, Paderborn 1993

Kurt Müller-Vollmer: Wilhelm von Humboldts Sprachwissenschaft. Ein kommentiertes Verzeichnis des sprachwissenschaftlichen Nachlasses, Paderborn 1993

Ulrich Muhlack: Das zeitgenössische Frankreich in der Politik Humboldts, Lübeck 1967

Wilfried Nippel: Antike oder moderne Freiheit? Die Begründung der Demokratie in Athen und in der Neuzeit, Frankfurt/M. 2008

Friedrich Noack: Deutsches Leben in Rom, Stuttgart 1907

Konrad Engelbert Oelsner: Luzifer oder Gereinigte Beiträge zur Geschichte der Französischen Revolution. Auswahl, hg. und mit einem Essay von Werner Greiling, Leipzig 1987

Friedrich von Oppeln-Bronikowski: David Ferdinand Koreff – Serapionsbruder, Magnetiseur, Geheimrat und Dichter. Der Lebensroman eines Vergessenen, Berlin – Leipzig 1928

Ernst Osterkamp: Fläche und Tiefe. Wilhelm von Humboldt als Theoretiker von Schillers Modernität, in: Friedrich Schiller und der Weg in die Moderne, hg. von Walter Hinderer, Würzburg 2006

Hans Ostwald: Berliner Bordelle, Leipzig 1905

Stefan Oswald: Italienbilder 1770–1840, Heidelberg 1985

Hans Otto: Gneisenau. Preußens unbequemer Patriot. Biographie. Bonn 1979

Sebastian Panwitz: Die Gesellschaft der Freunde 1792–1935. Berliner Juden zwischen Aufklärung und Hochfinanz, Hildesheim 2007

Johann Pezzl: Neue Skizze von Wien, Wien 1805

Ute Planert: Der Mythos vom Befreiungskrieg. Frankreichs Kriege und der deutsche Süden. Alltag – Wahrnehmung – Deutung 1792–1841, Paderborn 2007

Preußen – Versuch einer Bilanz. Katalog in fünf Bänden, Berlin 1981

Paul Ortwin Rave: Wilhelm von Humboldt und das Schloß Tegel, Berlin 1979

Dirk Reder: Frauenbewegung und Nation. Patriotische Frauenvereine in Deutschland im frühen 19. Jahrhundert (1813–1830), Köln 1998

Berit C.R.Royer: Die Literatur der Schriftstellerin Sophie Albrecht (1757–1840) und ihrer Erfurter Kolleginnen als frühfeministischer und literaturgeschichtlicher Beitrag zur Dalbergzeit (1772–1802), in: Michael Ludscheidt (Hg.), Aufklärung in der Dalbergzeit. Literatur, Medien und Diskurse in Erfurt im späten 18. Jahrhundert, Erfurt 2006

Reinhard Rürup: Emanzipation und Antisemitismus. Studien zur „Judenfrage" der bürgerlichen Gesellschaft, Göttingen 1975

Rüdiger Safranski: Romantik. Eine deutsche Affäre, München 2007

Gottlieb Schick. Ein Maler des Klassizismus. Ausstellung in der Staatsgalerie Stuttgart 26. August – 14. November 1976

Karl Friedrich Schinkel, Reisen nach Italien. Tagebücher, Briefe, Zeichnungen, Aquarelle, hg. von Gottfried Riemann, Berlin 1979

Gustav Schlesier: Erinnerungen an Wilhelm von Humboldt, Stuttgart 1843

August Schlözer: Vorlesungen über Land- und Seereisen, hg. von Wilhelm Ebel, Berlin 1964

Franz Schnabel: Deutsche Geschichte im 19. Jahrhundert, Freiburg 1929

Christoph Schulte: Die jüdische Aufklärung, München 2002

Friedrich Schulze (Hg.): Die Franzosenzeit in Deutschen Landen 1806 – 1815, geschildert von Zeitgenossen, Leipzig 1908

Rainer Christoph Schwinges (Hg.): Humboldt International. Der Export des deutschen Universitätsmodells im 19. und 20. Jahrhundert, Basel 2001

Herbert Scurla: Wilhelm von Humboldt. Werden und Wirken, Berlin 1970

Erinnerungen und Leben der Malerin Louise Seidler,   . von Hermann Uhde, Berlin 1922

Wolfram Siemann: Vom Staatenbund zum Nationalstaat. Deutschland 1806–1871, München 1995

Gustav Sichelschmidt: Ein Frauenbild aus der Goethezeit, Düsseldorf 1989

Hilde Spiel: Der Wiener Kongreß in Augenzeugenberichten, Düsseldorf 1965

- dies. Fanny Arnstein oder Die Emanzipation. Ein Frauenleben an der Zeitwende 1758–1818, Frankfurt/M. 1962

Jean Starobinski: 1789. Die Embleme der Vernunft, hg. u. mit einem Vorwort versehen von Friedrich A. Kittler, München 1988

Alfred Stern: Abhandlungen und Aktenstücke zur Geschichte der preußischen Reformzeit 1807–1815, Leipzig 1885

Paul R.Sweet: Wilhelm von Humboldt. A Biography. 2 Bde., Columbus 1978–80

Ute Tintemann: Grammatikvermittlung und Sprachreflexion. Karl Philipp Moritz' Italiänische Sprachlehre für die Deutschen, Hannover 2006

Jürgen Trabant: Apeliotes oder Der Sinn der Sprache. Wilhelm von Humboldts Sprach-Bild, München 1986
- ders.: Traditionen Humboldts, Frankfurt 1990
- ders.: Mithridates im Paradies. Kleine Geschichte des Sprachdenkens, München 2003
Karl August Varnhagen: Biographien, Aufsätze, Skizzen, Fragmente. Hg. von Konrad Feilchenfeldt, Ursula Wiedenmann, Frankfurt/M. 1990
Ernst Weber: Lyrik der Befreiungskriege 1812–1815. Gesellschaftspolitische Meinungs- und Willensbildung durch Literatur, Stuttgart 1991
Johann Jacob Volckmann: Neueste Reisen durch Spanien, Leipzig 1785
Werner Voigt: Ein Haus voller Kulturgeschichte(n). Das Haus Dacheröden in Erfurt, Erfurt 1998
Shulamit Volkov: Das jüdische Projekt der Moderne, München 2001
Ernst Weber: Lyrik der Befreiungskriege 1812–1815, Stuttgart 1991
Peter Weisz: Beziehungserfahrung und Bildungstheorie. Die klassische Bildungstheorie im Lichte der Briefe Caroline und Wilhelm von Humboldts, Frankfurt/M. et al 2005
Wilhelm von Humboldt und Burgörner. Mansfeld-Museum. Schriftenreihe. Neue Folge Nr. 8

Bildnachweis

◆   DANK – in der Reihenfolge des Alphabets –
an Hildegard Baumgart, Lisette Buchholz, Christian Col-
latz, Thomas Diecks, Hermann Gieselbusch, Gisi Frey-
tag von Loringhoven, Lisa Hamacher, Klaus Harpprecht,
Georg von Humboldt, Eva Jaeggi, Martin Knechtges, Han-
nelore Kneffel, Gudrun Körner, Peter Moses-Krause, Man-
fred Ringmacher, Ingo Schwarz, Hella Stern, Jürgen Trabant, Peter-Thomas Walther, Conrad Wiedemann, Indre
Zetzsche und allen anderen geduldigen Freundinnen und
Kollegen für anregende Gespräche, geliehene Bücher,
Hilfe bei der Materialsuche, kritische Lektüre, Rat, Er-
munterung und dafür, daß sie ein „DU" waren, denn „der
Mensch bedarf zum bloßen Denken eines dem Ich entsprechenden Du", wie Wilhelm von Humboldt sagt.

Ich danke der Stiftung Baumgart für die großzügige
Förderung, ohne die das Buch nicht entstanden wäre,
der Stiftung maecenia, die besonders die Forschung über
Caroline ermutigt hat, und der Stiftung Preußische Seehandlung für ihren Zuschuß.

◆   HAZEL ROSENSTRAUCH ist in London
geboren und in Wien aufgewachsen, sie studierte Germa-
nistik, Soziologie und Empirische Kulturwissenschaften
in Berlin und Tübingen. Arbeit als Journalistin, Redak-
teurin, Autorin, forschte und lehrte an verschiedenen Universitäten und betreute zuletzt an der Berlin-Branden-
burgischen Akademie der Wissenschaften die Zeitschrift
„Gegenworte – Hefte für den Disput über Wissen". Mehrere Buchveröffentlichungen, unter anderem: „Varnhagen
und die Kunst des geselligen Lebens. Eine Jugend um
1800". Berlin 2003. Sie lebt und arbeitet in Berlin.

◆   WAHLVERWANDT UND EBENBÜRTIG
von Hazel Rosenstrauch ist als zweihundertzweiundneun-
zigster Band der ANDEREN BIBLIOTHEK im Eichborn
Verlag, Frankfurt am Main, erschienen.

◆ **DIESES BUCH** wurde in der Walbaum von Greiner & Reichel in Köln gesetzt und beim Memminger MedienCentrum auf 100 g/m² FSC-zertifiziertes, holz- und säurefreies mattgeglättetes Bücherpapier der Papierfabrik Schleipen gedruckt. Den Einband besorgte die Buchbinderei Lachenmaier in Reutlingen. Typografie und Ausstattung: Susanne Reeh und Cosima Schneider.

1.–6. Tausend Mai 2009
Dieses Buch trägt die Nummer:

ISBN 978-3-8218-6207-1